T0081372

El JESÚS
QUE NO PUEDES
IGNORAR

LO QUE DEBES APRENDER *de las*
CONFRONTACIONES DESCARADAS *de* CRISTO

JOHN
MACARTHUR

GRUPO NELSON
Una división de Thomas Nelson Publishers
Desde 1798

NASHVILLE   DALLAS   MÉXICO DF.   RÍO DE JANEIRO

Con gratitud a **Kent Stainback,**
un amable y generoso amigo con quien comparto
un profundo amor por la Verdad.

© 2010 por Grupo Nelson®
Publicado en Nashville, Tennessee, Estados Unidos de América. Grupo
Nelson, Inc. es una subsidiaria que pertenece completamente a Thomas
Nelson, Inc. Grupo Nelson es una marca registrada de Thomas Nelson,
Inc. www.gruponelson.com

Título en inglés: *The Jesus You Can't Ignore*
© 2009 por John MacArthur
Redactado por Phillip R. Johnson
Publicado por Thomas Nelson, Inc.

«Desatando la verdad de Dios un versículo a la vez» es una marca de Grace
to You. Todos los derechos reservados.

Todos los derechos reservados. Ninguna porción de este libro podrá ser
reproducida, almacenada en algún sistema de recuperación, o transmitida
en cualquier forma o por cualquier medio —mecánicos, fotocopias, gra-
bación u otro— excepto por citas breves en revistas impresas, sin la autor-
ización previa por escrito de la editorial.

A menos que se indique lo contrario, todos los textos bíblicos han sido
tomados de la Santa Biblia, Versión Reina-Valera 1960 © 1960 por Sociedades Bíblicas en América Latina, © renovado 1988 por Sociedades
Bíblicas Unidas. Usados con permiso. Reina-Valera 1960® es una marca
registrada de la American Bible Society, y puede ser usada solamente bajo
licencia

Traducción: *Belmonte Traductores*
Adaptación del diseño al español: *www.Blomerus.org*

ISBN: 978-1-60255-277-7

11 12 13 14 15 BTY 9 8 7 6 5 4 3 2 1

Contenido

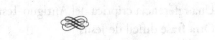

Contenido

Reconocimientos

Mi profunda gratitud, como siempre, para el personal en Grace to You, que mantiene y distribuye el archivo de sermones de los cuales yo obtengo todo el material para mis libros. Estudio y predico, y paso al pasaje siguiente cada semana. El personal de Grace to You graba mis sermones, los transcribe, los edita para emitirlos y cataloga todo lo que yo digo desde el púlpito. Un libro como este, que examina todo el ministerio público de Cristo, está sacado de cientos de sermones que cubren tres de los Evangelios, representando cuarenta años de predicaciones versículo por versículo. Sin el trabajo de tantas personas que recuerdan y graban lo que yo digo, me habría resultado difícil recuperar ideas y recopilar material que desarrollé originalmente hace años. El trabajo de escribir un libro como este, que consume mucho tiempo, habría sido totalmente imposible para mí sin la ayuda de tantas personas.

Una gratitud especial a Arlene Hampton, quien transcribe todos mis sermones (y lo ha hecho durante muchos años); Mike Taylor, quien supervisa la edición, la producción y el archivo de todo lo que publicamos a través de Grace to You; Garry Knussman, quien edita y corrige las pruebas del material (normalmente avisándole con poca antelación); y al resto del dotado personal en Grace to You, prácticamente todos los que, en un momento u otro, han participado en ocuparse de las grabaciones, transcripciones, y otros elementos que están en un libro como este. Ellos forman un grupo de colaboradores maravilloso y leal, un apoyo constante para mí de incontables formas.

Mi gratitud especial a Phil Johnson, quien ha recopilado, combinado, resumido y editado el material en este libro, trasladándolo desde esos cientos de sermones a unas 250 páginas de prosa. Cuando se trata de captar la pasión y la sustancia de tantos sermones en tan pocas páginas, ayuda tener a un editor de igual parecer, y Phil es, definitivamente, así.

Gracias también, como siempre, a Brian Hampton, Bryan Norman, y a todo el equipo de Thomas Nelson por su ayuda, aliento y paciencia mientras este libro estaba en proceso. Gracias también a Robert Wolgemuth y su equipo, cuya ayuda y perspectivas han sido un apoyo indispensable para mí en mi ministerio mediante la página impresa durante ya varios años.

— JOHN MACARTHUR

Prólogo

❧

La idea de escribir este libro se me ocurrió hace un par de años cuando estaba haciendo investigación para *Verdad en guerra* y simultáneamente predicando del Evangelio de Lucas. El libro que yo estaba *escribiendo* era un estudio del versículo 3 de Judas («que contendáis ardientemente por la fe»), que es un claro mandato a luchar por la verdad que nos ha sido entregada. Yo estaba tratando las implicaciones de ese texto a la luz de cambiantes actitudes evangélicas acerca de la verdad y la certeza. También quería examinar la influencia del posmodernismo, el minimalismo doctrinal y varias tendencias emergentes dentro del movimiento evangélico contemporáneo. Por tanto, antes de comenzar a escribir pasé muchos meses leyendo toda la literatura que pude encontrar y que representase puntos de vista postevangélicos.

Un tema común sobresalía en los libros que yo estaba leyendo. Todos ellos sugerían, de algún modo u otro, que si los cristianos quieren alcanzar a personas no creyentes en una cultura posmoderna, necesitamos ser menos militantes, menos agresivos, menos dados a sermonear, y estar menos seguros de nuestras propias convicciones. Según esos autores, los cristianos deberían abordar otras perspectivas sobre el mundo con *conversación*, y no con *conflicto*. Todos los escritores tendían a hacer un excesivo hincapié en la supuesta importancia de ser siempre tan agradable como sea posible. Más o menos suponían que una amigable búsqueda de terreno común y mutua buena voluntad es *siempre* moralmente superior a cualquier tipo de sincera contención. A veces parecía como si ellos no pudieran imaginar otra cosa más inútil, o más despreciable, que a cristianos participando en batallas polémicas sobre nuestros artículos de fe.

Esos libros también mostraban un fuerte prejuicio contra cualquier tipo de certidumbre. Todos sus autores parecían profundamente molestos por el hecho de que, en el actual clima intelectual, los no creyentes normalmente piensan que los cristianos sonamos arrogantes y estrechos de mente cuando declaramos que la Biblia es infaliblemente verdad y que Jesús es Señor sobre todas las cosas. Se sentían especialmente incómodos con la idea de decir que otras religiones son *falsas*.

En cambio, decían ellos, nosotros deberíamos aceptar y adaptarnos al cambio en las actitudes seculares hacia la verdad y la certeza. Nuestro diálogo con personas de diferentes creencias y perspectivas opuestas ahora tiene que ser un intercambio en el que se hagan concesiones mutuas. Eso significa escuchar con comprensión, ser siempre flexible con nuestro propio punto de vista, afirmar tanto como podamos, estar más de acuerdo que en desacuerdo, evitar con cuidado puntos de verdad que puedan ofender, y buscar siempre un terreno común.

En otras palabras, debido a que vivimos en una cultura muy complicada pero con retos epistemológicos, la certeza en cuanto a cosas espirituales automáticamente da la impresión de ser, o bien arrogante o bien ingenua. Deberíamos, por tanto, enfocar ahora las diferentes perspectivas sobre la fe como pacificadores en lugar de cómo predicadores. Algunos llegaban hasta el extremo de sugerir que hasta nuestros servicios de adoración colectivos deberían mostrar un diálogo abierto sobre varios puntos de vista en lugar de ser un sermón en el que una persona simplemente expone lo que la Biblia enseña. También decían que necesitamos estar preparados desde un principio para hacer concesiones como parte del proceso de diálogo. En palabras de un escritor: «Es importante notar que diálogo no es debate; para que el diálogo sea efectivo, tenemos que resistirnos a la urgencia de aislar a las personas y enmendar lo que dicen. Un diálogo saludable implica entrar en la realidad del otro... En el diálogo, no se permite quedarse donde uno está; uno debe avanzar hacia la perspectiva de la otra persona».[1] Varios libros de los que leí sugerían que baile es una metáfora mejor que la de guerra para describir cómo los cristianos debieran interactuar con otras perspectivas sobre el mundo. Hasta aquí en cuanto al versículo 3 de Judas.

El libro sobre el que yo estaba predicando, sin embargo, revelaba prácticamente el patrón contrario. La relación de Jesús con los expertos religiosos de su época en raras ocasiones fue ni siquiera cordial. Desde el momento en que Lucas nos presenta por primera vez a los fariseos en Lucas 5.17 hasta su mención final de los «principales sacerdotes y gobernantes» en Lucas 24.20, cada vez que la élite religiosa de Israel aparece como grupo en la narrativa de Lucas, hay conflicto. Con frecuencia, Jesús mismo provoca deliberadamente las hostilidades. Cuando Él habla a los líderes religiosos o acerca de ellos, ya sea en público o en privado, normalmente es para condenarlos como necios e hipócritas (Lucas 11.40; 12.1; 13.15; 18.10-14). Cuando sabe que ellos están observando para acusarle de quebrantar sus artificiales restricciones del día de reposo o sus sistemas hechos por el hombre de lavado ceremonial,

Él deliberadamente desafía sus reglas (Lucas 6.7-11; 11.37-44; 14.1-6). En una ocasión, cuando informaron expresamente a Jesús de que sus denuncias a los fariseos eran insultantes para los intérpretes de la ley (los principales eruditos del Antiguo Testamento y principales académicos de aquella época), Él inmediatamente se dirigió a los intérpretes de la ley y les lanzó también un cañonazo (Lucas 11.45-54).

EVITAR DISPUTAS IGNORANTES Y NECIAS

Ahora bien, necesitamos mantener esto en una perspectiva adecuada. No estoy sugiriendo que cada desacuerdo sea una ocasión para el combate abierto, o para pronunciar duras palabras. Lejos de eso. Muchos desacuerdos son tan triviales que sería totalmente inútil suscitar conflicto al respecto. Conflictos meramente personales, debates sobre cosas arcanas, y disputas semánticas encajan normalmente en esa categoría (2 Timoteo 2.14, 23; 1 Corintios 1.10). No todo tema sobre el que podríamos mantener fuertes opiniones y desacuerdos es de primordial importancia.

Además, nadie que esté mental y espiritualmente sano *disfruta* del conflicto por el conflicto. A nadie que piense bíblicamente le gustaría el conflicto o se permitiría deliberadamente «contender sobre opiniones» (Romanos 14.1). La mayoría de nosotros conocemos a personas que son abiertamente agresivas o incurablemente discutidoras acerca de prácticamente todo. No es así en absoluto como era Jesús; y la Escritura no nos da justificación alguna para ser así. Los desacuerdos personales triviales o insignificantes normalmente *debieran* ser, o bien puestos a un lado con benevolencia, o arreglados mediante un diálogo amigable. Cualquiera que esté preparado para comenzar un conflicto por toda pequeña diferencia de opinión es espiritualmente inmaduro, pecaminosamente beligerante; o algo peor. La Escritura incluye este claro mandamiento: «Si es posible, en cuanto dependa de vosotros, estad en paz con todos los hombres» (Romanos 12.18). Pero *algunas veces*, especialmente cuando una verdad bíblica vitalmente importante está siendo atacada; cuando las almas de personas están en juego; o (sobre todo) cuando el mensaje del evangelio está siendo mutilado por falsos maestros, *algunas veces*, sencillamente está mal dejar que una opinión contraria se exprese sin que haya ningún desafío o corrección. Una de las peores cosas que un creyente puede hacer es mostrar cierto tipo de respeto académico fingido o cordialidad artificial a quienes difunden un error grave y destructor del alma (Salmo 129.4-8; 1 Corintios 16.22). La idea de que una conversación afable sea *siempre* superior al conflicto abierto es bastante contraria al ejemplo que Cristo mismo nos ha dado.

PELEAR LA *BUENA* BATALLA

Puede que no siempre sea fácil determinar si un desacuerdo es meramente trivial o tiene un verdadero peso, pero una cuidadosa y atenta aplicación de la sabiduría bíblica normalmente resolverá cualquier pregunta que podamos tener acerca de la relativa importancia de cualquier verdad dada. La Escritura deja claro, por ejemplo, que debemos tener tolerancia cero hacia cualquiera que manipule o altere el mensaje del evangelio (Gálatas 1.8-9). Y nadie que niegue la deidad de Cristo o que se aparte sustancialmente de su enseñanza debe ser bienvenido a nuestra congregación ni se le ha de dar ningún tipo de bendición (2 Juan 7-11).

El principio es claro: cuanto más cerca esté cualquier doctrina dada al corazón del evangelio, al núcleo de la sana cristología, o a las enseñanzas fundamentales de Cristo, con más diligencia debiéramos estar en guardia contra perversiones de la verdad; y más agresivamente necesitamos luchar contra el error y defender la sana doctrina.

Diferenciar entre verdades espirituales realmente esenciales y meramente secundarias sí que requiere un gran cuidado y discernimiento. La distinción no siempre es obvia de inmediato; pero tampoco es tan difícil trazar esa línea como algunas personas en la actualidad hacen creer que es. Aun si la línea sí parece un poco confusa aquí y allá, ese no es motivo para eliminar la distinción por completo, como algunos postevangélicos parecen decididos a hacer.

Muchos hoy día defienden el enfoque ultraminimalista, equiparando la lista de doctrinas esenciales a lo que fue cubierto por el Credo de los Apóstoles (o, en algunos casos, una lista incluso más breve de generalidades muy amplias). Eso realmente no promueve la armonía; meramente confunde toda la doctrina. Después de todo, muchos herejes manifiestos, desde unitarios y socinianos hasta Testigos de Jehová, afirmarán formalmente el Credo de los Apóstoles. El problema es que ellos no están de acuerdo con lo que el credo *significa*. Aun las ramas más grandes de la fe cristiana: católicos, ortodoxos griegos y protestantes, no están de acuerdo entre ellos mismos en el significado de expresiones cruciales en el credo. Es inútil como un estándar por el cual medir qué verdades son primordiales y cuáles son secundarias.[2]

Pero la Escritura sugiere que el evangelio, y no un credo del siglo III, es el mejor calibre para determinar los verdaderos puntos esenciales del cristianismo. Si genuinamente entiendes y afirmas el evangelio, automáticamente tendrás sanos puntos de vista sobre la justificación por fe, la expiación sustitutoria, la deidad de Cristo, la historicidad de la resurrección, la veracidad y la autoridad de la Escritura, y de todas las demás doctrinas que tienen primordial importancia (véase 1 Corintios 15.3). Por el contrario, si te desvías, aunque sea sutilmente, de cualquier principio vital de la verdad del evangelio, toda tu perspectiva se verá perjudicialmente afectada. Interpreta mal el evangelio o adáptalo para que encaje en las preferencias de una subcultura en particular, y el resultado inevitable será una religión de obras y un sistema que engendre fariseísmo.

De eso se trataba exactamente el conflicto de Jesús con los fariseos. Ellos representaban un estilo de religión y un sistema de creencia que estaban en conflicto directo con el núcleo mismo del evangelio que Él proclamaba. Él ofrecía perdón y justificación instantánea a los pecadores que creían. Los líderes religiosos de Israel fabricaron masivos sistemas de obras y ceremonias que, en efecto, hacían de la justificación misma una obra humana. En palabras del apóstol Pablo: «Porque ignorando [ellos] la justicia de Dios, y procurando establecer la suya propia» (Romanos 10.3).

Sencillamente no había forma en que Cristo evitara el conflicto con ellos. Así que, en cambio, Él le sacó el mayor provecho a eso. Utilizó la falsa religión de ellos como contraste para la verdad que Él enseñaba; dejó que la hipocresía de ellos sirviera como telón de fondo en el cual la joya de su santidad brillase con más fuerza. Y Él situó su gracia en oposición al fariseísmo de ellos de una forma que hizo imposible que se pudiera pasar por alto la distinción entre la justificación por fe y la religión de obras.

TIEMPO DE ABSTENERSE DE ABRAZAR

Ese también fue el enfoque *coherente* de Él. En palabras sencillas, Jesús nunca adoptó el enfoque irónico con herejes o hipócritas flagrantes. Él nunca hizo el tipo de llamamientos amables en los que los evangélicos contemporáneos típicamente insisten que son necesarios antes de advertir a otros sobre los peligros del error de un falso maestro. Aun cuando Él trataba con las figuras religiosas más respetadas en la tierra, se enfrentó a sus errores audaz y directamente, a veces hasta poniéndolos en ridículo. Él no era «amable» con ellos según ningún estándar posmoderno. No les hizo ninguna pretensión de cortesía académica; no los invitó a dialogar en privado con Él sobre sus diferentes puntos de vista; no expresó cuidadosamente sus críticas en términos vagos y totalmente impersonales a fin de que no resultasen heridos los sentimientos de nadie; no hizo nada por moderar el reproche de quienes le censuraban ni por minimizar la vergüenza pública de los fariseos. Él expresó su desaprobación de la religión de ellos tan clara y marcadamente como le era posible cada vez que los mencionaba. Él no parecía ser movido en lo más mínimo por la frustración de ellos ante su franqueza. Sabiendo que ellos buscaban razones para que Él les ofendiese, con frecuencia hacía y decía precisamente las cosas que Él sabía que más les ofenderían.

Es significativo, sin duda alguna, que el enfoque que Jesús adoptó en su trato del error religioso sea tan marcadamente distinto de los métodos de los que la mayoría de las personas está a favor en la iglesia actualmente. Es bastante difícil imaginar que el trato de Jesús a los fariseos obtuviera un comentario positivo en las páginas de la revista *Christianity Today*. ¿Y realmente hay alguien que crea que el polémico estilo de Él obtendría la admiración del académico evangélico promedio?

El modo en que Jesús trataba a sus adversarios es, de hecho, una grave reprimenda a la iglesia de nuestra generación. Necesitamos prestar mayor atención al modo en que Jesús trató a los falsos maestros, lo que Él pensaba del error religioso, cómo defendió Él la verdad, a quién elogió y a quién condenó; y lo poco que Él realmente encajó en el estereotipo de agradable que con tanta frecuencia se le impone en la actualidad.

Además, su actitud hacia la falsa doctrina debería ser también la nuestra. No podemos querer agradar a los hombres y ser siervos de Cristo al mismo tiempo.

Esa es la tesis de este libro. Vamos a avanzar cronológicamente por los relatos del evangelio sobre cómo manejó Jesús a la élite religiosa de Israel. Veremos cómo hablaba a individuos, cómo respondía a la oposición organizada, cómo predicaba a multitudes, y lo que enseñó a sus propios discípulos. La lección práctica con respecto a cómo deberíamos conducirnos en presencia de la falsa religión es coherente todo el tiempo: no hay que jugar con las corrupciones de la verdad bíblica vital, y el pueblo de Dios no ha de tratar benignamente a quienes propagan evangelios diferentes. Por el contrario, debemos adoptar el mismo enfoque hacia la falsa doctrina que Jesús adoptó: refutando el error, oponiéndose a quienes difundían el error, y contendiendo ardientemente por la fe.

Introducción

académico, ca. *adj*. 1. abstracto, especulativo, o con-
jetural con muy poco significado práctico. 2.
perteneciente a eruditos e instituciones de aprendizaje más elevado en lugar de a laicos o niños. 3. de
interés como curiosidad intelectual, pero no particularmente útil en las aplicaciones prácticas. 4. que
provoca curiosidad y análisis en lugar de pasión o
devoción. 5. pedante, casuístico; bueno para hacer
una demostración de erudición pero de otro modo
trivial. 6. perteneciente a esa esfera de teoría escolás-
tica e investigación intelectual en la que la certeza es
siempre inapropiada. 7. no merecedor de inquietud.

La verdad espiritual no es «académica» según ninguna de
las anteriores definiciones. Lo que tú crees sobre Dios es
la característica más importante de toda tu perspectiva del
mundo.

Míralo de esta forma: de todas las cosas que alguna vez podrías estudiar o en las que reflexionar, nada podría ser posiblemente mayor que Dios. Por tanto, tu perspectiva de Él automáticamente tiene ramificaciones más trascendentales que ninguna otra cosa en tu sistema de creencias. Lo que pienses de Dios automáticamente *influenciará* tu modo de pensar sobre todo lo demás, especialmente cómo priorizas tus valores; cómo determinas lo bueno y lo malo; y lo que piensas de tu propio lugar en el universo. Eso, a su vez, sin duda alguna determinará cómo actúes.

El mismo principio es tan cierto para el ateo redomado como lo es para el más fiel creyente en Cristo. Los efectos prácticos e ideológicos del escepticismo son tan potentes como los de la sincera devoción, sólo que en la dirección opuesta. Alguien que rechace a Dios, ha repudiado el único fundamento razonable para la moralidad, la responsabilidad, la verdadera espiritualidad, y la necesaria distinción entre el bien y el mal. Por tanto, la vida privada del ateo inevitablemente se convertirá en una viva demostración de los males de la incredulidad. A pesar de cualquiera que sea el grado en que algunos ateos busquen mantener una apariencia pública de virtud y respetabilidad, al igual que cuando ellos mismos hacen juicios morales sobre otros, son contradicciones andantes. ¿Qué posible «virtud» podría haber en un universo accidental sin ningún Legislador y ningún Juez?

Las personas que profesan fe en el Todopoderoso pero se niegan a pensar seriamente en Él son también ilustraciones vivientes de este mismo principio. La hipocresía del superficialmente religioso tiene un impacto práctico e ideológico que es tan profundamente importante como la fe del creyente o la incredulidad del ateo. De hecho, la hipocresía tiene potencialmente implicaciones aún más siniestras que el ateísmo declarado debido a su carácter engañoso.

INTRODUCCIÓN

Es la cumbre de la irracionalidad y la arrogancia llamar Señor a Cristo con los labios mientras se le desafía abiertamente con la vida que uno lleva; sin embargo, es precisamente así como viven multitudes de personas (Lucas 6.46). Tales personas son ejemplos aún más absurdos de contradicción en sí que el ateo que imagina que puede negar la Fuente de todo lo que es bueno y al mismo tiempo ser de algún modo «bueno» él mismo. Pero el hipócrita es no sólo más *irracional*, también es más *despreciable* que el ateo acérrimo, porque realmente está realizando flagrante violencia a la verdad mientras finge creerla. Nada es más completamente diabólico. Satanás es un maestro a la hora de disfrazarse a fin de parecer bueno y no malvado. Él «se disfraza como ángel de luz. Así que, no es extraño si también sus ministros se disfrazan como ministros de justicia; cuyo fin será conforme a sus obras» (2 Corintios 11.14-15).

No es, por tanto, un accidente que las palabras más duras de Jesús estuvieran reservadas para la hipocresía religiosa institucionalizada. Él llevó a cabo una controversia pública muy agresiva contra los principales hipócritas de su época. Ese conflicto comenzó casi tan pronto como Él entró en el ministerio público y continuó implacablemente hasta el día en que fue crucificado. De hecho, fue la principal razón de que ellos conspirasen para crucificarlo. Por tanto, la campaña de Jesús contra la hipocresía ocupa un énfasis destacado, si no dominante, en los cuatro Evangelios. Es precisamente el tema que examinaremos en este libro.

Pero nuestro punto de partida es una verdad que debería ser evidente por sí misma: realmente *sí* que importa si creemos que la Biblia es verdad o no; y de igual modo importa si nuestra fe es sincera o no.

¿QUÉ DICEN LA HISTORIA Y LA ESCRITURA SOBRE LA IMPORTANCIA DE LAS SANAS CREENCIAS?

Para cualquier persona seria, la importancia de pensar correctamente y seriamente sobre Dios es obvia. Sin duda, ninguna mente inteligente en generaciones pasadas habría sugerido nunca que lo que creemos sobre Dios en definitiva no importa tanto. Estudia la historia de la filosofía, y una característica que más destaca es precisamente este tema. Los filósofos siempre han estado obsesionados con Dios. Sea que hayan supuesto su existencia, la hayan cuestionado, negado, o buscado argumentos racionales para demostrarla o refutarla, universalmente han entendido que aquello que una persona crea sobre Dios es básico para todo lo demás.

Desde luego, uno de los temas centrales de la Biblia es la importancia de creer la verdad sobre Dios. Esto no es algo que la Biblia meramente intuye o que pasa por ello superficialmente. Afirmación tras afirmación en la Escritura declara de manera enfática que nuestra perspectiva de Dios es el asunto espiritual más fundamental de todos: «Pero sin fe es imposible agradar a Dios; porque es necesario que el que se acerca a Dios crea que le hay, y que es galardonador de los que le buscan» (Hebreos 11.6). «El que en él cree, no es condenado; pero el que no cree, ya ha sido condenado, porque no ha creído en el nombre del unigénito Hijo de Dios» (Juan 3.18). «Nosotros somos de Dios; el que conoce a Dios, nos oye; el que no es de Dios, no nos oye. En esto conocemos el espíritu de verdad y el espíritu de error» (1 Juan 4.6).

En términos bíblicos, la diferencia entre la fe verdadera y la falsa creencia (o incredulidad) *es* la diferencia entre la vida y la muerte, el cielo y el infierno. «Hermanos, si alguno de entre vosotros se ha extraviado de la verdad, y alguno le hace volver, sepa que el que haga volver al pecador del error de su camino, salvará de muerte un alma, y cubrirá multitud de pecados» (Santiago 5.19-20; cp. 2 Timoteo 2.15-26). Pablo les dijo a los tesalonicenses que él estaba agradecido a Dios por ellos, porque «Dios os haya escogido desde el principio para salvación, mediante la santificación por el Espíritu y la *fe en la verdad*, a lo cual os llamó mediante nuestro evangelio, para alcanzar la gloria de nuestro Señor Jesucristo» (2 Tesalonicenses 2.13-14, énfasis añadido). Y Jesús mismo dijo: «Si vosotros permaneciereis en mi palabra, seréis verdaderamente mis discípulos; y conoceréis la verdad, y la verdad os hará libres» (Juan 8.31-32). El apóstol Juan escribió: «Pero vosotros tenéis la unción del Santo, y conocéis todas las cosas. No os he escrito como si ignoraseis la verdad, sino porque la conocéis, y porque ninguna mentira procede de la verdad» (1 Juan 2.20-21).

Hasta los últimos años, ningún cristiano que afirmase creer en la Biblia habría tenido la menor duda sobre la importancia de una correcta perspectiva de Dios. Pero en estos tiempos parece que la Iglesia visible está dominada por personas que simplemente no están interesadas en realizar ninguna distinción detallada entre hecho y falsedad, entre sana doctrina y herejía, entre verdad bíblica y mera opinión humana. Aun algunas de las principales voces entre los evangélicos parecen resueltas a restar importancia al valor de la verdad objetiva.

Ese, desde luego, es precisamente el camino que ha tomado la parte más grande del mundo intelectual occidental en estos tiempos posmodernos. La certidumbre y la convicción están totalmente anticuadas, en especial en la esfera de las cosas *espirituales*. El dogmatismo es la nueva herejía, y todas las viejas herejías, por tanto, ahora son bienvenidas de nuevo a la hoguera del campamento evangélico. La libertad académica se da a todas ellas (mientras no sean consideradas socialmente inaceptables o políticamente incorrectas por parte de *quienes están de moda* en la sociedad secular). La palabra *fe* en sí misma ha llegado a significar un enfoque teórico de las cosas espirituales en el cual toda creencia religiosa es situada al lado de opiniones contrarias, es admirada, analizada y apreciada; pero realmente no es *creída* con nada parecido a una convicción sincera.

En este clima posmoderno donde *ninguna* verdad se sostiene como evidente por sí misma, nada es más disonante o suena tan estridente como la persona que cree genuinamente que Dios ha hablado, que Él se las arregló para mantener pura su Palabra, y que Él nos hará rendir cuentas de si creemos en Él o no. La epistemología posmoderna argumenta, por el contrario, que nada es en definitiva claro o incontrovertible, y menos los asuntos espirituales, morales o bíblicos.

¿DÓNDE SE DIRIGEN LOS EVANGÉLICOS DE HOY?

El movimiento evangélico solía ser conocido por dos convicciones teológicas no negociables. Una era un compromiso con la absoluta fidelidad y autoridad de la Escritura: como la Palabra de Dios revelada, no como un producto de la imaginación humana, de su experiencia, intuición o ingenuidad (2 Pedro 1.21). La otra era una fuerte creencia en que el evangelio presenta el único camino posible de salvación del pecado y del juicio: por gracia mediante la fe en el Señor Jesucristo.

En años recientes, sin embargo, los evangélicos se han estado empapando libremente del espíritu de la época. Multitudes, incluyendo a muchos en posiciones de liderazgo espiritual, han prescindido calladamente de esas dos convicciones (o simplemente han dejado de hablar y de pensar en ellas). El evangelicalismo ahora ha dejado de ser algo que se parezca a un movimiento coherente.[1] En cambio, se ha convertido en una monstruosidad amorfa donde prácticamente cada idea y cada opinión demanda ser puesta en la mesa para hablar de ella, ser recibida educadamente por todos, y mostrar igual respeto y honor.

Como resultado, los evangélicos de hoy parecen incapaces de poner su dedo en algo que los haga ser verdaderamente distintivos. Cuando intentan afianzar su propia posición o explicar a los no evangélicos quiénes son, a veces confiesan sin darse cuenta esa conformidad a este mundo, y su forma de pensar se ha convertido precisamente en lo que los define.[2]

Eso no es sugerir que los evangélicos contemporáneos se las hayan arreglado para enviar nada parecido a un mensaje claro, coherente o uniforme. Las declaraciones formales de la postura evangélica se han vuelto tan vagas y vacías de verdadera convicción que nadie parece estar seguro de si realmente significan ya algo. Valores elegantes, como diversidad, tolerancia, simpatía y libertad académica parecen haber eclipsado la verdad bíblica en la jerarquía evangélica de virtudes. Los evangélicos mundanos de hoy están claramente atrapados en las aguas revueltas de la opinión posmoderna.

En mayo de 2008 se presentó un nuevo «Manifiesto Evangélico» a la prensa secular y religiosa con considerable fanfarria. Fue redactado y firmado por un grupo de eruditos evangélicos y postevangélicos muy dispares que se han distinguido a sí mismos por varios medios. Algunos son conocidos principalmente como campeones de prácticamente toda causa política de izquierdas; otros son más conocidos por escribir apologética filosófica en defensa de una perspectiva más conservadora. Un par de ellos eran «evangélicos» solamente en el sentido de que han intentado casar la doctrina neo-ortodoxa con el nuevo estilo evangélico.

El Manifiesto de 2008 llegó con un estrepitoso ruido sordo y fue ampliamente dejado por los suelos por los críticos en los medios de comunicación (y con razón) por su falta de claridad en todo él, especialmente por no declarar su propio propósito en lenguaje claro y llano. Pero la única palabra que parecía ser la clave del documento fue *cortesía*. Ese término se utilizó incontables veces en la conferencia de prensa en la que se develó el Manifiesto. Dada la forma en que quienes redactaron y firmaron el documento utilizaban el término, la subsiguiente suposición era claramente que la «cortesía» siempre nos obliga a estar en desacuerdo «amigablemente», y a evitar a toda costa cualquier indicio de combatividad o de seria contención. De hecho, parece justo sugerir que uno de los principales objetivos del documento, si no es que el general, era distanciar al movimiento evangélico actual de cualquier indicio de militancia o de «fundamentalismo» en la forma en que nos relacionamos con ideas que son no evangélicas o anticristianas.[3]

Parece que el celo por las doctrinas esenciales del cristianismo bíblico se ha vuelto prácticamente tan inaceptable entre evangélicos y postevangélicos como siempre lo ha sido en el mundo en general. Las nuevas reglas llaman a una conversación perpetuamente amigable, a la liberalidad ideológica, a la transparencia no crítica, y a la tranquilidad ecuménica.[4] Especialmente cuando la conversación se convierte en doctrina, el evangélico típico de la actualidad invariablemente actúa como si un diálogo dócil fuese moralmente preferible a cualquier tipo de conflicto. Después de todo, nunca debemos ser tan apasionados acerca de lo que creemos que expresemos cualquier desdén serio por ideas alternativas.

En un clima así, el diálogo evangélico acerca de la doctrina parece haberse convertido en una conversación principalmente sin objeto, solamente conversar por conversar. El objetivo no es llegar a algún entendimiento común o convicción estable acerca de lo que es verdadero y lo que es falso; por el contrario, el único punto parece ser incorporar a la mezcla tantas opiniones diferentes como sea posible, y entonces perpetuar la generosa y desenfadada amabilidad de la conversación indefinidamente.

¿CÓMO DEBERÍAMOS, ENTONCES, DEFENDER LA FE?

A manera de repaso, entonces, las siguientes son las nuevas reglas de la participación post-evangélica: Todas nuestras diferencias en cuanto a asuntos bíblicos y teológicos han de permanecer alegremente agradables y complacientemente separadas de cualquier tipo de pasión en un intercambio de ideas y opiniones puramente de estilo académico. La *verdad* no es nuestro principal objetivo. (¡Qué ingenuo sería eso!) Ni siquiera necesitamos estar buscando *consenso*, y mucho menos ortodoxia bíblica. Después de todo, la diversidad es una de las pocas virtudes que la cultura posmoderna ha alcanzado, y debemos honrar eso. Las ideas afines y las confesiones de fe formales son consideradas por la sociedad secular como herramientas de tiranía y de represión. Tales cosas engendran certidumbre, juicios morales y acusaciones de herejía, y todas esas cosas están fuera de lugar en nuestra cultura. Al final, entonces, si podemos felicitarnos a nosotros mismos por nuestra propia «cortesía», deberíamos estar satisfechos con eso.

No te pierdas el punto: está bien estar en desacuerdo. (Después de todo, la contradicción, la disensión, las disputas por palabras, y especialmente la deconstrucción, son los principales instrumentos de la dialéctica posmoderna.) Incluso es aceptable *expresar* tus desacuerdos, mientras que apoyes cada crítica en comentarios positivos acerca de lo que estés criticando. Pero realmente se supone que nadie ha de tomarse sus propias convicciones teológicas lo bastante seriamente como para considerar algo como verdad *absoluta*.

Sobre todo, no hemos de presentar ninguna objeción *seria* a las opiniones religiosas de otra persona. ¡Eso sí que es una flagrante infracción del protocolo! Solamente el tipo menos culto de filisteo antiintelectual nunca se atrevería a elevar su voz en estos tiempos posmodernos y sugerir que algo que otra persona diga acerca de Dios es herejía.

Por tanto, parece que la única prueba de la autenticidad de alguien en el nuevo clima evangélico es si puede dar la bienvenida a bordo a las viejas heterodoxias y a la vez mantener un tono invenciblemente amigable, sin nunca marginalizar, descartar o repudiar totalmente la opinión de cualquier otra persona. Ese enfoque se considera la cumbre de la humildad según el nuevo estándar posmoderno; mientras que contender seriamente por cualquier punto de vista en particular se descarta reflexivamente como arrogante, estrecho de miras y hasta cruel, especialmente si el punto de vista *por el que* se está luchando implica principios evangélicos históricos.

¿Dije «luchando»? Ninguna idea es más políticamente incorrecta entre los actuales evangélicos del nuevo estilo que la vieja idea fundamentalista de que vale la pena luchar por la *verdad*, incluyendo las proposiciones esenciales de la doctrina cristiana. De hecho, muchos creen que las discusiones por creencias religiosas son los más inútiles y arrogantes de todos los conflictos. Eso puede ser cierto; y *es* cierto en casos en que las opiniones humanas son lo único que está en juego. Pero donde la Palabra de Dios habla con claridad, tenemos la obligación de obedecer, defender, y proclamar la verdad que Él nos ha dado, y deberíamos hacer eso con una autoridad que refleje nuestra convicción de que Dios ha hablado con claridad y finalidad. Esto es particularmente crucial en contextos en los que doctrinas cardinales del cristianismo bíblico están siendo atacadas.

Por cierto, las verdades centrales de la Escritura *siempre* son atacadas. La Escritura misma enseña claramente que el principal campo de batalla donde Satanás pelea su lucha cósmica contra Dios es *ideológico*. En otras palabras, la guerra espiritual en la que cada cristiano está inmerso es, antes que todo, un conflicto entre la verdad y el error, y no meramente una competición entre obras buenas y malas. El principal objetivo de la estrategia de Satanás es confundir, negar y corromper la verdad con tanta falacia como sea posible, y eso significa que la batalla por la verdad es *muy* seria. Ser capaz de distinguir entre la sana doctrina y el error debería ser una de las mayores prioridades para todo cristiano, al igual que defender la verdad contra las falsas enseñanzas.

Adopta esa postura en la actualidad, sin embargo, y serás reñido por una cacofonía de voces que te dirán que estás fuera de orden y que tienes que callarte. La metáfora de la «guerra» sencillamente no funciona en una cultura posmoderna, insisten ellos. Las epistemologías posmodernas comienzan y terminan con la presuposición de que cualquier pregunta sobre lo que es verdadero o falso es meramente académica. Nuestras diferencias son, en última instancia, triviales. Solamente el tono de nuestra conversación *no* es trivial. Todo indicio de militancia es inapropiado en estos complicados tiempos. Después de todo, somos criaturas caídas y limitadas en nuestra capacidad de comprender las grandes verdades sobre Dios, así que nunca estamos justificados para responder duramente a personas que sostengan perspectivas diferentes.

¿QUÉ HARÍA JESÚS?

Aun algunas de las mejores mentes en el movimiento evangélico parecen haber capitulado ante la idea de que la teología es académica y, por tanto, la única forma adecuada de evaluar las opiniones teológicas de otros es con un sereno aislamiento escolástico. Ellos están de acuerdo, o al menos *actúan* como si estuvieran de acuerdo, con quienes dicen que siempre es mejor mantener una conversación amigable que un conflicto por diferencias doctrinales.

Un experto escribió un ensayo a ese efecto, y alguien de modo anónimo me envió una copia. El remitente incluyó una nota no firmada diciendo que estaba decepcionado y totalmente desalentado por el título de mi libro *Verdad en guerra*. Realmente no había leído él mismo el libro (y no tenía intención de hacerlo) porque decía que ya podía decir que yo soy estrecho de mente sin remedio. Pero quería expresar su escándalo y su incredulidad de que una «persona del clero» de mi estatura en estos iluminados tiempos equiparase creencias religiosas con *verdad*; y mucho menos tratase la búsqueda de la verdad como una «guerra». Él estaba seguro de que Jesús nunca adoptaría una postura tan militante.

El ensayo que llegó junto con la nota había sido escrito por otra persona, y ese autor expresaba de igual modo fuertes recelos «sobre la inutilidad de la metáfora de la "guerra" en el cristianismo». El escritor se preguntaba: *¿Qué haría Jesús?* ¿Acaso no se caracterizaba el propio ministerio de Jesús por la bondad y el pacifismo en lugar de por el combate y la contención? ¿No llamaba Él a sus verdaderos seguidores a buscar el amor y la unidad, y no a dirigir cruzadas? ¿Acaso no dijo Él: «Bienaventurados los pacificadores»? ¿Acaso todo el espíritu de militancia (especialmente la agresión ideológica contra las *creencias* de otros) no parece fuera de lugar en esta época posmoderna? ¿Acaso no sugieren el sentido común y la sensibilidad cultural que debiéramos dar carpetazo al vocabulario de combate y centrarnos principalmente en el tema de la reconciliación?

El escritor de ese ensayo intentaba con fuerza restar importancia al significado del lenguaje militante empleado en numerosos lugares a lo largo del Nuevo Testamento. Parecía imaginar que si los evangélicos actuales fuesen alentados a pensar de la batalla entre verdad y error como nada más serio que una carrera de sacos en el jardín en un campamento de verano, la iglesia pronto sería invadida de yihadistas cristianos vistiendo bandoleras, llevando armas reales, y librando una incursión literal de sangre y carne contra los maestros de las falsas religiones.

Desde luego, ningún cristiano creíble que esté comprometido con la Escritura como nuestra autoridad suprema ha propuesto nunca una guerra santa literal y terrenal. No se trata de eso la guerra *espiritual*, y la Escritura es inequívoca al respecto: «No tenemos lucha contra sangre y carne» (Efesios 6.12). Y «porque las armas de nuestra milicia no son carnales» (2 Corintios 10.4).

No obstante, la mente posmoderna a veces parece incapaz de realizar ninguna distinción significativa entre el combate armado físico con armas destinadas a matar personas y el combate espiritual con la verdad destinado a salvarlas de la muerte espiritual.

La CNN, por ejemplo, emitió una serie especial en 2007 titulada «God's Warriors» [Los guerreros de Dios], con un importante segmento subtitulado «God's *Christian* Warriors» [Los guerreros *cristianos* de Dios]. El programa estuvo lejos de ser objetivo, y el segmento que se centraba en el cristianismo no parecía tener otra meta sino la de intentar sugerir que hay cierto tipo de paridad moral entre los yihadistas musulmanes que hacen saltar por los aires a personas inocentes y los cristianos que creen que Jesucristo es el único y verdadero Salvador del mundo. «Su batalla para salvar al mundo ha causado ira, división y temor», entonaba solemnemente la reportera Christiane Amanpour.[5] La serie situaba a los fundamentalistas cristianos en la misma categoría que los yihadistas islámicos. Naturalmente, eso generó una viva discusión en varios foros en línea. Algunos cristianos que comentaron sobre el especial de la CNN sonaban inquietantemente ambivalentes sobre la cuestión de si los cristianos *merecen* o no ser equiparados a terroristas y suicidas con bombas. ¿Se han ganado realmente los cristianos esa reputación por ser demasiado conflictivos sobre sus creencias? ¿Ha llegado el momento de que repudiemos todo indicio de lucha y de conflicto, purguemos el lenguaje de la guerra de nuestro léxico, dejemos de chocar con opiniones del mundo y con ideas religiosas no bíblicas, y busquemos paz y armonía en lugar de controversia con otras perspectivas? Varias de esas personas jugaban con la pregunta: «¿Qué haría Jesús?» Una persona escribió:

> Hemos usado en exceso y hemos hecho demasiado hincapié en la metáfora de la «guerra» en el cristianismo. Es una metáfora agotada que despierta demasiadas imágenes del mundo «moderno» cuando vivimos en un mundo posmoderno y poscristiano. No estoy seguro de que el «Príncipe de Paz» hubiera sido un admirador o ni siquiera hubiera cantado el «Firmes y Adelante».[6]

En otro foro en la Internet unas semanas después, alguien escribió:

> No creo que Jesús luchase nunca una guerra por la verdad. Él no iba por ahí defendiendo proactivamente su teología y oponiéndose a la de los demás. No estoy diciendo que no considerase falsas otras religiones; pero no creo que hubiera comenzado nunca una Guerra por la Verdad en la tierra. Jesús

vivió activamente su verdad (ya que Él mismo era verdad) y mantuvo intensas conversaciones sobre la verdad sobre una base sólo de necesidad. Y aun esas no fueron cartas enviadas por toda la región; fueron conversaciones personales con los hombres mismos. La gente se veía atraída a la verdad que Jesús vivía, no porque fuesen derrotados en una batalla doctrinal.[7]

Todos esos sentimientos son equivocados, y de modo peligroso. Pero antes de analizar el error, reconozcamos que la respuesta correcta no es correr hacia el extremo opuesto. Los cristianos no han de ser agresivos; el amor al conflicto no es menos pecaminoso que la cobardía.

La guerra espiritual es necesaria debido al pecado y la maldición, no porque haya algo inherentemente glorioso o virtuoso en cuanto a pelear. El celo sin conocimiento es espiritualmente mortal (Romanos 10.2), y hasta la pasión más sincera por la verdad necesita estar siempre templada con amabilidad y gracia (Efesios 4.29; Colosenses 4.6). El entusiasmo por invocar fuego del cielo contra los blasfemos y los herejes está lejos del espíritu de Cristo (Lucas 9.54-55).

Reconocer que la iglesia con frecuencia necesita luchar por la verdad no es sugerir que el evangelio, nuestro único mensaje a un mundo perdido, es de algún modo una declaración de guerra. Sin duda alguna no lo es; es un manifiesto de paz y un ruego de reconciliación con Dios (2 Corintios 5.18-20). Por el contrario, quienes *no* están reconciliados con Dios están en guerra con Él todo el tiempo, y el evangelio es un mensaje sobre la única manera de poner fin a esa guerra. Por tanto, irónicamente, la guerra para defender la verdad es la única esperanza de paz para los enemigos de Dios.

Sí estoy de acuerdo en que *normalmente* es mucho mejor ser amable que ser duro. Ser pacífico es una bienaventurada cualidad

(Mateo 5.9); ser conflictivo es un descalificador fallo de carácter (Tito 1.7). La paciencia es, sin duda, una dulce virtud, aun ante la incredulidad y la persecución (Lucas 21.19). Siempre debiéramos escuchar lo suficiente antes de reaccionar (Proverbios 18.13). Una palabra amable normalmente puede hacer mucho más bien que una reacción brusca, porque «La blanda respuesta quita la ira; mas la palabra áspera hace subir el furor» (Proverbios 15.1); y cualquier persona que se deleite en provocar conflicto es un necio (v. 8).

Además, el fruto del Espíritu es un catálogo de antítesis de una actitud belicosa, agresiva y guerrera: «amor, gozo, paz, paciencia, benignidad, bondad, fe, mansedumbre, templanza» (Gálatas 5.22-23). Por tanto, nuestra *primera* inclinación cuando nos encontremos con alguien con error debiera ser el mismo tipo de tierna mansedumbre prescrita para cualquiera que esté en algún tipo de pecado en Gálatas 6.1: «Si alguno fuere sorprendido en alguna falta, vosotros que sois espirituales, restauradle con espíritu de mansedumbre, considerándote a ti mismo, no sea que tú también seas tentado». Es obligación de todo cristiano: «Que a nadie difamen, que no sean pendencieros, sino amables, mostrando toda mansedumbre para con todos los hombres. Porque nosotros también éramos en otro tiempo insensatos, rebeldes, extraviados, esclavos de concupiscencias y deleites diversos, viviendo en malicia y envidia, aborrecibles, y aborreciéndonos unos a otros» (Tito 3.2-3). Y esa actitud es una obligación particular para aquellos que están en el liderazgo espiritual. Los peleadores no están calificados para servir como ancianos en la iglesia (1 Timoteo 3.3). Porque «el siervo del Señor no debe ser contencioso, sino amable para con todos, apto para enseñar, sufrido; que con mansedumbre corrija a los que se oponen, por si quizá Dios les conceda que se arrepientan para conocer la verdad» (2 Timoteo 2.24-25).

Todos esos principios deberían ciertamente dominar nuestro trato con otros y el modo en que manejamos los desacuerdos. Y si esos fuesen los únicos versículos en la Escritura que nos dijesen cómo tratar el error, podríamos estar justificados en pensar que esos principios son absolutos, inviolables, y aplicables a todo tipo de oposición o incredulidad que nos encontremos.

Pero no es ese el caso. Se nos enseña a contender ardientemente por la fe (Judas 3). Inmediatamente después de que el apóstol Pablo instase a Timoteo a seguir «la justicia, la piedad, la fe, el amor, la paciencia, la mansedumbre» (1 Timoteo 6.11), le exhortó: «pelea la buena batalla de la fe» (v. 12), y a guardar lo que se le había encomendado (v. 20).

UNA MIRADA MÁS DE CERCA A LA GUERRA ESPIRITUAL

Es vital que entendamos por qué la Escritura emplea con tanta frecuencia el lenguaje de la guerra con referencia al conflicto espiritual cósmico de las edades, y especialmente con referencia a la batalla por la verdad. Esta es una idea que empapa la Escritura. No es ninguna idea violenta y radical soñada por los cristianos perseguidos en el primer siglo y que ahora ha durado más tiempo que su utilidad en esta época más complicada. No es una infantil imagen mental de la que finalmente nos hemos curado; no es una adaptación a sencillos prejuicios del primer siglo que está fuera de lugar en el siglo XXI. De hecho, quienes simplemente hacen a un lado el concepto como inherentemente descortés, grosero y, por tanto, inútil en una cultura posmoderna se están situando a sí mismos en un gran peligro.

Nos guste o no, como cristianos estamos en un conflicto de vida o muerte contra las fuerzas del mal y sus mentiras. Es guerra *espiritual.* No es un conflicto literal y físico con armas mortales. No es una campaña para aumentar la riqueza de alguien o confiscar el tesoro de nadie. No es una guerra por territorios o dominio geopolítico; y, sin duda alguna, no es una enojada yihad por la expansión de la influencia terrenal de la cristiandad. No es ningún tipo de guerra mágica con seres invisibles de las esferas infernales. No es una batalla por dominio entre individuos o sectas religiosas, y sin duda alguna, no es una campaña por parte de la iglesia para tomar los mandos del estado. Pero, aún así, es una guerra seria con consecuencias eternas.

Debido a que este conflicto espiritual es, antes que todo, un conflicto teológico, una guerra en la cual la verdad divina está en contra del error demoníaco, sí necesitamos tener siempre en mente que nuestro objetivo es la destrucción de falsedades, y no de personas. De hecho, el resultado, si somos fieles, será la liberación de las personas de la esclavitud de las mentiras, falsas doctrinas e ideologías malvadas que las mantienen cautivas. Así es precisamente como Pablo describió nuestro plan de batalla en el conflicto cósmico en 2 Corintios 10.3-5: «Pues aunque andamos en la carne, no militamos según la carne; porque las armas de nuestra milicia no son carnales, sino poderosas en Dios para la destrucción de fortalezas, derribando argumentos y toda altivez que se levanta contra el conocimiento de Dios, y llevando cautivo todo pensamiento a la obediencia a Cristo». Por tanto, Pablo dice que hemos de hacer guerra contra toda idea que se exalte a sí misma contra la verdad divina.

A pesar de tanto lenguaje combativo, no hay ninguna mala actitud en cuanto a la postura que Pablo estaba describiendo (incluyendo cuando él pasó en el siguiente versículo a decir a los corintios que él personalmente estaba pronto «para castigar toda desobediencia, cuando vuestra obediencia sea perfecta»). Él no sólo estaba dispuesto para la defensa de la verdad, sino también para una incursión ofensiva contra los falsos sistemas de creencias. Su estrategia, en sus propias palabras, implicaba el derribo de esas falsas ideologías, mediante el desmantelamiento sistemático de sus doctrinas erróneas, el derribo de sus falaces argumentos, y la exposición de sus mentiras con la verdad.

En otras palabras, la verdad era su única arma. Él no asaltaba a los falsos maestros en Corinto de la misma forma en que ellos le habían atacado a él: con indirectas, distorsiones de su enseñanza, insultos puramente personales, y redes de engaño. Él respondió al engaño de ellos con verdad, cortando el nudo gordiano de sus mentiras con «la espada del Espíritu, que es la palabra de Dios» (Efesios 6.17). Él contendía por la verdad y contra el error con absoluta sinceridad; pero en todo su trato con los falsos maestros, el objetivo de Pablo era la aniquilación de su falsa doctrina, y no de los falsos maestros *per se*. La guerra no era una disputa meramente personal entre Pablo y sus contrarios para ver quién podía ganarse la lealtad del rebaño en Corinto; era una batalla por principios infinitamente más elevados que eso, y algo mucho más importante que la reputación personal de cualquiera estaba en juego.

Pablo no siempre era agradable y amable con quienes suministraban falsa enseñanza del mismo modo en que era paternal hacia los creyentes que estaban meramente perplejos por la confusión de voces. De hecho, no puedo pensar en una ocasión en las Epístolas en que la interacción de Pablo con los falsos maestros estuviera dominada por la amabilidad de ese espíritu paternal. Con frecuencia, él mostraba una ira justa contra ellos; escribió con profundo desprecio hacia todo lo que ellos sostenían; y hasta los maldijo (Gálatas 1.7-8).

En su primer viaje misionero, inmediatamente después de dejar Antioquía con Bernabé, Pablo llegó a la primera parada en su aventura misionera en Seleucia, en Chipre. Llegando a la ciudad de Pafos, tuvo su primer encuentro registrado con un falso maestro religioso, cuyo nombre era Elimas-bar-Jesús. Así es como Pablo se dirigió a él: «¡Oh, lleno de todo engaño y de toda maldad, hijo del diablo, enemigo de toda justicia! ¿No cesarás de trastornar los caminos rectos del Señor? Ahora, pues, he aquí la mano del Señor está contra ti, y serás ciego, y no verás el sol por algún tiempo» (Hechos 13.10-11). Dios afirmó el enfoque confrontacional de Pablo con un milagroso juicio contra Elimas. «E inmediatamente cayeron sobre él oscuridad y tinieblas; y andando alrededor, buscaba quien le condujese de la mano» (v. 11). ¿Qué exigió una confrontación tan agresiva? Había mucho en juego, porque Sergio Paulo estaba escuchando el evangelio, y su alma estaba en juego. En cualquier caso como ese, el enfoque directo y severo para tratar a un falso maestro manifiesto es en realidad preferible a una muestra fingida de aprobación y hermandad (2 Juan 10-11; cp. Salmo 129.5-8; 2 Timoteo 3.5).

Pablo fue, sin duda, justo con sus oponentes en el sentido de que él nunca representó mal lo que ellos enseñaban ni dijo mentiras contra ellos. Pero Pablo reconocía sus errores claramente tal y como eran, y los catalogaba adecuadamente. Él hablaba la verdad. En su estilo de enseñanza diario, Pablo hablaba la verdad amablemente y con la paciencia de un tierno padre. Pero cuando las circunstancias justificaban un tipo de candor más fuerte, Pablo podía hablar muy directamente, a veces hasta con un duro sarcasmo (1 Corintios 4.8-10). Como Elías (1 Reyes 18.27), Juan el Bautista (Mateo 3.7-10) y hasta Jesús (Mateo 23.24), él también podía emplear la burla de forma efectiva y apropiada, para destacar lo ridículo del grave error (Gálatas 5.12). Al igual que Moisés y Nehemías él desafiaba lo que la gente consideraba como sagrado.

Pablo no parecía sufrir de la misma angustia excesivamente escrupulosa que hace que muchas personas en la actualidad encubran todo error tanto como el lenguaje lo permita; que otorguen hasta al más flagrante de los falsos maestros el beneficio de toda duda; y que imputen las mejores intenciones posibles hasta al hereje más manifiesto. La idea de «amabilidad» que tenía el apóstol no era el tipo de benevolencia y educación artificial que las personas actualmente piensan que es la verdadera esencia de la caridad. Ni siquiera una vez le vemos invitando a falsos maestros o a aficionados casuales al error religioso a dialogar, ni tampoco aprobaba esa estrategia aun cuando alguien de la estatura de Pedro sucumbió al temor de lo que otros pudieran pensar y mostró una deferencia indebida a falsos maestros (Gálatas 2.11-14). Pablo trazó los límites de la afabilidad piadosa y de la hospitalidad cristiana tanto como lo hizo el apóstol Juan. Cuando falsos maestros busquen refugio bajo el paraguas de tu congregación, dijo Juan, no les hagas felices: «Cualquiera que se extravía, y no persevera en la doctrina de Cristo, no tiene a Dios; el que persevera en la doctrina de Cristo, ése sí tiene al Padre y al Hijo. Si alguno viene a vosotros, y no trae esta doctrina, no lo recibáis en casa, ni le digáis: ¡Bienvenido! Porque el que le dice: ¡Bienvenido! participa en sus malas obras» (2 Juan 9-11).

¿QUÉ *HIZO* JESÚS?

Seamos sinceros: negar hasta la hospitalidad de un saludo suena terriblemente duro en esta época de diplomacia, ¿no es cierto? ¿Qué hemos de hacer de ese pasaje de Juan, el apóstol del amor?

En primer lugar, en la cultura del mundo hebreo del primer siglo, un «saludo» era una bendición pública ceremonial (Lucas 10.5; cp. Mateo 10.12), combinado con una imponente muestra de hospitalidad que incluía múltiples favores y cortesías rituales (cp. Lucas 7.44-46). Lo que había que retirar a cualquier falso maestro itinerante no eran unas palabras casuales y comunes de cortesía, sino un solemne pronunciamiento de bendición similar al saludo con que Juan había comenzado su Epístola a esta señora, con «gracia, misericordia y paz, de Dios Padre y del Señor Jesucristo, Hijo del Padre, en verdad y en amor» (v. 3). Cuando Juan le dijo que rechazase a cualquiera cuya enseñanza contradijese las doctrinas apostólicas, no le estaba indicando que fuese desagradable o descortés; le estaba advirtiendo contra una deferencia indebida a un vendedor de mentiras.

No hay nada de malo en preguntar: «¿Qué haría Jesús?» Esa es una buena pregunta. ¿Cómo respondería Cristo mismo al guisado de opiniones postevangélico representado en la revista *Chistianity Today*, en la blogosfera emergente, y en las modernas mega-iglesias evangélicas que han retenido en la esclavitud al movimiento evangélico durante las últimas décadas? ¿Afirmaría Él la actual apatía evangélica generalizada hacia la verdad y la auténtica unidad bíblica? ¿Aprobaría Él a quienes, confrontados con una plétora de contradicciones y de novedades doctrinales, simplemente celebran la «diversidad» de su movimiento mientras tratan de evitar toda controversia, aceptando a todo renegado teológico y elevando la ortopraxia por encima de la ortodoxia? ¿Era la mansedumbre y la amabilidad de Jesús de ese tipo?

Estoy convencido de que podemos responder esas preguntas con confianza si primero hacemos una pregunta ligeramente distinta: ¿Qué *hizo* Jesús? ¿Cómo *trató* Él a los falsos maestros, los hipócritas religiosos, y los sinvergüenzas teológicos de su época? ¿Estaba a favor del enfoque del diálogo amigable y el desacuerdo colegial, o, de hecho, adoptó una postura combativa contra toda forma de religión falsa?

Cualquiera que esté familiarizado aunque sea superficialmente con los relatos de los Evangelios debiera saber la respuesta a esa pregunta, porque hay abundantes datos sobre el asunto. Como destacamos anteriormente en esta introducción, la interacción de Jesús con los escribas, fariseos e hipócritas de su cultura estuvo llena de conflicto, desde el comienzo de su ministerio terrenal hasta el final. A veces, los fariseos provocaban el conflicto; con más frecuencia era Jesús quien lo hacía. *Hostil* no es una palabra demasiado fuerte para describir la actitud de Él hacia el sistema religioso que ellos representaban, y eso era evidente en todo su trato con ellos.

Vamos a examinar ese tema en este libro. Veremos que Jesús nunca soportó a los hipócritas profesionales ni a los falsos maestros alegremente. Él nunca rehuyó el conflicto. Él nunca suavizó su mensaje para agradar gustos refinados o escrúpulos mojigatos. Él nunca suprimió ninguna verdad a fin de acomodarse a la artificial idea de dignidad de nadie. Él nunca se inclinó ante la intimidación de los eruditos ni rindió homenaje a sus instituciones.

Y Él nunca, nunca, nunca, trató la vital distinción entre verdad y error como una cuestión meramente académica.

Yo nunca podría creer en el Jesucristo de algunas personas, porque el Cristo en quien ellos creen está simplemente lleno de afecto y amabilidad, mientras que yo creo que nunca hubo un ejemplo de hombría más espléndido, hasta en su dureza, que el Salvador; y los mismos labios que declararon que Él no rompería una caña quebrada pronunciaron las más terribles abominaciones sobre los fariseos.

—CHARLES H. SPURGEON

1

Cuando es erróneo ser «amable»

～

Y oyéndole todo el pueblo, dijo a sus discípulos: Guardaos de los escribas...

Lucas 20.45-46

𝓔l modo que Jesús tenía de tratar a los pecadores estaba normalmente marcado por una ternura tan extrema que se ganó un burlón apodo por parte de sus críticos: amigo de pecadores (Mateo 11.19). Cuando Él se encontró hasta con el más flagrante de los leprosos morales (desde una mujer que vivía en adulterio en Juan 4.7-29 hasta un hombre infestado de una legión completa de demonios en Lucas 8.27-39), Jesús siempre los ministró con una notable benevolencia, sin darles ningún sermón como reprimenda ni cortantes reproches. Invariablemente, cuando tales personas llegaban a Él, ya estaban quebrantadas, humilladas y hartas de la vida de pecado. Él con entusiasmo otorgaba a tales personas perdón, sanidad, y plena comunión con Él sobre la base de la fe de ellos solamente (cp. Lucas 7.50; 17.19).

La única clase de pecadores a quien Jesús regularmente trataba con firmeza era la de los hipócritas profesionales, los farsantes religiosos, los falsos maestros, y los vendedores fariseicos de piedad de plástico: escribas, intérpretes de la ley, saduceos y fariseos. Aquellos eran los líderes religiosos en Israel: «gobernantes» espirituales (para usar un término que la Escritura con frecuencia aplica a ellos). Ellos eran los déspotas guardianes de la tradición religiosa; les importaba más la costumbre y la convención que la verdad. Casi cada vez que aparecen en los relatos de los Evangelios, están principalmente interesados en guardar las apariencias y aferrarse a su poder. Cualquier pensamiento que pudieran tener a favor de la auténtica piedad siempre ocupaba un segundo plano ante asuntos más académicos, pragmáticos o egoístas. Ellos eran los hipócritas religiosos por excelencia.

EL SANEDRÍN Y LOS SADUCEOS

El poder gobernante que aquellos hombres poseían se derivaba de un gran consejo con base en Jerusalén, que estaba compuesto de setenta y una autoridades religiosas destacadas, conocidas colectivamente como el *sanedrín*. Los miembros del consejo incluían al sumo sacerdote y a setenta principales sacerdotes y eruditos religiosos. (El número se derivaba del nombramiento de Moisés de setenta consejeros para ayudarle en Números 11.16.)

El sanedrín tenía autoridad final sobre Israel en todos los asuntos religiosos y espirituales (y, así, aun en algunos asuntos civiles). La autoridad del consejo estaba formalmente reconocida incluso por el César (aunque no siempre era respetada por los representantes oficiales del César o sus tropas en las calles en Jerusalén). El consejo era un elemento fijo en la Jerusalén del primer siglo, y constituyó el cuerpo de gobierno más importante en todo el judaísmo hasta la destrucción del templo en el año 70 d.C. (el sanedrín siguió operando en el exilio después de eso durante más de 250 años; aunque por razones obvias, su poder quedó muy disminuido. La persistente persecución romana finalmente silenció y dispersó al consejo en alguna época del siglo IV).

Los relatos que los Evangelios hacen de la crucifixión de Cristo se refieren alrededor de una docena de veces al sanedrín como «los principales sacerdotes, los escribas, y los ancianos del pueblo» (p. ej. Mateo 26.3; Lucas 20.1). El sumo sacerdote presidía todo el consejo, desde luego. Los *sumos sacerdotes* eran la aristocracia superior de la línea sacerdotal. (Algunos de ellos eran hombres que ya habían servido como sumo sacerdote en alguna ocasión; otros estaban en línea para servir un período en ese oficio). Prácticamente todos los sumos sacerdotes eran también saduceos. Los *ancianos* eran líderes clave e influyentes miembros de importantes familias fuera de la línea sacerdotal; y también eran predominantemente saduceos. Los *escribas* eran los eruditos, no necesariamente de nacimiento noble como los sumos sacerdotes y ancianos, pero eran hombres que se distinguían principalmente debido a sus conocimientos en erudición y su conocimiento enciclopédico de la ley y la tradición judías. Su grupo estaba dominado por fariseos.

Por tanto, el consejo consistía en una mezcla de fariseos y saduceos, que eran partidos rivales. Aunque los saduceos eran sobrepasados en gran medida por los fariseos en la cultura en general, sin embargo mantenían una notable mayoría en el sanedrín, y llevaban las riendas del poder con firmeza. El estatus de su primogenitura sacerdotal en efecto triunfaba sobre la erudita influencia de los fariseos, porque los fariseos eran tradicionalistas tan devotos que se inclinaban ante la autoridad de la línea sacerdotal, aunque estuvieran en fuerte desacuerdo con prácticamente todo lo que distinguía al sistema de creencias de los saduceos.

Por ejemplo, los saduceos cuestionaban la inmortalidad del alma humana, negando tanto la resurrección del cuerpo (Mateo 22.23) como la existencia del mundo espiritual (Hechos 23.8). El partido de los saduceos también rechazaba el énfasis que los fariseos hacían en las tradiciones orales, llegando tan lejos como fuese posible en la dirección opuesta. De hecho, los saduceos hacían hincapié en el Pentateuco (los cinco libros de Moisés) casi excluyendo el resto del Antiguo Testamento. Como resultado, la potente expectativa mesiánica que inundaba la enseñanza de los fariseos quedaba casi por completo perdida en la perspectiva de los saduceos.

Los dos grupos también mantenían opiniones contrarias con respecto a *cómo* deberían observarse las costumbres ceremoniales. Tanto saduceos como fariseos tendían a prestar más atención a la ley ceremonial que a las implicaciones morales de la ley. Pero los fariseos generalmente hacían las ceremonias todo lo elaboradas posible, y los saduceos tendían hacia la dirección contraria. En general, los saduceos no eran tan rígidos como los fariseos en la mayoría de las cosas, excepto cuando se trataba del asunto de hacer cumplir la ley y el orden. Mientras que los saduceos disfrutaran de un mínimo de poder que era reconocido por Roma, eran ferozmente conservadores (y a menudo rudos) cuando se trataba de la implementación de la ley civil y de la imposición de castigos y penas.

Pero en la mayoría de los aspectos, los saduceos eran clásicos teólogos liberales. Su escepticismo en cuanto al cielo, los ángeles y la vida después de la muerte les hacía automáticamente tener una mentalidad terrenal y hambre de poder. Estaban mucho más interesados (y eran capaces) en la *política* del judaísmo de lo que estaban dedicados a la religión misma.

CONOZCAMOS A LOS FARISEOS

Sin embargo, fueron los fariseos, y no los saduceos más doctrinalmente aberrantes, quienes se convirtieron en las principales figuras de oposición pública a Jesús en los relatos de los cuatro Evangelios en el Nuevo Testamento. Su enseñanza dominaba y personificaba la clase religiosa en el Israel del primer siglo. Ellos eran los descendientes espirituales de un grupo conocido como los *hasideanos* en los siglos II y III a.C. Los hasideanos eran ascéticos, devotos de la ley judía, y se oponían a todo tipo de idolatría. A mitad del siglo II a.C., los hasideanos habían sido atraídos a la famosa revuelta dirigida por Judas Macabeo contra Antíoco Epífanes, y subsecuentemente, sus enseñanzas tuvieron un profundo y duradero impacto en la cultura religiosa judía popular. *Hasid* viene de una palabra hebrea que significa «piedad». (La moderna secta hasídica, fundada en el siglo XVIII, no está en ninguna línea directa de descendencia de los hasideanos, pero sus creencias y prácticas siguen la misma trayectoria.)

La palabra fariseo con mayor probabilidad está basada en una raíz hebrea que significa «separado», así que el nombre probablemente subraya su separatismo. Además, los fariseos tenían una forma ostentosa de intentar mantenerse a sí mismos separados de todo lo que tuviera alguna connotación de contaminación ceremonial. Su obsesión por los signos externos de piedad era su característica más destacada, y la llevaban en sus mangas: literalmente. Utilizaban las tiras de cuero más anchas posible para unir filacterias a sus brazos y antebrazos. (Las filacterias eran cajas de cuero que contenían pedazos de pergamino inscritos con versículos de las Escrituras hebreas.) También alargaban los flecos de sus vestidos (véase Deuteronomio 22.12) a fin de hacer que su demostración pública de devoción religiosa fuese todo lo llamativa posible. Así, habían tomado un símbolo que debía ser un recordatorio para ellos mismos (Números 15.38-39) y lo habían convertido en un anuncio de su fariseísmo a fin de obtener la atención de otros.

El historiador Josefo fue el escritor secular más temprano en describir la secta de los fariseos. Nacido a los cuatro o cinco años de la crucifixión de Jesús, Josefo registra que él era hijo de un destacado sacerdote de Jerusalén (un saduceo) llamado Matías.[1] Comenzando alrededor de los dieciséis años de edad, Josefo estudió con cada una de las tres principales sectas del judaísmo: los fariseos, los saduceos y los esenios. Al no quedar plenamente satisfecho con ninguna de ellas, vivió en el desierto por tres años y siguió a un maestro ascético (cuyo áspero y espartano estilo de vida recordaba en ciertos aspectos a Juan el Bautista y, sin ninguna duda, se parecía mucho al de los esenios, con base en el desierto, quienes originariamente ocultaron los Rollos del Mar Muerto). Pero después, tras su estancia en el desierto, Josefo regresó a Jerusalén y siguió la vida de un fariseo.[2] Su vida se vio gravemente trastocada, desde luego, por la caída de Jerusalén en el año 70 d.C. Josefo posteriormente se convirtió en partidario de los romanos y escribió su historia a petición del Imperio. La mayoría de eruditos, por tanto, cree que él deliberadamente sesgó partes de su historia de maneras que sabía que agradarían a los romanos. Pero, no obstante, él escribió como alguien con conocimiento de los fariseos desde dentro, y no hay razón para dudar de ninguno de los detalles que él dio en sus descripciones de ellos.

Josefo observa que los fariseos eran la mayor y más estricta de las principales sectas judías. De hecho, dice que la influencia de los fariseos era tan profunda en la vida judía de principios del siglo I que hasta los adversarios teológicos de los fariseos, los saduceos, tenían que conformarse al estilo de oración de los fariseos, a la observancia del día de reposo y a la ceremonia en su conducta pública, pues de otro modo la opinión pública no los habría tolerado.³

Por tanto, la influencia de los fariseos era palpable en la vida cotidiana de Israel durante la vida de Jesús, especialmente con respecto a asuntos de piedad pública como regulaciones del día de reposo, lavatorios rituales, restricciones alimenticias, y otros asuntos de la pureza ceremonial. Esas cosas se convirtieron en los emblemas de la influencia de los fariseos, y ellos tomaban como tarea intentar que todo el mundo en la cultura cumpliera sus costumbres, aunque muchas de sus tradiciones no tenían base ninguna en la Escritura. La mayoría de sus conflictos con Jesús se centraba precisamente en esos asuntos, y desde el comienzo de su ministerio público, los fariseos se situaron contra Él con la oposición más feroz.

Había algunos fariseos excepcionales, desde luego. Nicodemo era un destacado dirigente de los judíos (véase Juan 3.1). Evidentemente, él era miembro del sanedrín, el consejo religioso gobernante en Jerusalén (cp. Juan 7.50). «Este vino a Jesús de noche» (Juan 3.2), evidentemente por temor a lo que los otros fariseos pudieran pensar si sabían de su sincero interés en Jesús. En claro contraste con la mayoría de los fariseos que se acercaban a Jesús, Nicodemo estaba haciendo una pregunta sincera, y no meramente poniendo a prueba a Jesús; por tanto, Cristo le habló con franqueza y con claridad pero sin el tipo de severidad que tintaba la mayoría del trato de Jesús con los fariseos. (Examinaremos el diálogo de Jesús con Nicodemo más detalladamente en el capítulo 3.)

Los cuatro Evangelios también mencionan a un acaudalado e influyente miembro del consejo llamado José de Arimatea, quien se convirtió en discípulo de Cristo («pero secretamente por miedo de los judíos», dice Juan 19.38). Marcos 15.43 y Lucas 23.50

identifican expresamente a José como miembro del sanedrín, y Lucas dice que José no había consentido en su decisión y su obra cuando ellos conspiraron para matar a Jesús. Fue José, desde luego, quien se aseguró el permiso de Pilato para bajar el cuerpo de Jesús de la cruz, y él y Nicodemo prepararon en seguida el cadáver para su entierro y lo pusieron en un sepulcro sellado (Juan 19.39). No hay registro en el Nuevo Testamento de ningún encuentro directo entre Jesús y José de Arimatea durante el ministerio terrenal de Cristo. Parece que José mantenía su distancia, sin siquiera acercarse a Jesús de noche del modo en que Nicodemo había hecho. Eso no se debía a que tuviera ningún temor de Jesús, sino que temía lo que los otros líderes judíos pudieran decir, hacer, o pensar de él si sabían que era secretamente un discípulo de Jesús.

Como norma, entonces, las interacciones de Jesús con los fariseos, saduceos, escribas y principales sacerdotes estaban marcadas por la acritud, y no por la ternura. Él los reprendía públicamente y frente a frente; repetidamente decía cosas duras *sobre* ellos en sus sermones y discursos públicos; advertía a sus seguidores que se guardasen de su mortal influencia. Él regularmente empleaba un lenguaje más fuerte en sus denuncias a los fariseos del que nunca utilizó contra las autoridades paganas romanas o sus ejércitos ocupadores.

Ese hecho enfurecía totalmente a los fariseos. Ellos de buena gana habrían aceptado a cualquier mesías que se opusiera a la ocupación romana de Israel y afirmase sus tradiciones fariseicas. Jesús, sin embargo, no habló una palabra contra el César mientras trataba a toda la aristocracia religiosa de Israel como si ellos fueran tiranos más peligrosos que el César mismo.

Sin duda, lo eran. Su falsa enseñanza era mucho más destructiva para el bienestar de Israel que la opresión política de Roma. En términos espirituales, el fariseísmo y el tradicionalismo religioso de los fariseos representaban un peligro más claro y presente para la salud vital de la nación que el ajustado tornillo político que ya había sido sujeto sobre Israel por el César y sus ejércitos de ocupación. Eso es decir bastante, dado el hecho de que en menos de medio siglo, ejércitos romanos devastarían completamente Jerusalén y enviarían a la población de Israel a un extenso exilio (la Diáspora) del cual el pueblo judío no ha emergido totalmente incluso en la actualidad.

Pero por profundo y trascendental que el holocausto del año 70 d.C. fue para la nación judía, una calamidad mucho mayor se cernía en: especialmente su preferencia por las tradiciones humanas por encima de la Palabra de Dios. Eso condujo a un desastre *espiritual* de proporciones eternas e infinitas, porque la mayoría de israelitas en aquella generación rechazaron a su verdadero Mesías; y multitudes de sus descendientes han continuado la incansable búsqueda de tradición religiosa durante casi dos milenios completos, muchos negándose a prestar una seria consideración a las afirmaciones de Cristo como el Mesías de Dios.

El sistema legalista de los fariseos era, en efecto, una apisonadora que preparó el camino para esa tragedia. El apóstol Pablo (él mismo un fariseo convertido) estaba describiendo con todo detalle la religión farisaica en Romanos 10.2-3 cuando lamentó la incredulidad de Israel: «Porque yo les doy testimonio de que tienen celo de Dios, pero no conforme a ciencia. Porque ignorando la justicia de Dios, y procurando establecer la suya propia, no se han sujetado a la justicia de Dios».

Los fariseos sí que tenían cierto tipo de celo por Dios. En lo externo, sin duda no parecían plantear una amenaza tan grande como los ejércitos romanos. De hecho, los fariseos eran genuinos expertos cuando se trataba de conocer las *palabras* de la Escritura. Eran también escrupulosos en su observancia de los más mínimos detalles externos de la ley. Si compraban semillas para su huerto, por ejemplo, contaban meticulosamente los granos que había en cada paquete y apartaban un diezmo (Mateo 23.23).

Para el ojo de un observador superficial, la cultura religiosa que los fariseos habían cultivado en el Israel del primer siglo podría haber parecido representar cierto tipo de edad de oro para la ley judía. Sin duda, no era la misma variedad de religión abiertamente falsa de la que leemos tan frecuentemente en el Antiguo Testamento: esas repetidas épocas de apartarse y de idolatría con becerros de oro, adoración a Asera, y cosas peores.

Nadie podía acusar a un fariseo de demasiada tolerancia con las creencias paganas, ¿no es cierto? Después de todo, ellos se oponían fuertemente a toda expresión de idolatría, y estaban totalmente comprometidos a los más mínimos detalles secundarios de la ley judía. Además, por seguridad, habían añadido muchos rituales de sobra que ellos mismos habían creado, como escudos extra contra la contaminación accidental. Si la ley bíblica demandaba lavatorios ceremoniales para los sacerdotes que ofrecían sacrificios, ¿por qué no añadir lavatorios *extra* para todos, y convertirlos en una parte esencial de las rutinas cotidianas comunes? Eso es precisamente lo que hicieron.

Desde una perspectiva humana, todas esas cosas tenían apariencia de profunda devoción a Dios. Mirándolo de ese modo, se podría haber pensado que los fariseos eran los hombres con *menos* probabilidad de su generación en convertirse en los peores enemigos del Mesías. Ellos eran profundamente religiosos, y no descuidados o profanos; sin duda, no eran ateos reconocidos que abiertamente minaban la fe del pueblo en la Palabra de Dios. Ellos fomentaban la piedad, no lo licencioso; defendían el celo, el rigor y la abstinencia, y no la mundanalidad y la indiferencia a las cosas espirituales. Ellos abogaban por el judaísmo, y no por el tipo de sincretismo pagano en que sus vecinos samaritanos y muchas otras generaciones anteriores de israelitas se habían interesado. Su religión era toda su vida.

Hasta precedía a Dios mismo.

Y ahí estaba el problema. Los fariseos habían ideado un hábil disfraz, ocultando su fariseísmo y su hipocresía bajo una capa de celo religioso. Eran cuidadosos para mantener la apariencia, pero no la realidad, de una sincera devoción a Dios. Más que eso, habían mezclado tan bien sus tradiciones religiosas hechas por el hombre con la verdad revelada de Dios, que ellos mismos no podían ya distinguir la diferencia. A pesar de todos sus estudiados conocimientos en la singular variedad de erudición del Antiguo Testamento que fomentaban, insistían en ver las Escrituras con los lentes de la tradición humana. La tradición, por tanto, se convirtió en su principal autoridad y el principio gobernante en sus interpretaciones de la Escritura. Bajo esas circunstancias, no había modo en que la Escritura corrigiera sus tradiciones *erróneas*. Los fariseos, así, se convirtieron en los principales arquitectos de una rama corrupta de judaísmo cultural y tradicional (pero no verdaderamente bíblico). En la época de Jesús, ya era un sistema monstruoso y pesado de guardar reglas, rituales, superstición, costumbres humanas, legalismo en el día de reposo, y fingimiento farisaico; todo ello estrechamente supervisado por el ojo crítico de los fariseos.

Los fariseos que seguían ciegamente la línea del partido en nombre de la tradición eran falsos maestros, sin importar lo píos o nobles que pudieran haber parecido a un ojo superficial. Eran el peor tipo de lobos vestido de ovejas, rabinos corruptos que llevaban el de lana de un profeta y devoraban a las ovejas del rebaño del Señor bajo la cubierta de ese disfraz. Eran, de hecho, rebeldes decididos contra Dios y contra su Ungido, aunque se cubrían a sí mismos con tal empalagosa y pretenciosa muestra de piedad externa. Aun cuando eran confrontados con la liberadora verdad bíblica, obstinadamente seguían siendo defensores del legalismo.

No es sorprendente que Jesús tratase con ellos tan duramente.

LA MALDAD DE LA FALSA RELIGIÓN

Los hombres y mujeres que carecen de una perspectiva bíblica tienden a pensar de la religión como la expresión más noble del carácter humano. La opinión popular en el mundo en general ha considerado generalmente la religión como algo inherentemente admirable, honorable y beneficioso.

En realidad, ningún otro campo de las humanidades: filosofía, literatura, las artes, o cualquier otro, tiene tanta potencialidad para causar daño como la religión. Nada es más completamente malvado que la *falsa* religión, y cuanto más tratan los falsos maestros de vestirse de ropas de verdad bíblica, más verdaderamente satánicos son.

No obstante, los emisarios de Satanás de aspecto benigno y hábilmente religiosos son ordinarios, no extraordinarios. La historia de la redención está llena de ellos, y la Biblia continuamente nos advierte contra tales falsos maestros: lobos salvajes con pieles de ovejas, «falsos apóstoles, obreros fraudulentos, que se disfrazan como apóstoles de Cristo. Y no es maravilla, porque el mismo Satanás se disfraza como ángel de luz. Así que, no es extraño si también sus ministros se disfrazan como ministros de justicia» (2 Corintios 11.13-15).

Al dar su discurso de despedida en Éfeso, el apóstol Pablo les dijo a los ancianos de esa joven pero ya acosada iglesia: «Porque yo sé que después de mi partida entrarán en medio de vosotros lobos rapaces, que no perdonarán al rebaño. *Y de vosotros mismos se levantarán hombres que hablen cosas perversas para arrastrar tras sí a los discípulos*» (Hechos 20.29-30, énfasis añadido). Les estaba advirtiendo de que se levantarían falsos maestros no sólo desde dentro de la iglesia, sino también que entrarían pasando desapercibidos en el *liderazgo* de la iglesia (cp. Judas 4). Sin duda, sucedió en Éfeso, y ha vuelto a suceder una y otra vez en cada fase de la historia de la iglesia. Los falsos maestros se visten con las ropas de Dios; quieren que las personas crean que ellos representan a Dios, y que conocen a Dios, y que tienen una perspectiva especial de la verdad y la sabiduría divinas, aunque son emisarios del mismo infierno.

En 1 Timoteo 4.1-3, Pablo profetizó que la iglesia de los últimos tiempos sería acosada por falsos maestros con un enfoque farisaico del ascetismo, que utilizarían como una capa para lo licencioso:

> Pero el Espíritu dice claramente que en los postreros tiempos algunos apostatarán de la fe, escuchando a espíritus engañadores y a doctrinas de demonios; por la hipocresía de mentirosos que, teniendo cauterizada la conciencia, prohibirán casarse, y mandarán abstenerse de alimentos que Dios creó para que con acción de gracias participasen de ellos los creyentes y los que han conocido la verdad.

Notemos cómo la Escritura dice enfáticamente que los falsos maestros a quienes les gusta vestirse con una capa de fariseísmo y se ocultan bajo el pretexto de la ortodoxia son malvados, enviados del diablo, maestros de doctrinas demoníacas. Una vez más, nada es más completamente diabólico que la falsa religión, y se nos advierte repetida y explícitamente que no tomemos a la ligera la falsa enseñanza, debido a que se parece mucho a la verdad.

Los falsos maestros nunca fueron más agresivos que durante el ministerio terrenal del Señor Jesucristo. Fue como si todo el infierno realizara su mayor asalto contra Él durante aquellos tres años. Y podemos, sin duda, entender eso. Para desbaratar el evangelio y tratar de frustrar el plan de Dios, Satanás desató todo lo que tenía contra Jesucristo, desde los propios esfuerzos directos de Satanás para tentarle (Mateo 4.1-11; Lucas 22.40-46) hasta demonios que le confrontaron mientras fingían rendirle homenaje (Marcos 5.1-13); y todo lo demás entremedias, incluyendo la infiltración de Judas, el falso discípulo, a quien Satanás mismo influenció, moró en él, y capacitó para cometer el acto definitivo de traición (Lucas 22.3).

Pero el ataque más firme y más sostenido contra Jesús, y la principal campaña de oposición vocal que finalmente lo llevó a la cruz, fue el incesante antagonismo de los fariseos, provocado por el sanedrín.

Ellos, a su vez, eran dirigidos por Satanás. Ellos, sin duda alguna, no eran conscientes de este hecho, pero Satanás los estaba utilizando como instrumentos en su implacable campaña contra la verdad.

Parece casi impensable que la oposición más feroz a Cristo proviniera de los más respetados líderes del sector religioso de la sociedad. Pero es cierto. Veamos el amplio abanico del ministerio terrenal de Jesús tal como los escritores de los Evangelios lo registraron, y preguntemos: «¿Quiénes fueron los principales agentes de Satanás que intentaron desbaratar la obra de Él y oponerse a su enseñanza? ¿De dónde provino la principal resistencia a Cristo?» La respuesta es obvia. No fue del mundo subterráneo criminal de la cultura o de su clase baja secular. No fue de los desterrados de la sociedad: los recaudadores de impuestos, los bajos fondos, matones, prostitutas y ladrones. Por el contrario, los principales emisarios y agentes de Satanás fueron los más devotos, los más santurrones, los más respetados líderes religiosos en todo Israel, guiados en ese esfuerzo por la más estricta de todas sus principales sectas: los fariseos.

Toda aquella estrategia fue, sin duda alguna, orquestada y puesta en movimiento por Satanás mismo. De hecho, el punto de Pablo en 2 Corintios 11.14-15 es que el subterfugio secreto es, y siempre ha sido, la principal táctica del diablo. Por tanto, no debería sorprendernos que los enemigos del evangelio siempre hayan sido (y sigan siendo) más formidables cuando son religiosos. Cuanto más exitosos sean en convencer a la gente de que ellos están dentro del círculo de la ortodoxia, más eficaces serán en minar la verdad. Cuanto más profundamente puedan infiltrarse en la comunidad de verdaderos creyentes, más daño pueden causar con sus mentiras. Cuanto más cerca puedan llegar de las ovejas y ganarse su confianza, más fácilmente pueden devorar al rebaño.

BAILES CON LOBOS

Cualquier pastor literal con la tarea de alimentar y guiar al rebaño de ovejas se consideraría un loco si considerase a los lobos como potenciales mascotas para ser domesticadas y unidas al redil. Supongamos que él activamente buscase e intentarse establecer amistad con lobos jóvenes, suponiendo que pudiera enseñarles a mezclarse con sus ovejas, *insistiendo* contra todo sabio consejo en que su experimento podría tener éxito; y, si lo hace, los lobos adquiriesen la ternura de las ovejas y las ovejas también aprendiesen cosas de los lobos. Un pastor así sería peor que inútil; él mismo supondría un extremo peligro para el rebaño.

Casi tan malo sería un pastor cuya visión fuese miope. Él nunca ha visto un lobo claramente con sus propios ojos; por tanto, cree que la amenaza de los lobos se exagera mucho. Aunque sus ovejas siguen desapareciendo o siendo destrozadas por *algo*, él se niega a creer que son lobos quienes están haciendo daño a su rebaño.

Declara que está cansado de oír agudas advertencias de lobos por parte de otros. Comienza a contar la historia de «El muchacho que gritaba: ¡el lobo!» a todos los que le escuchen. Finalmente, llegando a la conclusión de que la «negatividad» de otras personas hacia los lobos supone un peligro mayor para su rebaño que los lobos mismos, agarra su flauta y toca una suave melodía para adormecer a las ovejas.

Después, desde luego, está el «asalariado, y que no es el pastor, de quien no son propias las ovejas». Él «ve venir al lobo y deja las ovejas y huye, y el lobo arrebata las ovejas y las dispersa. Así que el asalariado huye, porque es asalariado, y no le importan las ovejas» (Juan 10.12-13).

Asalariados egoístas, pastores miopes, y aspirantes a domadores de lobos están demasiado extendidos en la iglesia actualmente; igualmente lo están los lobos vestidos de ovejas. Sinceramente, algunos de los trajes de oveja posmodernos no son ni siquiera un poquito convincentes. Pero algunos pastores parecen no tener vacilación en cuanto a desatar a esos ansiosos lobos entre sus rebaños. Muchos son como el pastor corto de vista en mi parábola: convencidos de que las advertencias de la amenaza de lobos son potencialmente más peligrosas que los lobos de verdad.

El evangelicalismo contemporáneo, en general, parece no tener gusto en absoluto por ningún tipo de roce doctrinal, y mucho menos por el conflicto abierto con los lobos espirituales. El Manifiesto Evangélico que cité en la introducción de este libro refleja con claridad ese punto de vista, expresando muchas más palabras de preocupación por las relaciones públicas evangélicas de lo que lo hace para que la doctrina evangélica sea sana. El documento afirma confiadamente que «el mensaje evangélico, "buenas nuevas" por definición, es abrumadoramente positivo, y *siempre* positivo antes de ser negativo».[4] Esa es una considerable exageración, especialmente dado el hecho de que el sistemático bosquejo que Pablo hace del evangelio en Romanos comienza con las palabras: «Porque la ira de Dios se revela desde el cielo» (Romanos 1.18) y después sigue durante casi tres capítulos completos exponiendo la profundidad y la universalidad de la «impiedad e injusticia» humanas, que es lo que desató la ira de Dios en un principio. Solamente tras haber hecho ineludible las malas noticias, Pablo presenta las buenas nuevas del evangelio. Él sigue el mismo patrón en forma abreviada en Efesios 2.1-10.

Como vamos a ver, Jesús mismo no siempre era positivo antes de ser negativo. Algunos de sus discursos más extensos, incluyendo todo Mateo 23, fueron totalmente negativos.

El reciente Manifiesto Evangélico hace una señal de elogio a «aquellos en el pasado por su digno deseo de ser fieles a los puntos fundamentales de la fe», pero después parece sugerir que la combatividad en defensa de las verdades centrales del cristianismo debe evitarse siempre. De hecho, la razón principal que da el manifiesto para enumerar el «fundamentalismo conservador» como una de dos corrupciones opuestas del verdadero espíritu protestante (siendo la otra el «revisionismo liberal») es que ciertos fundamentalistas han resistido la tendencia liberalizadora con «estilos de reacción que son personal y públicamente combativos hasta el punto de llegar a ser subcristianos».[5]

No hay duda de que supuestos fundamentalistas con frecuencia se han comportado de maneras vergonzosas. Es bastante cierto que celosas luchas internas entre ciertas personalidades «fundamentalistas» que se salían de lo corriente han sido frecuentemente demasiado públicas y demasiado personales; y, sin duda, subcristianas. De hecho, la agresividad de algunos líderes fundamentalistas ha hecho añicos su movimiento y ha dejado al fundamentalismo clásico sin muchas voces influyentes en la actualidad. Pero para ser claros: el problema con ese estilo de combatividad nunca fue *meramente* que fuese demasiado personal o demasiado pública, sino que estuvo totalmente mal dirigido y cada vez más arraigado en la ignorancia en lugar de en el entendimiento. Muchos en la cabecera de ese movimiento parecían tener poco entendimiento de lo que era verdaderamente fundamental y lo que era secundario. En otras palabras, ellos no eran fundamentalistas en absoluto en el sentido original de ese término. Tenían un extraño don para no dejar pasar mosquitos a la vez que se tragaban camellos. Eso no es auténtico fundamentalismo, sino una corrupción de él. De hecho, es una personificación actual del espíritu farisaico.

La respuesta al fracaso del fundamentalismo no es, sin duda, que los evangélicos renuncien a todo conflicto y saluden a lobos con una sonrisa de bienvenida y diálogo amigable. Esa es, incuestionablemente, la dirección hacia donde va la corriente evangélica. El Manifiesto Evangélico hace comentarios como esos sobre los peligros del fundamentalismo a la vez que tácitamente reconoce que el movimiento evangélico mismo está seriamente confundido y necesita una reforma urgente. De los tres «principales mandatos» que el Manifiesto enumera, reafirmar nuestra identidad está en primer lugar.[6] Sin embargo, el documento no sugiere en ningún lugar alguna estrategia para tratar las muchas opiniones aberrantes (incluyendo incontables ecos de «revisionismo liberal») que actualmente demandan la aceptación evangélica. Además, todo el Manifiesto parece deliberadamente silencioso a fin de no dar a nadie la impresión de que los puntos de vista alternativos están fuera de la conversación evangélica. «Nuestro propósito no es atacar o excluir sino recordar y reafirmar».[7] Después de todo, «diferentes creencias y las diferentes familias de fe proporcionan respuestas muy distintas a la vida, y esas diferencias son decisivas no sólo para los individuos sino también para sociedades y civilizaciones. Aprender a vivir con nuestras más profundas diferencias tiene, por tanto, una gran consecuencia para los individuos y también para las naciones».[8] Dudo que Pablo ni Jesús firmasen eso.

El problema es que la necesitada reforma *dentro* del evangelicalismo no se producirá en absoluto si las falsas ideas que minan nuestras convicciones teológicas fundamentales no pueden ser abiertamente atacadas y excluidas. Cuando la coexistencia pacífica «con nuestras más profundas diferencias» se convierte en la principal prioridad y el conflicto *per se* es demonizado como inherentemente subcristiano, cualquiera y todas las creencias religiosas falsas pueden demandar, y demandarán, una voz igualitaria en la «conversación».

Eso ha estado sucediendo en realidad ya durante algún tiempo. Escuchemos, por ejemplo, lo que algunas de las principales voces en y alrededor del movimiento emergente han dicho. Tony Campolo es un popular conferencista y escritor que tiene una importante influencia en círculos evangélicos. Él cree que los evangélicos deberían dialogar con el islam, buscando un terreno común. En una entrevista dirigida por Shane Clairborne, Campolo dijo:

> Creo que las últimas elecciones irritaron a una importante minoría de la comunidad evangélica, creyendo que no querían dar la impresión de ser anti-gay, anti-mujeres, anti-medioambiente, pro-guerra, pro-pena capital y anti-islam. Va a haber un segmento de evangelicalismo, al igual que hay un segmento del islam, que no estará interesado en el diálogo. Pero hay otros evangélicos que querrán hablar y establecer un compromiso común a una bondad con el pueblo islámico y con el pueblo judío en particular.[9]

Brian McLaren quizá sea la figura más conocida en la conversación Emergente. Él cree que el futuro del planeta, por no mencionar la salvación de la religión misma (incluyendo el cristianismo), depende de una búsqueda cooperativa del verdadero significado del mensaje de Jesús. En la evaluación de McLaren, esto significa un diálogo continuo entre cristianos y seguidores de todas las demás religiones. Él está convencido de que eso es sumamente urgente:

> En una era de terrorismo global e intensos conflictos religiosos, es importante reconocer que todos los musulmanes tratan a Jesús como un gran profeta, que muchos hinduistas están dispuestos a considerar a Jesús como una manifestación legítima del orden divino, que muchos budistas ven a Jesús como una de las personas más iluminadas de la raza humana, y que Jesús mismo fue judío. A propósito, este libro establece que si no entendemos la identidad judía de Jesús nunca le entenderemos. Una revaloración aunada del mensaje de Jesús podría abrir un espacio único y un terreno común para el diálogo religioso que tanto se necesita en nuestro mundo, y no me parece una exageración decir que el futuro de nuestro planeta puede depender de tal diálogo. Esta revaloración del mensaje de Jesús podría ser el único proyecto capaz de salvar varias religiones, incluida la cristiana.[10]

Simpatía indiscriminada, la búsqueda de terreno común espiritual y paz a cualquier precio tienen todas ellas un gran atractivo, especialmente en un clima intelectual donde prácticamente la peor metedura de pata que cualquier persona pudiera cometer es afirmar saber lo que es verdad cuando muchas otras personas piensan que alguna otra cosa es verdad.

Además, el diálogo *sí* suena más agradable que el debate. ¿Quién sino un necio no preferiría una tranquila conversación en lugar de conflicto y confrontación?

De hecho, afirmemos esto claramente una vez más: hablando en general, evitar el conflicto es una buena idea. La bondad y la simpatía son normalmente preferibles a una fría dureza. La cortesía, la compasión y los buenos modales no abundan en estos tiempos, y una palabra amable normalmente conseguirá más que una discusión o una represión. Lo que edifica es más útil y más fructífero a la larga que la crítica. Cultivar amistades es más agradable y más beneficioso que hacer una cruzada contra enemigos. Y normalmente es mejor ser amable y manso que ser brusco o combativo, especialmente con las *víctimas* de la falsa enseñanza.

Pero estas palabras que califican son vitales: *normalmente, generalmente*. Evitar el conflicto no *siempre* es lo correcto; a veces es claramente pecado. Particularmente en tiempos como estos, cuando casi ningún error es considerado demasiado grave para ser excluido de la conversación evangélica,[11] y mientras se están colando en el rebaño del Señor lobos vestidos de profetas, declarando visiones de paz cuando no hay paz (cp. Ezequiel 13.16).

Hasta la oveja más amable y más amigable a veces necesita lanzar piedras a los lobos que llegan vestidos de ovejas.

¿FUE JESÚS SIEMPRE «AMABLE»?

El Buen Pastor mismo nunca estuvo lejos de la abierta controversia con los habitantes más visiblemente religiosos en todo Israel. Casi cada capítulo de los Evangelios hace alguna referencia a su continuada batalla con los principales hipócritas de su época, y Él no hizo esfuerzo alguno por ser encantador en sus encuentros con ellos. No los invitó a dialogar o a participar en un amigable intercambio de ideas.

Como vamos a ver, el ministerio público de Jesús apenas acaba de comenzar cuando Él invadió lo que ellos consideraban territorio propio: el templo en Jerusalén, y pasó a desbocarse contra su mercenario control de la adoración de Israel. Él hizo lo mismo durante la semana final antes de su crucifixión, inmediatamente después de su entrada triunfal en la ciudad. Uno de sus últimos discursos públicos más importantes fue el solemne pronunciamiento de siete ayes contra los escribas y fariseos; fueron maldiciones formales contra ellos. Ese sermón fue lo más alejado de un diálogo amigable. El relato que Mateo hace de él llena todo un capítulo (Mateo 23), y como observamos antes, está totalmente desprovisto de palabras positivas o alentadoras para los fariseos y sus seguidores. Lucas destila y resume todo el mensaje en tres breves versículos: «Y oyéndole todo el pueblo, dijo a sus discípulos: Guardaos de los escribas, que gustan de andar con ropas largas, y aman las salutaciones en las plazas, y las primeras sillas en las sinagogas, y los primeros asientos en las cenas; que devoran las casas de las viudas, y por pretexto hacen largas oraciones; éstos recibirán mayor condenación» (Lucas 20.45-47).

Ese es un resumen perfecto de los tratos de Jesús con los fariseos; es una feroz denuncia, una sincera diatriba sobre la gravedad de su error. No hay conversación, no hay colegialidad, no hay diálogo, y no hay cooperación. Sólo confrontación, condenación, y (como registra Mateo) maldiciones contra ellos.

La compasión de Jesús es claramente evidente en dos hechos que agrupan esta declamación. En primer lugar, Lucas dice que cuando Él se acercaba a la ciudad y observó todo su panorama por última vez, se detuvo y lloró sobre ella (19.41-44). Y en segundo lugar, Mateo registra un lamento parecido al final de los siete ayes (23.37). Por tanto, podemos estar totalmente seguros de que cuando Jesús lanzó esta diatriba, su corazón estaba lleno de compasión.

Sin embargo, esa compasión está dirigida a las víctimas de la falsa enseñanza, y no a los falsos maestros mismos. No hay indicio de comprensión, ninguna proposición de clemencia, ni rastro de bondad, ningún esfuerzo por parte de Jesús de ser «amable» con los fariseos. Además, con esas palabras Jesús pronunció de modo formal y claro el destino de ellos y los señaló públicamente como una advertencia para otros.

Este es el polo opuesto a cualquier invitación al diálogo. Él *no* dice: «Ellos son básicamente buena gente. Tienen piadosas intenciones; tienen algunas perspectivas espirituales válidas. Mantengamos una conversación con ellos». Por el contrario, Él dice: «Mantengan las distancias. Estén en guardia contra su estilo de vida y su influencia. Síganlos, y se estarán dirigiendo a la misma condenación que ellos».

Este enfoque seguramente habría otorgado a Jesús un resonante derramamiento de fuerte desaprobación por parte de los actuales guardianes del protocolo evangélico. De hecho, su enfoque de los fariseos desacredita por completo los puntos cardinales de la sabiduría convencional entre los evangélicos modernos y posmodernos: el cariño neoevangélico por la colegialidad eterna, y el encaprichamiento del movimiento emergente con hacer participar todos los puntos de vista en una conversación interminable. Según los estándares actuales, las palabras de Jesús sobre los fariseos y su modo de tratarlos son impresionantemente severas.

Regresemos al punto de comienzo del ministerio de Jesús y observemos cómo comenzó y se desarrolló esta hostilidad entre Él y los fariseos.

Creo que muchos lectores se sorprenderán al descubrir que fue Jesús quien hizo el primer disparo. Y fue una andanada asombrosamente potente.

El severo y santo Cristo, el indignante, poderoso Mesías, el Mensajero del pacto de quien está escrito: «Él purificará a los hijos de Leví, y los purgará como oro y plata, para que ofrezcan al Señor una ofrenda de justicia» no es agradable para aquellos que sólo quieren un Cristo suave y dulce. [Lo que vemos en cambio es] el feroz celo de Jesús que llegó con tal repentina y tremenda efectividad que ante este hombre desconocido, quien no tenía mayor autoridad que su propia persona y palabra, esa multitud de mercaderes y cambistas, que pensaban que estaban plenamente dentro de sus derecho cuando realizaban sus negocios en los atrios del Templo, huyeron en tropel como un montón de muchachos malos.

—R. C. Lenski[12]

2

Dos Pascuas

❦

Le hallaron en el templo, sentado en medio de los doctores de la ley, oyéndoles y preguntándoles.

Lucas 2.46

Y haciendo un azote de cuerdas, echó fuera del templo a todos.

Juan 2.15

*E*l primer encuentro registrado de Jesús con los principales rabinos fue el más manso y más benigno de todos sus encuentros personales registrados con ellos. Sucedió cuando Él era aún un muchacho de doce años, que visitaba Jerusalén con sus padres para la fiesta de la Pascua. De todos los escritores de los Evangelios, solamente Lucas tiene algo que decir en cuanto a la niñez o adolescencia de Jesús, y este es el único episodio registrado en Lucas del nacimiento de Jesús hasta su bautismo: «Iban sus padres todos los años a Jerusalén en la fiesta de la pascua; y cuando tuvo doce años, subieron a Jerusalén conforme a la costumbre de la fiesta» (Lucas 2.41-42).

El nombre *Pascua* se refería a aquella noche al final de la esclavitud de Israel en Egipto cuando el ángel de la muerte pasó por toda la tierra de Egipto y mató al primogénito en todas las casas egipcias, pero pasó de largo de las moradas israelitas, porque ellos habían marcado los dinteles de sus puertas con la sangre de un cordero sacrificial (Éxodo 12.23-27).

La Pascua se conmemoraba anualmente con el sacrificio de un cordero y una importante fiesta. Era el mayor evento de un sólo día en el calendario judío, y siempre se celebraba el día 14 del mes Nisán, que era el primer mes del año religioso hebreo, y caía en la cúspide de la estación primaveral. (Debido a que estaba basada en un calendario lunar en lugar de en un año de 365 días, la fecha varía según los calendarios modernos, pero va desde mitad de marzo hasta principios de abril.)

El día después de la Pascua comenzaba cada año con una celebración de una semana conocida como la Fiesta de los panes sin levadura (Levítico 23.6-8). Combinadas, entonces, esas dos fiestas ocupaban ocho días completos. Durante esa semana, toda Jerusalén estaba abarrotada de peregrinos que llegaban a ofrecer sacrificios, a participar de las fiestas y de otras actividades.

PASCUA EN JERUSALÉN: ESCENA PRIMERA

A la edad de doce años en esa cultura, Jesús estaba a las puertas de ser un hombre. Al año siguiente Él sería *bar mitzvah*: un hijo del mandamiento. Sería considerado formalmente como adulto, personalmente responsable ante la ley, y con derecho a tomar parte públicamente en la adoración judía. Hasta entonces, sin embargo, Él seguía siendo un niño, y no sólo a los ojos de su cultura. Era un verdadero niño en todos los sentidos que estaba pasando por todos los procesos normales del desarrollo biológico, mental y social.

En otras palabras, Jesús cuando era niño no era algún tipo de prodigio paranormal. El registro de los Evangelios deja esto totalmente claro.

De hecho, esta breve ventana a su niñez es uno de los retratos más vívidos que la Biblia hace de Cristo en su plena humanidad. En los siglos II y III después de Cristo, aparecieron ocasionalmente escritos espurios, pretendiendo contener relatos de primera mano de la niñez de Jesús. A veces conocidos como «los Evangelios de la infancia», eran invenciones gnósticas llenas de historias fantásticas y con frecuencia ridículas. Normalmente retrataban al Jesús niño como cierto tipo de *wunderkind* trascendental. Pintan un cuadro grotesco de un muchacho poderoso pero petulante que realizaba todo tipo de maravillas infantiles inverosímiles, como moldear pájaros de arcilla y hacerlos volar; extender tablas de madera en la carpintería de su padre para que encajasen; y sanar a sus compañeros de juegos, o hacer que cayeran muertos, dependiendo de cuál era su ánimo. Un relato le muestra haciendo que los vecinos se quedaran ciegos. El cristo niño de los evangelios gnósticos también era conocido por reprender a cualquier maestro que tuviera la audacia de intentar enseñarle.

El único relato bíblico auténtico de la niñez de Jesús destaca en marcado contraste con ese tipo de cuentos. Lo que vemos en Lucas 2 es a un muchacho muy normal con padres reales.

José y María iban anualmente a Jerusalén para celebrar la Pascua (v. 41). Pero es probable que Lucas 2 esté describiendo la primera Pascua de Jesús en Jerusalén. Era costumbre que los muchachos en su último año de la niñez experimentaran su primera fiesta en el templo. La preparación para el *bar mitzvah* incluía instrucción en la ley, incluyendo familiaridad con las costumbres, rituales, fiestas y sacrificios judíos. La semana de la Pascua permitía una intensiva iniciación en todas esas cosas, así que era común que los muchachos en su último año de niñez tuvieran el privilegio de acompañar a sus padres a Jerusalén para esa semana de celebración. (Mateo 21.15 dice que en la final entrada triunfal de Cristo en Jerusalén había «muchachos aclamando en el templo y diciendo: ¡Hosanna!» Mateo usa un nombre masculino para «niños»). Normalmente, no se encontraba a muchachos aún en la niñez en grandes números en el templo. Pero la entrada de Jesús en Jerusalén se produjo menos de una semana antes de la Pascua, y muchachos de doce años estarían allí de todo Israel, anticipando su primera e importante experiencia de adoración en el templo. Parece que cuando Jesús mismo era un muchacho en los umbrales de la edad adulta, su familia permitió esa misma costumbre.

Lucas no dice nada acerca de la celebración de la Pascua o la Fiesta de los panes sin levadura, sino que recoge la historia cuando era momento de que la familia regresara a Galilea:

«Al regresar ellos, acabada la fiesta, se quedó el niño Jesús en Jerusalén, sin que lo supiesen José y su madre. Y pensando que estaba entre la compañía, anduvieron camino de un día; y le buscaban entre los parientes y los conocidos; pero como no le hallaron, volvieron a Jerusalén buscándole» (Lucas 2.43-45).

La separación de Jesús de sus padres estuvo arraigada en una mala interpretación muy simple por parte de ellos. El relato del Evangelio de ninguna manera sugiere que Jesús estuviera siendo travieso o rebelde; simplemente estaba metido en lo que sucedía en el templo: precisamente aquello para lo que estaba allí. El día en que estaba previsto que partiesen, sin embargo, los padres de Jesús estaban preocupados con los preparativos para el viaje *de regreso* a casa. Cuando se fueron, Él se quedó; no por falta de respeto o por desafío, sino simplemente porque (como todos los niños) Él estaba totalmente absorbido en algo que había captado su atención. Su verdadera humanidad nunca se muestra tan claramente como cuando lo hace en este relato. Debido a que muchos peregrinos descendían a Jerusalén durante esa semana, todos los caminos y posadas estarían llenos de gente, y grandes números de personas de cada comunidad viajaban a la fiesta de ida y de regreso juntas. Desde una ciudad del tamaño de Nazaret, puede que hubiera habido cien o más personas en el grupo de los padres de Jesús, algunas caminando y otras dirigiendo a lentos animales de carga. Un grupo tan grande es probable que se extendiese a lo largo de más de un kilómetro de distancia, y las mujeres generalmente viajaban en un grupo o varios grupos pequeños juntas, en lugar de estar mezcladas entre los hombres.

Por tanto, es fácil entender cómo se produjo esta confusión. No cabe duda de que María y José supusieron que Jesús estaba con el otro grupo. Él ciertamente no habría sido un niño dado a las travesuras, así que ni su padre ni su madre pensaron en investigar dónde estaba hasta el final del primer día de viaje, cuando de repente descubrieron que Él no estaba con el grupo.

Cualquier padre o madre puede imaginar fácilmente los sentimientos de horror que se habrían apoderado de ellos cuando se dieron cuenta de que habían dejado atrás a Jesús. Era, desde luego, un día entero de camino de regreso a Jerusalén. Ellos, sin duda, regresaron lo antes posible, y es probable que partieran aquella misma noche. Si fue así, habrían llegado alrededor del amanecer o poco después, agotados e inquietos. Comenzaron a buscar por todo Jerusalén a Jesús, sin duda esperando que Él también les estuviera buscando a ellos. Habrían comenzado por lugares que sabían que a Él le resultaban familiares, y cuando eso no dio resultado alguno, habrían registrado toda callejuela y esquina de la ciudad, desesperándose cada vez más a medida que pasaban las horas. «Tres días» dice Lucas, probablemente contando desde el tiempo de su partida original al final de la fiesta. Lo mínimo, entonces, es que ellos estuvieran buscando en toda Jerusalén durante un día y medio, comprobando y volviendo a comprobar todos los lugares donde habían estado con Él.

Excepto, quizá, el lugar más obvio.

«Y aconteció que tres días después le hallaron en el templo, sentado en medio de los doctores de la ley, oyéndoles y preguntándoles. Y todos los que le oían, se maravillaban de su inteligencia y de sus respuestas» (vv. 46-47).

Este es un retrato único de Jesús, sentado entre los principales rabinos de Israel, hablando educadamente con ellos, haciendo preguntas, y sorprendiéndolos con su comprensión y discernimiento. Aunque seguía siendo un niño en todos los aspectos, Él ya era el alumno más increíble al que ellos habían tenido nunca el privilegio de enseñar. Era evidente que Él había mantenido a aquellos maestros plenamente participativos por tres días, y cuando José y María finalmente llegaron a la escena, la atención de Jesús seguía estando tan enfocada en la lección que ni siquiera había pensado en ir a buscarlos.

Debido a que seguía siendo un niño, el niño *perfecto*, es razonable suponer que Jesús mantenía el papel de un alumno respetuoso. No hemos de pensar que Él estaba reprendiendo, desafiando o hasta enseñando a aquellos rabinos. De hecho, Lucas parece incluir esta breve viñeta acerca de la niñez de Jesús precisamente para subrayar la plena humanidad de Cristo, cómo Él crecía «crecía en sabiduría y en estatura, y en gracia para con Dios y los hombres» (v. 52). Una vez más, Lucas está diciendo que cada aspecto del desarrollo de Jesús hasta la plena edad adulta (intelectual, física, espiritual y socialmente) fue *ordinario*, y no extraordinario. Eso significa que Él era Dios encarnado, con todos los plenos atributos de Dios en su ser infinito; de alguna forma misteriosa, su divina omnisciencia (mientras la tenía a su disposición siempre que encajaba en el propósito de su Padre) normalmente estaba velada. Su mente consciente estaba, por tanto, sujeta a las limitaciones normales de lo finito del ser humano. En otras palabras, como dice Lucas aquí, Jesús verdaderamente *aprendía* cosas. Aunque Él lo sabía todo exhaustivamente y de forma omnisciente como Dios, no siempre tenía plena conciencia de todo en su parte humana consciente (como vemos en Marcos 13.32). Las preguntas que Él hacía a esos rabinos eran parte del proceso de aprendizaje, y no alguna forma equívoca de dejar en ridículo a los rabinos. Él verdaderamente aprendía de ellos y procesaba lo que ellos le enseñaban. Esta experiencia seguramente proporcionó a nuestro Señor su primera perspectiva personal del modo en que ellos enfocaban la Escritura y de su sistema religioso, el cual más adelante Él denunciaría.

No se da ningún indicio de cuál era el tema de la lección, pero tres días ni siquiera es suficiente para un detallado repaso del Antiguo Testamento, así que, sin duda, no es necesario suponer que los rabinos del templo estuvieran profundizando para desconcertar profundos temas teológicos. Lo más probable es que estuvieran dialogando de asuntos relacionados con su interpretación de la historia de Israel, la ley, los salmos y los profetas. Lucas dice que Jesús estaba escuchando y haciendo preguntas, y lo que sorprendió a esos tutores fue su entendimiento de la información que ellos le daban y las respuestas de Él (v. 47). Por tanto, obviamente estaban interrogándole al mismo tiempo, y estaban asombrados por la capacidad de atención de Él y su capacidad para percibir la verdad espiritual.

Habría sido una increíble lección para poder escucharla, y es la única ocasión en todos los relatos de los Evangelios en que vemos a Jesús sentado a los pies de alguien para aprender. Sin duda, a lo largo de su niñez *sí* que tuvo otros maestros también, y Lucas parece reconocer esto en su descripción de cómo maduraba Jesús (v. 52), pero Lucas 2.46 sigue siendo la única ventana a la carrera de estudiante de Jesús que se nos da en la Escritura. Y es el único registro en todos los Evangelios de cualquier intercambio extenso entre Jesús y cualquier grupo de principales rabinos.

La lección llegó a un final bastante abrupto cuando José y María finalmente encontraron a Jesús. Su ansiedad y exasperación son, sin duda, fáciles de entender desde el punto de vista de cualquier padre: «Cuando le vieron, se sorprendieron; y le dijo su madre: Hijo, ¿por qué nos has hecho así? He aquí, tu padre y yo te hemos buscado con angustia» (v. 48).

Aquella probablemente no fue la primera vez, y ciertamente no sería la última, en que los inocentes motivos de Jesús fuesen mal entendidos y malinterpretados. Tampoco debería leerse su respuesta a José y María como una réplica insolente. Él estaba verdaderamente sorprendido de que ellos no hubieran sabido exactamente dónde buscarle. «Entonces él les dijo: ¿Por qué me buscabais? ¿No sabíais que en los negocios de mi Padre me es necesario estar?» (v. 49).

María, desde luego, se estaba refiriendo a José cuando dijo: «tu padre». Jesús, sin embargo, estaba llamando a Dios «mi Padre». (Sin duda, Jesús ya tenía un claro sentido de quién era Él y dónde yacía su verdadera responsabilidad.) Pero en aquel momento, los padres de Jesús estaban tan abrumados de alivio por haberle encontrado, tan sorprendidos de verle a los pies de aquellos destacados rabinos, y tan fatigados por toda la situación, que «no entendieron las palabras que les habló» (v. 50).

Lucas termina este singular destello de la niñez de Jesús con este punto final: «Y descendió con ellos, y volvió a Nazaret, y estaba sujeto a ellos. Y su madre guardaba todas estas cosas en su corazón. Y Jesús crecía en sabiduría y en estatura, y en gracia para con Dios y los hombres» (vv. 51-52). Este es el final de Lucas 2, y un resumen perfecto de la niñez de Jesús.

A primera vista, no es fácil entender cómo Jesús, como Dios encarnado, con todos los atributos de la Deidad, podría aumentar posiblemente en sabiduría u obtener favor con Dios; pero es una frase sobre la *humanidad* de Jesús. Como Dios, Él es, desde luego, perfecto en todos los aspectos y, por tanto, eternamente inmutable (Hebreos 13.8). La omnisciencia divina, por definición, no permite ningún aumento en sabiduría; pero este texto está diciendo que en la consciencia de su mente humana, Jesús no siempre se valía del infinito conocimiento que poseía como Dios (cp. Marcos 13.32). Él no perdió su omnisciencia ni dejó de ser Dios, sino que voluntariamente suspendió el uso de esa cualidad; por tanto, cuando era niño, aprendía cosas de la misma forma en que aprenden todos los niños. Además, en su crecimiento desde la niñez hasta la madurez, Él se ganó la admiración de otros y la aprobación de Dios por el modo en que vivió como ser humano sujeto a la ley de Dios (Gálatas 4.4).

Lucas 2.52 no es, por tanto, una negación de la deidad de Jesús; es una afirmación de su verdadera humanidad. El énfasis está en la normalidad de su desarrollo. En su progreso desde la niñez hasta la madurez, Él soportó todo lo que cualquier otro niño experimentaría, a excepción de la culpabilidad del pecado.

PASCUA EN JERUSALÉN: ESCENA SEGUNDA

Avancemos más de quince años. Jesús es ahora un adulto totalmente maduro de unos treinta años de edad, y está de nuevo en Jerusalén para otra Pascua. Esta vez es Juan el único evangelista que registra el acontecimiento: «Estaba cerca la pascua de los judíos; y subió Jesús a Jerusalén» (Juan 2.13). El ministerio público de Jesús duraría un poco más de tres años en total, y, por tanto, cubrió cuatro Pascuas. Su reputación en seguida comenzó a difundirse durante esta primera semana de la Pascua, y su crucifixión se produciría el día de la Pascua, exactamente tres años después.

La Escritura no nos da información alguna sobre la vida de Jesús después del final de Lucas 2 hasta que Él llega a ser bautizado por Juan en el río Jordán.[1] Por tanto, Juan está registrando la primera mirada de cerca a Jesús en un contexto público y urbano. De hecho, esta Pascua es realmente el primer acontecimiento público importante del ministerio de nuestro Señor. Aunque trabajará y vivirá la mayor parte del tiempo en Galilea, escoge el mayor acontecimiento del año en Jerusalén para hacer su debut público. Como vemos por la narrativa que se desarrolla, Jesús no hace intento alguno por presentarse como «positivo» antes de provocar una confrontación:

> Y halló en el templo a los que vendían bueyes, ovejas y palomas, y a los cambistas allí sentados. Y haciendo un azote de cuerdas, echó fuera del templo a todos, y las ovejas y los bueyes; y esparció las monedas de los cambistas, y volcó las mesas; y dijo a los que vendían palomas: Quitad de aquí esto, y no hagáis de la casa de mi Padre casa de mercado (vv. 14-16).

Lo abrupto de la aparición de Jesús en el templo es un cumplimiento literal de Malaquías 3.1-2: «y vendrá súbitamente a su templo el Señor a quien vosotros buscáis, y el ángel del pacto, a quien deseáis vosotros. He aquí viene, ha dicho Jehová de los ejércitos. Y quién podrá soportar el tiempo de su venida? ¿o quién podrá estar en pie cuando él se manifieste? Porque él es como fuego purificador, y como jabón de lavadores».

Jerusalén estaba de nuevo atestada de peregrinos, no sólo de toda la tierra de Israel sino también comunidades judías por todo el mundo romano. La población de la ciudad podía doblarse durante una típica semana de Pascua. Desde luego, mercaderes de toda la ciudad se aprovechaban inmensamente de los beneficios que les daban los peregrinos durante las vacaciones.

Los sacerdotes del templo hasta tenían sus propias y muy beneficiosas concesiones establecidas allí en las instalaciones del templo. Una parte del inmenso atrio exterior (conocido como el atrio de los gentiles) había sido convertido en un ajetreado bazar, lleno de mercaderes de animales y cambistas de moneda. Con multitudes llegando para celebrar la Pascua de todos los rincones del Imperio, era imposible que algunos de ellos llevaran sus propios bueyes, corderos o palomas para el sacrificio. Además, los corderos pascuales tenían que ser «sin defecto, macho de un año» (Éxodo 12.5). Otros animales sacrificiales igualmente tenían que ser sin defecto. La ley era clara al respecto: «Ninguna cosa en que haya defecto ofreceréis, porque no será acepto por vosotros» (Levítico 22.20). Los sacerdotes, por tanto, inspeccionaban con detalle todo animal que se llevaba al altar, y si encontraban algún defecto, declaraban al animal no acepto. Por razones obvias, era terriblemente inconveniente para cualquier familia llevar a un animal para el sacrificio en un viaje de más de tres días desde Galilea sólo para que lo declarasen no acepto para el sacrificio. Y para muchos, el viaje a Jerusalén era demasiado largo como para siquiera pensar en llevar consigo animales para el sacrificio. Por tanto, los mercaderes del templo vendían animales ya aprobados; pero con un buen recargo.

Las mesas de los cambistas de dinero igualmente habían de ser un servicio para los peregrinos y adoradores, porque las ofrendas al templo tenían que hacerse con monedas judías. Las monedas romanas tenían impresiones de César (Lucas 20.24), lo cual se consideraba idolatría. Otras monedas extranjeras eran igualmente inaceptables para las ofrendas del templo, o bien porque estaban acuñadas con metales impuros, o bien porque las imágenes estampadas en ellas hacían que las monedas fueran inaceptables para un acto de adoración. Por tanto, solamente un tipo en particular de moneda de medio shekel podía usarse.

El Antiguo Testamento prescribía una ofrenda de medio shekel a todo varón de veinte años en adelante, para ser ofrecida con cada censo nacional (Éxodo 30.13-14). El impuesto de medio shekel era concretamente para ser usado para el mantenimiento del templo (v. 16), y en siglo I, con la masiva reconstrucción que hizo Herodes de todas las instalaciones del templo, esto se había convertido en una donación anual, requerida a cada hombre hebreo devoto. Una moneda de medio shekel apenas equivalía al salario de dos días de un obrero promedio.

Obviamente, los extranjeros necesitaban cambiar su dinero por auténticas monedas de medio shekel a fin de hacer el donativo, y las autoridades del templo parecen haber acaparado el mercado de todo el cambio de monedas en Jerusalén. (Los romanos no dudaron en otorgarles este monopolio como forma de aplacar al sanedrín.) El resultado era que cargaban una tasa usuraria al tipo de cambio de las monedas. De hecho, la palabra griega para cambistas de dinero es *kollubistes*, derivada del nombre de una moneda llamada el *kollubos*, que probablemente era lo que ellos cargaban al tipo de cambio. El nombre de la moneda se deriva de una raíz que significa «esquilado», así que el nombre *kollubistes* conlleva una poco favorecedora connotación: «esquiladores de dinero».

Bajo la ley del Antiguo Testamento no se permitía a los judíos cargar intereses a sus propios compatriotas, ya fuese «de dinero, ni interés de comestibles, ni de cosa alguna de que se suele exigir interés» (Deuteronomio 23.19). Por tanto, un elevado tipo de cambio en las monedas de medio shekel era bastante malo bajo cualquier circunstancia. Pero el hecho de que eso se hiciera con las ofrendas de los adoradores, en los terrenos del templo, bajo la supervisión de las autoridades del templo y con su estímulo, era positivamente maldad. Si los animales se hubieran vendido a precios justos de mercado y si el dinero se hubiera cambiado sin aplicar intereses, este podría haber sido un legítimo servicio para patrocinar en el atrio del templo. Pero, en efecto, las autoridades del templo estaban albergando y beneficiándose de una cueva de ladrones (cp. Marcos 11.17), explotando precisamente a las personas a quienes deberían haber estado ministrando.

Tampoco es difícil imaginar lo que toda esta actividad hacía a toda la atmósfera de los terrenos del templo. Ovejas balando, bueyes mugiendo, mercaderes regateando, y peregrinos indignados todos levantando sus voces a la vez en medio del miasma de estiércol de todos esos animales. Era un hervidero de ruido, disonancia, suciedad y jaleo; sin duda, no era en ninguna manera un ambiente para la adoración. Era un caos carnal, la primera ocasión para saludar a cada peregrino que llegaba al monte del templo.

La respuesta de Jesús realmente refleja un increíble grado de paciencia y deliberación (pero no el tipo de paciencia que invita amigablemente al diálogo antes de dar una represión; y no la clase de deliberación que piensa en una forma de ser positivo antes de hacer algo negativo). Él anudó esmerada y cuidadosamente algunas cuerdas para hacer un látigo o un azote (como uno de nueve cuerdas). Por allí habría en abundancia pequeñas cuerdas; sogas baratas usadas para atar a los animales. Hay algo maravillosamente irónico, pero adecuado, al comprender que el símbolo del desagrado del Señor fuese formado por Él de instrumentos de atadura que los infractores mismos habían llevado al lugar. Él, por tanto, usó las herramientas del injusto mercadeo de los pecadores para repartir justicia contra ellos.

La respuesta de Jesús es increíblemente valiente, en especial cuando consideramos que en ese momento Él era bastante desconocido, actuando públicamente contra la confederación más poderosa del judaísmo, entrometiéndose en el terreno de ellos (o por lo menos eso creían *ellos*), y situándose en contra de un gran número de personas que no tenían escrúpulos para lucrarse y que probablemente no dudarían en usar la violencia contra Él.

Parece improbable que *Él* les hiciera algún daño físico a *ellos*. Un látigo de pequeñas cuerdas era una herramienta común e inofensiva que se utilizaba para guiar a animales grandes. (Un látigo así hecho a mano probablemente no podría infligir ningún dolor a bueyes u ovejas; realmente era un medio muy suave de guiarlos comparado con una típica vara para bueyes.) No hay sugerencia alguna de que Él azotase a los mercaderes o a los cambistas. El versículo 15 dice: «echó fuera del templo a todos, y las ovejas y los bueyes». Lo más probable es que Él usase el látigo para guiar a los animales, y que usase a los animales como motivo para que los mercaderes fuesen detrás de ellos. Así, Él puso en orden la zona.

Aun así, la firmeza y el poder de Jesús fueron impresionantes, y debieron de haber sido increíblemente intimidatorios. Su ira es evidente; su celo es grandioso e imponente; y la fuerza de la autoridad divina en sus palabras es inconfundible. Él logró exactamente lo que se propuso hacer, y si cualquier animal o sinvergüenza ofrecieron resistencia, la Escritura no lo menciona.

Jesús estaba actuando claramente como profeta y reformador en el clásico estilo de los hombres de Dios del Antiguo Testamento en Israel. Aún más que eso, al hablar de Dios como «mi Padre» (en lugar de usar la expresión común «nuestro Padre»), Él se declaró de modo implícito a sí mismo *más* que un profeta o un reformador: el Hijo de Dios mismo. Sin tono de disculpa, Él invocó el nombre y la autoridad de su Padre, y pronunció breves órdenes con una enfática finalidad que disuadió cualquier reacción. Él no estaba haciendo sugerencias o peticiones, y mucho menos pidiendo un diálogo amigable.

Él hasta volcó las mesas de los cambistas y tiró al piso sus monedas. Debió de haber habido un gran tumulto allí, pero en medio de ello Jesús aparece sereno; feroz en su enojo, quizá, pero decidido, enfocado, estoico, y totalmente tranquilo. Él es el vivo retrato del dominio propio. (Esto es verdaderamente indignación *justa*, y no un violento arrebato que se ha escapado de las manos.)

Los mercaderes y cambistas, como contraste, instantáneamente fueron enviados fuera. Él «echó fuera del templo *a todos*» (v. 15, énfasis añadido). Con las revisiones que Herodes había hecho a las instalaciones del templo, esto significa que ellos huyeron del monte del templo por completo. ¡Y qué alboroto se fue con ellos! Los mercaderes de animales seguían frenéticamente a sus ovejas y bueyes, cuyos instintos de agruparse habrían hecho que toda la evacuación se pareciese mucho a una estampida; probablemente por las escalinatas del sur, hacia olas de peregrinos que *subían* por esas escalinatas, haciendo que se apresuraran a apartarse del camino. Los cambistas instintivamente se habrían peleado por recoger cualquier moneda que saliera por los aires cuando se volcaron las mesas. Pero al huir de la escena, tanto animales como personas, los cambistas debieron de haber comprendido lo expuestos que habían quedado. Con sus mesas volcadas, no había nada que los escudara de la ira de Jesús o de la vergüenza en que incurrieron ante la vista de los peregrinos a los que estafaban. Así que ellos también emprendieron la huída. Los mercaderes de aves sumisamente agarraron las jaulas de palomas y huyeron en obediencia a esas poderosas palabras: «Quitad de aquí esto, y no hagáis de la casa de mi Padre casa de mercado» (v. 16).

El completo control que tenía Jesús de la situación era tal que no surgió ninguna revuelta. No hay mención en absoluto de ninguna herida ya fuese a hombre o a animal. La acción más «violenta» que se describe aquí es volcar las mesas.

Si hubiera habido algún verdadero alboroto o una conmoción duradera, los romanos mantenían a una guarnición militar situada al lado del templo en el fuerte Antonia, que tenía una torre de vigilancia que permitía mirar para observar lo que sucedía en los terrenos del templo. Ellos habrían estado allí en cuestión de minutos para hacerse cargo de cualquier problema grave. Pero eso no fue necesario. Inmediatamente llegó la calma; en realidad, un claro y refrescante contraste con la interminable conmoción del bazar de animales y los ladridos de los banqueros.

Juan, uno de los primeros discípulos a quien Jesús llamó, sin duda estaba presente aquel día y por tanto, él escribe este relato como testigo ocular. Así, describe sus propios pensamientos cuando dice: «Entonces se acordaron sus discípulos que está escrito: El celo de tu casa me consume» (v. 17). Esta es una referencia a Salmo 69.9: «Porque me consumió el celo de tu casa; y los denuestos de los que te vituperaban cayeron sobre mí». Ese versículo, a su vez, es paralelo de Salmo 119.139: «Mi celo me ha consumido, porque mis enemigos se olvidaron de tus palabras». Ambos pasajes se aplican perfectamente a este incidente. Ambos textos describen una furia celosa que no es el resentimiento egoísta de alguien que ha sufrido un insulto personal. En cambio, es un profundo ultraje que viene de comprender que *Dios* está siendo deshonrado. Una vez más vemos claramente que Jesús fue movido por una indignación *justa*, que surgía de los motivos más puros de un corazón casto y virtuoso. Esto nada tenía que ver con la forma de furia fuera de control que con frecuencia asociamos a la ira humana.

UN INTERROGATORIO: ESCENA TERCERA

El asalto de Jesús a los cambistas fue un primer golpe de valiente incursión en el corazón mismo de la base de poder del sanedrín. Hizo eso sin advertirles y sin hacerles ninguna súplica anteriormente. Fue un acto profético al estilo de Elías. Y las autoridades del templo entendieron eso de inmediato. Ellos habían estado luchando por varios años con el problema político de qué hacer con respecto a Juan el Bautista, quien vino en el espíritu y poder de Elías (Lucas 1.17). «Pero temían al pueblo, pues todos tenían a Juan como un verdadero profeta» (Marcos 11.32). Ese claramente fue el motivo por el que ellos no agarraran a Jesús al instante o le acusaran de un delito. En cambio, demandaron prueba de sus credenciales proféticas. Juan escribe: «Y los judíos [los gobernantes judíos y sus representantes]² achicar la referencia respondieron y le dijeron: ¿Qué señal nos muestras, ya que haces esto?» (Juan 2.18).

Quienes llegaron para interrogar a Jesús eran, sin duda alguna, oficiales de la guardia del templo. Era una pequeña pero poderosa fuerza de seguridad que operaba bajo la autoridad del sanedrín (cp. Hechos 5.24; Juan 7.32, 45-46; 18.3, 12, 18, 22; 19.6). Su tarea principal era el mantenimiento del orden en el templo y sus alrededores, y allí eran una presencia intimidatoria. Cualquier disturbio en el atrio del templo habría atraído a un grupo de ellos al instante. Ya que las palabras y los actos de Jesús al limpiar el templo contenían una afirmación implícita de autoridad profética, ellos demandaron una señal, un milagro, como prueba de esa autoridad. Era una demanda formal que tenía tras ella toda la autoridad legal de ellos. Es probable que su motivación fuese intimidar a Jesús para que se sometiera. Ellos probablemente nunca soñaron que Él tuviese ningún tipo de respuesta a su demanda de una señal.

De hecho, Él ya les había dado una importante señal. El acto mismo de limpiar el templo era un dramático cumplimiento inicial de ese pasaje en Malaquías 3.1-5 y, por tanto, una clara demostración de la autoridad mesiánica de Jesús. Además, a lo largo del curso de su ministerio, Él haría incontables señales y maravillas milagrosas (Mateo 11.5; Juan 21.25) en todo tipo de lugar público concebible, con frecuencia en presencia de ancianos gobernantes. Ellos *seguían* demandando más señales y mayores de todos modos (Juan 6.30; Mateo 12.38; 16.1; Marcos 8.11), subrayando la dura terquedad de su incredulidad. Cerca del final del ministerio de Jesús, Juan diría: «Pero a pesar de que había hecho tantas señales delante de ellos, no creían en él» (Juan 12.37).

Quizá por eso aquí, durante su confrontación inicial con el sanedrín, Jesús no les dio ninguna señal milagrosa. (Aunque está claro por el versículo 23 que Él hizo numerosos milagros durante la semana de la fiesta que siguió a esa Pascua.) En cambio, en esta ocasión, Él hizo su primera profecía sutil sobre la mayor señal de todas: «Respondió Jesús y les dijo: Destruid este templo, y en tres días lo levantaré... Mas él hablaba del templo de su cuerpo» (Juan 2.19-21).

En otras ocasiones en que los fariseos demandaron señales y maravillas cósmicas, Jesús igualmente indicó que su propia resurrección de la muerte sería la señal definitiva para ellos. «La generación mala y adúltera demanda señal; pero señal no le será dada, sino la señal del profeta Jonás. Porque como estuvo Jonás en el vientre del gran pez tres días y tres noches, así estará el Hijo del Hombre en el corazón de la tierra tres días y tres noches» (Mateo 12.39-40). Esa afirmación, igual que sus palabras aquí sobre la destrucción del templo, era críptica a propósito. Nadie entendió lo que Él estaba diciendo en ese momento, pero la resurrección dejó claro el significado de ambas profecías. Las autoridades del templo quedaron visiblemente pasmadas por la respuesta de Jesús. Para ellos, su afirmación se parecía a las palabras de un loco. «En cuarenta y seis años fue edificado este templo, ¿y tú en tres días lo levantarás?»

Ellos no entendieron la sutileza de lo que Jesús quiso decir verdaderamente, desde luego, y supusieron que estaba hablando del edificio del templo que estaba en lo alto del monte Moriah. Ellos estaban literalmente de pie en la sombra de ese templo, que era el edificio más impresionante en todo Israel. Construido por Herodes, era una estructura monumental, prístina, de blanco reluciente y ribeteada en oro, hecha de mármol importado en lugar de la nativa piedra caliza; por tanto, no sólo sobresalía más elevado que cualquier otro edificio en Jerusalén, sino que también destacaba.

Herodes el Grande había construido el templo como parte de una extensa campaña de construcción concebida por él como el medio por el cual perpetuaría su nombre y su reputación. Ya había construido palacios espectaculares en Tiberias, Cesarea y Masada; también construyó basílicas, villas, acueductos, anfiteatros, y ciudades enteras por toda la región del Mediterráneo occidental, incluyendo varios e impresionantes templos de estilo romano que honraban a dioses paganos. Las marcas personales de su estilo eran una arquitectura innovadora y gran escala. Ciertamente, Herodes *habría* sido recordado principalmente como uno de los mayores constructores de la historia si no hubiera atraído tanta infamia sobre sí mismo al matar a todos los niños en Belén después de que naciera Jesús (Mateo 2.16), un acto que, según se dice, era coherente con su despiadado estilo de liderazgo. (Desde luego, otra razón por la que el nombre de Herodes es sinónimo de maldad es que su hijo y sucesor, Herodes Antipas, fue cómplice en la muerte de Cristo. Los Herodes se hicieron a sí mismos enemigos del evangelio desde el comienzo mismo; y ese es el hecho por el que mejor los recordamos, en lugar de los monumentos de Herodes a su ego.) Aun así, los logros arquitectónicos de Herodes el Grande no fueron sobrepasados por nadie más antes de la era moderna, y son impresionantes según cualquier medida.

El templo de Jerusalén fue el proyecto más grandioso y más majestuoso de Herodes. El anterior templo, construido por Zorobabel unos quinientos años antes de Cristo, era pequeño y desvencijado. Comparado con los muchos templos romanos que salpicaban aquella parte del mundo, el templo de Zorobabel parecía vergonzosamente modesto. Por tanto, aunque los judíos odiaban a Herodes, aceptaron su propuesta de construir un nuevo templo, diseñado para ser más grande en tamaño y opulencia que ningún otro templo en el mundo antiguo. Herodes estuvo de acuerdo en extraer toda la piedra para el nuevo templo antes de la demolición de la estructura de Zorobabel, y se estableció un plan a fin de que los sacrificios pudieran continuar sin interrupción aun durante la construcción del nuevo edificio. Todo el trabajo práctico de construcción en el edificio del templo también lo realizaron los sacerdotes.

El aspecto más ambicioso de todo el proyecto del templo fue el plan de Herodes de ampliar la zona utilizable en lo alto del monte del templo. Sus ingenieros cavaron trincheras alrededor del monte y después construyeron muros de retención rodeando una gran zona rectangular. Se allanó la cumbre y la gran pendiente sureste se elevó, con el resultado de que la tierra de relleno crease una meseta rectangular. (El muro occidental en la Jerusalén actual es parte de la base para esa plataforma. Esas famosas, enormes y cuadradas piedras son parte del original muro de retención construido por los obreros de Herodes.) Así, lo alto del monte del templo se hizo para acomodar un templo y un atrio del doble de tamaño del templo de Zorobabel. El edificio principal del templo era considerablemente más alto; y todo el complejo era imponentemente opulento. El lado oriental del edificio del templo estaba decorado con adornos de oro. Enormes placas de oro recubrían las puertas, y láminas de oro batido cubrían la mayoría de elementos de diseño importantes en el edificio. Esto reflejaba la luz del sol durante la mayor parte del día, y hacía del templo la estructura dominante en la ciudad, visible desde cualquier acceso importante a Jerusalén. Como dice Juan 2.20, el proyecto ya llevaba en marcha cuarenta y seis años cuando Jesús tuvo su primera confrontación con los fariseos; y las obras en los terrenos del templo no terminarían por completo al menos durante otras tres décadas.

Naturalmente, entonces, las autoridades del templo fueron incrédulas cuando pensaron que Jesús estaba sugiriendo que Él podría lograr en un fin de semana lo que había tomado a numerosos obreros experimentados cuarenta y seis años, y contando, lograr. Desde luego, Él podría haber hecho eso fácilmente. Después de todo, Él era Aquel que dio existencia a todo el universo con su palabra en un principio (Juan 1.3, 10). Pero como los discípulos entendieron años después, tras la resurrección, Él en realidad hablaba de algo aún más profundo que un mero proyecto de construcción de ladrillo y argamasa. Él hablaba de su resurrección corporal. No obstante, eso ni siquiera les pareció a los guardas del templo una respuesta seria.

De modo sorprendente, las autoridades del templo no detuvieron a Jesús. Claramente, el punto de Jesús acerca de la profanación del templo dio exactamente en el blanco. Las personas en el atrio del templo sabían, sin duda, que eran víctimas del engaño de los avariciosos mercaderes, y su simpatía ciertamente habría estado con Jesús. Cualquier conmoción que los actos de Él causaron pareció haberse desvanecido con rapidez, y cuando llegaron las fuerzas de seguridad, estaban ellos solos contra Jesús con un telón de fondo de adoradores que ciertamente entendían el punto de

Jesús, ya fuera que las autoridades del templo lo reconocieran o no. Por tanto, los gobernadores del templo evidentemente no presionaron más en esta ocasión. La confrontación entre Jesús y los guardias del templo parece haber terminado tan abruptamente como lo hace el relato que Juan hace de ella y sin mayores incidentes, porque en el versículo 23, Juan describe a Jesús «estando en Jerusalén en la fiesta de la pascua», haciendo señales y maravillas.

Todo este episodio fue, obviamente, una gran vergüenza para el sanedrín. Jesús sacó a la luz las triquiñuelas de sus tratos comerciales en el lugar. Él los declaró culpables de profanar el templo, y lo hizo abiertamente, a la luz del día, mientras el sanedrín tenía la ventaja de jugar en casa. Él no se encogió ni retrocedió cuando un equipo de los matones de ellos llegó para desafiarle. Y al final, ellos fueron quienes se vieron obligados a retroceder, porque el punto de Jesús era demasiado claro y demasiado obvio para refutarlo. Si ellos lo arrestaban, aun por un cargo de falta por alterar la paz, eso necesitaría un juicio. Declararían testigos; se daría testimonio; y ellos ya habían quedado claramente demasiado expuestos para querer llevar más lejos este incidente. Por tanto, parece que le dejaron marchar.

Pero ellos nunca olvidaron ni perdonaron este incidente. Tres años después, la noche de su arresto, en su juicio inicial delante del sanedrín, cuando nadie pudo plantear contra Él ningún cargo legítimo, los sumos sacerdotes finalmente sobornaron para que hablasen perjurio contra Él. Y el testimonio dado por los testigos falsos volvió a recordar esa primera escaramuza pública entre Jesús y los hipócritas. Mateo 26.60-61 describe lo que sucedió: «Pero al fin vinieron dos testigos falsos, que dijeron: Este dijo: Puedo derribar el templo de Dios, y en tres días reedificarlo». Desde luego, ellos torcieron tanto las palabras de Él como lo que verdaderamente quiso decir. No obstante, Él finalmente les dio la señal que pedían y la prueba definitiva de su autoridad unos días después, al resucitar de la muerte.

En el pensamiento de Jesús, este primer conflicto con el sanedrín igualmente pendía. Como veremos en el capítulo final de nuestro estudio, Él limpió el templo una vez más al final de su ministerio, a principios de esa semana final antes de la crucifixión. Esos dos asaltos públicos, que exhibieron su autoridad divina y su indignación justa, son como las tapas del libro en el ministerio público de Cristo. Dan contexto y significado a todos sus demás encuentros intermedios con la élite religiosa de Israel.

Para quienes preferirían a un Mesías manso, perpetuamente amigable y sentimental que se acercase a otros líderes religiosos y participase en un erudito diálogo con ellos en lugar de desafiarlos, esto parece establecer un inquietante precedente al comienzo mismo del trato de Él con los líderes judíos. Pero según la propia afirmación de Él, el Príncipe de paz no es un pacificador cuando se trata de hipocresía y de falsa enseñanza. «No penséis que he venido para traer paz a la tierra; no he venido para traer paz, sino espada» (Mateo 10.34). Ciertamente no había duda alguna acerca de eso ahora en las mentes del sanedrín, y la mayoría de ellos le odiaba profundamente desde el principio debido a la forma en que Él los humillaba.

Para añadir ironía a la ironía, el primer encuentro personal de Jesús con uno de los miembros del sanedrín sería una reunión secreta con un tono y un tenor totalmente distintos a este. Comenzará con una propuesta de paz, pero no por parte de Jesús. El siguiente encuentro sería iniciado por uno de los principales fariseos: Nicodemo.

Hay varias cosas que pueden ayudar a hacer la vida justa ante los ojos de los hombres, pero nada la hará afable ante los ojos de Dios, a menos que el corazón sea cambiado y renovado. Además, todas las medicinas que puedan aplicarse, sin la obra santificadora del Espíritu, aunque puedan cubrir, nunca pueden curar las corrupciones y las enfermedades del alma… Tales personas civilizadas van al infierno sin mucha inquietud, estando dormidas en pecado y a la vez sin roncar para molestia de otros; están tan lejos de ser despertadas que muchas veces son elogiadas y alabadas. Ejemplo, costumbre y educación también pueden ayudar al hombre a hacer una exhibición justa en la carne, pero no a caminar tras el Espíritu. Pueden podar y cortar el pecado, pero nunca arrancarlo de raíz. Lo único que pueden hacer es convertir a un hombre en un sepulcro, verde y floreciente en la superficie y en el exterior, cuando en el interior no hay otra cosa sino mal olor y corrupción.

—GEORGE SWINNOCK[3]

3

Una entrevista a medianoche

Lo que es nacido de la carne, carne es; y lo que es nacido del Espíritu, espíritu es. No te maravilles de que te dije: Os es necesario nacer de nuevo.

Juan 3.6-7

$\mathscr{D}$esde ese primer altercado previo a la Pascua con los líderes religiosos de Israel hasta el final de su ministerio terrenal, Jesús enseñó y sanó principalmente entre el pueblo común, quien «le oía de buena gana» (Marcos 12.37). Escribas, fariseos y saduceos con frecuencia se quedaban en los extremos, observando con ojos críticos, desafiando ocasionalmente la enseñanza de Jesús o expresando furia por negarse Él a observar todas sus reglas ceremoniales. Pero desde este punto en adelante, prácticamente todos los encuentros registrados de Jesús con los fariseos implicaron conflicto.

UNOS CUANTOS FARISEOS AMIGABLES

Un examen de los Evangelios produce muy pocas excepciones a ese patrón. Pero vale la pena mencionarlas.

Por ejemplo, los tres Evangelios sinópticos registran la resurrección de la hija de Jairo de la muerte (Mateo 9.18-26; Marcos 5.22-43; Lucas 8.41-56). Jairo era un gobernante en la sinagoga de Capernaum, sin duda un discípulo de los fariseos, posiblemente hasta él mismo un fariseo. Lo más probable, sin embargo, es que fuese un laico que servía como anciano en esa pequeña comunidad. En cualquier caso, él es un ejemplo muy raro de un líder judío gobernante a quien Jesús bendijo en lugar de condenar. Jairo acudió a Jesús en un momento de desesperación, «porque tenía una hija única, como de doce años, que se estaba muriendo» (Lucas 8.42).

La niña en realidad *sí* murió mientras Jairo llevaba su petición a Jesús (v. 49), y Jesús después la resucitó de la muerte. La única nota de negatividad en todo este episodio proviene de los amigos de Jairo y otros plañideros, en respuesta a la seguridad de Jesús de que la niña estaría bien: «Y se burlaban de él, sabiendo que estaba muerta» (v. 53). Jairo, desde luego, se quedó «anonadado» cuando Jesús resucitó de la muerte a su hija (v. 53), y sin duda fue conmovido con la gratitud más profunda. Lo que se hizo de él después de esto no está registrado, pero las palabras de Jesús para él justamente antes de resucitar a la niña de la muerte: «No temas, cree solamente» (Marcos 5.36), no son otra cosa sino tiernas, positivas y aseguradoras. Por tanto, parece justo deducir que Jairo sí que creía en Cristo: uno de un pequeño puñado de líderes religiosos judíos que dieron evidencia de fe en Jesús mientras su ministerio entre el pueblo común prosperaba.

El joven rico era igualmente un oficial religioso de algún tipo (véase Mateo 19.16-26; Marcos 10.17-27; Lucas 18.18-27). Él bien podría haber sido un fariseo. Después de todo, uno de los rasgos característicos de los fariseos era su amor al dinero (Lucas 16.14), y ese era, sin duda, el gran pecado de ese joven. Pero él se acercó a Jesús con una pregunta que ciertamente *sonaba* sincera. Aun su saludo resonaba con un respeto auténtico: «Maestro bueno, ¿qué haré para heredar la vida eterna?» (Lucas 18.18).

La respuesta de Jesús, aunque no era lo que el joven había esperado oír, no tenía tono alguno de reproche o de burla. De hecho, Marcos 10.21 expresamente nos dice que Jesús le amaba, recordándonos que la frecuente ira de Jesús con los líderes religiosos judíos, su odio de la hipocresía de ellos, y su oposición a sus errores no eran de ninguna manera incoherentes con un auténtico amor por *ellos*. Quienes piensan que es inherentemente poco amoroso confrontar, amonestar o corregir, necesitan examinar el enfoque de Jesús: «Yo reprendo y castigo a todos los que amo; sé, pues, celoso, y arrepiéntete» (Apocalipsis 3.19).

Al menos en tres ocasiones (todas registradas por Lucas) Jesús cenó en los hogares de fariseos (Lucas 7.36-50; 11.37-54; 14.1-14). Si esos encuentros comenzaron cordialmente, no obstante todos ellos terminaron con Jesús denunciando la doctrina y la práctica de los fariseos, así que no constituyen realmente importantes desviaciones del patrón de las relaciones contenciosas de Jesús con los líderes religiosos de Israel.

De hecho, el incidente de Lucas 11 terminó con Jesús pronunciando una serie de ayes contra los fariseos y los maestros religiosos. Las últimas palabras de Lucas en esa narrativa describen muy bien el sabor de la mayoría de las conversaciones personales de Jesús con los líderes religiosos de Israel: «Diciéndoles él estas cosas, los escribas y los fariseos comenzaron a estrecharle en gran manera, y a provocarle a que hablase de muchas cosas; acechándole, y procurando cazar alguna palabra de su boca para acusarle» (Lucas 11.53-54).

NIC DE NOCHE

El relato de Nicodemo en Juan 3 es ciertamente el más inusual de todos los encuentros de Jesús con fariseos, y el único ejemplo significativo de un extenso diálogo amigable entre Jesús y un fariseo. De hecho, destaca como la conversación personal más larga que Jesús mantuvo con ningún líder religioso en todos los relatos de los Evangelios. Observemos, sin embargo: lo que hace que esta reunión sea tan poco usual es la respuesta de Nicodemo a Jesús. Jesús no fue menos claro con Nicodemo de lo que era con cualquier otro fariseo; pero Nicodemo evidentemente acudió a Jesús deseando verdaderamente aprender, en lugar de hacerlo con el típico plan fariseo de autobombo a costa de Jesús. Y el resultado fue un tipo de intercambio marcadamente diferente.

Nicodemo parece haberse acercado a Jesús poco después de esa primera limpieza del templo; quizá más adelante esa misma semana, durante la Fiesta de los panes sin levadura. Está claro por la narrativa del Evangelio que el interés de Nicodemo en Cristo era genuino, en la medida en que se desarrolló. Aun así, no tenía una auténtica fe salvadora; y Jesús aclaró eso en sus primeras palabras a Nicodemo.

Había sido una semana ocupada de ministerio público para Jesús. Es la primera vez que consta que Él realizó numerosos milagros, y lo hizo públicamente. Es interesante que el relato de Juan de esa semana no se enfoque en absoluto en los milagros. De hecho, Juan los menciona sólo una vez de pasada, sin siquiera decir qué tipo de milagros fueron: «muchos creyeron en su nombre, viendo las señales que hacía» (2.23). Es de suponer que las señales de que habla Juan fueron sanidades y liberaciones demoníacas, porque tales milagros se convirtieron en una marca del ministerio público de Jesús (Marcos 1.34). Pero Juan no se detiene para describirlos aquí. Su punto principal al mencionar esos milagros iniciales era registrar que Jesús obtuvo fama y seguidores esa semana, *y aun así, Jesús seguía siendo de algún modo reservado, hasta distante, hacia muchos de sus potenciales discípulos.*

Juan escribe: «Estando en Jerusalén en la fiesta de la pascua, muchos creyeron en su nombre, viendo las señales que hacía. Pero Jesús mismo no se fiaba de ellos, porque conocía a todos, y no tenía necesidad de que nadie le diese testimonio del hombre, pues él sabía lo que había en el hombre» (Juan 2.23-25).

Ese es el final de Juan 2, y conduce inmediatamente al relato de Nicodemo. Como transición entre los dos pasajes, es importante por un par de razones. En primer lugar, establece un contexto que explica por qué Jesús trató a Nicodemo del modo en que lo hizo. En segundo lugar, es una de muchas afirmaciones poderosas de la deidad de Jesús que Juan entreteje en su Evangelio. Aquí Juan destaca la prueba de la omnisciencia divina de Jesús. Jesús conocía los corazones de los hombres, lo cual solamente Dios puede conocer (1 Samuel 16.7; 1 Reyes 8.39; Apocalipsis 2.23).

A propósito, aunque Juan no hizo un relato detallado de los milagros que mencionó en Juan 2.23, ese primer torrente de milagros públicos fue otra prueba dramática de la deidad de Jesús. Ese repentino derramamiento de «señales» debió de haber sorprendido y emocionado profundamente al apóstol. Él y Andrés habían sido discípulos de Juan el Bautista en el desierto al este del río Jordán cuando Jesús los llamó (Juan 1.35-39). Juan el Bautista nunca había hecho ningún milagro (Juan 10.41); sin embargo, la gente llegaba en grandes números para oírle de toda Judea y de las regiones vecinas (Mateo 3.5). El Bautista declaró que él no era el Mesías sino sólo el precursor (Juan 1.23; cp. Isaías 40.3-5). Él era el heraldo enviado para anunciar a Jesús como el Cordero de Dios que quita el pecado del mundo (Juan 1.29). Tan pronto como Juan y Andrés entendieron eso, dejaron el círculo de discípulos de Juan y siguieron a Jesús. Los eventos que se describen en Juan 2 y 3 probablemente sucedieran días o como mucho semanas después.

Por tanto, cuando Jesús comenzó a hacer milagros, los discípulos debieron de haber estado eufóricos. ¡Eso era prueba innegable de que Jesús era el verdadero Mesías! Ellos creían que cuando el Mesías llegara, en seguida tomaría autoridad sobre todos los reinos terrenales y establecería su reinado milenario en todo el mundo, con Israel como el asiento de ese reinado. De hecho, ellos retuvieron esa expectativa aun después de la resurrección, prácticamente hasta la ascensión de Cristo (Hechos 1.6).

Tal esperanza no era descabellada. Cristo ciertamente establecerá su reino en la tierra un día. Las profecías del Antiguo Testamento están llenas de detalladas promesas acerca del reino milenario que aún no se han cumplido. El establecimiento del trono de nuestro Señor en Israel solamente espera su segunda venida.

Pero los discípulos esperaban que todas las cosas se cumplieran en un sólo acontecimiento. Desde el comienzo del ministerio público de Jesús, ellos naturalmente consideraban la inmediata popularidad de Jesús entre el pueblo común como una tremenda señal de progreso en esa dirección; sin duda, suponían que Jesús pronto obtendría *también* el apoyo de los líderes religiosos de Israel, y después de eso, la institución de su reino no podía estar mucho más lejos.

Desde la perspectiva de los discípulos, entonces, la reserva de Jesús hacia las multitudes que lo apreciaban, sin mencionar su cautelosa (algunos podrían decir *antagonista*) interacción con un importante hombre religioso como Nicodemo, debió de haber sido desconcertante. Mirando en retrospectiva, Juan podía ver ciertamente por qué Jesús seguía siendo distante, y hasta lo subrayó como una clara evidencia de la omnisciencia de Jesús.

Aquí hay una lección práctica de este relato: una respuesta positiva a Jesús nunca debería tomarse como prueba de una auténtica confianza en Él. Hay una sombra, una inconstante marca de «creencia» que no es fe salvadora en absoluto. Desde el primer milagro público que Él hizo hasta este día, siempre ha habido personas que «aceptan a Cristo» sin amarlo verdaderamente, sin someterse a su autoridad, y sin abandonar la confianza en ellos mismos y confiar en sus propias buenas obras. Eso es precisamente lo que Juan describe al final de Juan 2, y eso se convierte en su transición a la narrativa de Nicodemo. Nicodemo era (en este punto) uno de esos casi creyentes de quienes Jesús no se fiaba automáticamente.

Juan hace un astuto juego de palabras en los últimos tres versículos del capítulo 2. La expresión «muchos *creyeron* en su nombre» en el versículo 23 y la expresión «Jesús *no se fiaba* de ellos» en el versículo 24 utilizan el mismo verbo griego. Juan está diciendo que muchas personas respondían a Jesús con cierto tipo de entusiasmo que no llegaba a ser una fe sincera, así que Él tampoco confiaba completamente en ellas. En otras palabras, ellos *decían* que creían en Él pero Él no creía en ellos. Él no tenía fe en la fe de ellos.

Juan, desde luego, no escribió su Evangelio con divisiones por capítulos. Los números de los versículos y la interrupción en la corriente de la narrativa después de Juan 2.22-25 no estarían ahí en absoluto si estuviéramos leyendo el manuscrito original de Juan. Él pasa de modo natural del hecho de que Jesús conocía los corazones de los hombres al relato de Nicodemo, el cual realmente ilustra precisamente lo que Juan estaba diciendo. De hecho, la historia de Nicodemo es un vívido ejemplo de lo *perfectamente* que Jesús conoce el corazón del ser humano. Nicodemo, mientras tanto, demuestra lo fácil que es responder positivamente a Jesús y, sin embargo, no llegar a tener una fe auténtica.

Nicodemo entra en escena calladamente, tarde en la noche. El temor a lo que sus compañeros en el consejo pudieran pensar (o hacerle) parece ser su motivo para llegar bajo el manto de la oscuridad de la noche. Eso se hace totalmente claro en Juan 19.38-39, donde Nicodemo aparece en tándem con José de Arimatea, preparando el cuerpo de Jesús para el entierro después de la crucifixión. El apóstol Juan dice que «José de Arimatea, que era discípulo de Jesús, pero secretamente por miedo de los judíos» (v. 38). El siguiente versículo comienza: «Y Nicodemo...». Los dos parece que eran amigos y compañeros espirituales (los dos únicos miembros del sanedrín que escucharon a Cristo durante su ministerio terrenal), «pero secretamente, por miedo».

RARA AFIRMACIÓN DE UN FARISEO

Cuando Nicodemo se encontró con Jesús por primera vez en Juan 3, sin embargo, el fariseo aún no era verdaderamente un creyente. Estaba claramente intrigado por Cristo, y le mostró el más absoluto respeto. De hecho, el saludo de Nicodemo era un reconocimiento rotundo de la autoridad profética de Cristo; una afirmación no oída de ningún otro miembro del consejo ni antes ni después de esta. Él dijo: «Rabí, sabemos que has venido de Dios como maestro; porque nadie puede hacer estas señales que tú haces, si no está Dios con él» (v. 2).

El título «rabí» era una expresión de honor. Al provenir de un gobernante fariseo como él, era una señal de que Nicodemo consideraba un igual a Jesús. Desde luego, Nicodemo lo dijo como un gran halago.

UNA DEMANDA IMPOSIBLE
POR PARTE DE JESÚS

La respuesta de Jesús fue brusca y al grano, una demostración de la autoridad profética que Nicodemo acababa de reconocer: «De cierto, de cierto te digo, que el que no naciere de nuevo, no puede ver el reino de Dios» (v. 3). Ignorando el honor verbal que Nicodemo le había demostrado, y cambiando el tema de su propia capacidad de hacer milagros, Jesús hizo una afirmación que claramente tenía intención de ser un comentario sobre la *incapacidad* y ceguera espirituales de Nicodemo.

Fue una respuesta sorprendente, en especial dada la estatura de Nicodemo como líder religioso. Nicodemo estaba, sin duda alguna, acostumbrado a que se le mostrara gran honor y deferencia. *Las primeras palabras registradas de Jesús hacia él comunicaron, en cambio, la clara y deliberada implicación de que este importante fariseo estaba aún tan lejos del reino de los cielos que era incapaz de darse cuenta en absoluto.* Si Nicodemo hubiera estado motivado únicamente por el orgullo, o hubiera estado buscando meramente afirmación, sin duda habría quedado ofendido por la respuesta de Jesús.

Pero Nicodemo estaba claramente siendo atraído a Cristo por el Espíritu Santo, porque su respuesta a Jesús fue sorprendentemente serena. No hay indicio de resentimiento, ningún insulto dirigido a Jesús, y ninguna frialdad. Él sigue mostrando a Jesús el respeto debido a un solemne rabí haciendo una serie de preguntas pensadas para sacar significado a las palabras de Jesús, palabras que debieron de haberle golpeado como una fuerte bofetada en la cara.

Nicodemo había dedicado su vida a una rígida observancia de las tradiciones de los fariseos, las cuales él, sin duda, creía firmemente que estaban en consonancia con la ley de Dios. Podría haber esperado un elogio por parte de Jesús por su piedad personal; podría haber esperado que él pudiera ayudar a reconciliar a Jesús y al sanedrín después del incidente de la limpieza del templo. Aquel había sido, después de todo, el único conflicto público de Jesús con los líderes religiosos de Israel hasta ese momento. Nicodemo bien pudo haber oído sobre la defensa que Juan el Bautista hacía de Jesús, y obviamente habría oído (o hasta sido testigo) de los milagros. De hecho, el lenguaje que Nicodemo utilizó («*sabemos* que has venido de Dios como maestro») sugería que él había hablado de las credenciales proféticas de Jesús con otros que estaban de acuerdo en que Él debía venir de Dios. Claramente, Nicodemo se acercó a Jesús con muchas esperanzas y anhelantes expectativas.

¡Cómo debió de haberle sorprendido la respuesta de Jesús! Nicodemo había honrado a Cristo llamándolo Rabí; Jesús sugirió, en cambio, que Nicodemo ni siquiera era aún un principiante espiritual; no tenía parte alguna en el reino de Dios. Jesús no estaba siendo desagradable o meramente insultante; estaba siendo fiel con un hombre que necesitaba desesperadamente oír la verdad. El alma de Nicodemo estaba en juego.

«¿Nacer de nuevo?» Nicodemo no pareció entender al instante que Jesús estaba hablando de *regeneración*: el nuevo nacimiento, el despertar espiritual del alma muerta. Pero estaba bastante claro que Jesús le estaba llamando a hacer un comienzo totalmente nuevo. Eso era mucho pedir a alguien como Nicodemo, quien (como cualquier buen fariseo) creía que estaba acumulando mérito delante de Dios mediante toda una vida de cuidadosa atención a los detalles ceremoniales más diminutos de la ley. ¿Qué quería Jesús que hiciera? ¿Tirar todo eso como si fuera basura?

Así, desde luego, es precisamente como el apóstol Pablo más adelante describiría su propia conversión del fariseísmo en

Filipenses 3.7-9: «Pero cuantas cosas eran para mí ganancia, las he estimado como pérdida por amor de Cristo. Y ciertamente, aun estimo todas las cosas como pérdida por la excelencia del conocimiento de Cristo Jesús, mi Señor, por amor del cual lo he perdido todo, y lo tengo por basura, para ganar a Cristo, y ser hallado en él, no teniendo mi propia justicia, que es por la ley, sino la que es por la fe de Cristo, la justicia que es de Dios por la fe».

Jesús escogió el lenguaje perfecto para comunicar todo eso a Nicodemo: «Os es necesario nacer de nuevo» (Juan 3.7). Con esa sencilla expresión, Jesús derribó toda la perspectiva de Nicodemo y su sistema de valores. Su nacimiento y educación judíos; sus logros como fariseo principal; el cuidado con el cual se guardaba de la contaminación ceremonial; el respeto que se había ganado a los ojos de sus compatriotas; todo el mérito que pensaba que había acumulado para sí mismo: Jesús lo redujo todo en un instante a una profunda inutilidad. A pesar de cualquier otro significado que Jesús quisiera dar, hasta aquí estaba claro: Jesús estaba demandando que Nicodemo olvidase todo lo que defendía, se alejase de todo lo que había hecho como fariseo, abandonase la esperanza en todo lo que había confiado, y comenzase de nuevo desde el principio.

La respuesta de Nicodemo con frecuencia se ha malentendido: «¿Cómo puede un hombre nacer siendo viejo? ¿Puede acaso entrar por segunda vez en el vientre de su madre, y nacer?» (v. 4). No imaginemos que Nicodemo era tan ingenuo como para pensar que Jesús le estaba diciendo que él literalmente tenía que nacer de nuevo físicamente. Nicodemo debió de haber sido un maestro muy experimentado, o no habría llegado a su posición; claramente, era un hombre perceptivo, quizá el que tenía más discernimiento de todo el sanedrín. Por tanto, debemos darle el mérito de tener un mínimo de inteligencia. Su pregunta a Jesús no debería interpretarse como una referencia literal al nacimiento físico más que la frase original de Jesús. No se nos dice en detalle cuán bien Nicodemo entendió el punto de Jesús, pero está claro que captó lo esencial de la idea de que necesita un comienzo totalmente nuevo.

Así, su contestación a Jesús meramente siguió con la imagen de Jesús y la empleó para mostrar a Jesús que él entendía la imposibilidad de lo que Jesús le acababa de prescribir. Él era un hombre maduro, lo bastante patriarcal en edad y en sabiduría para servir como uno de los principales ancianos de Israel. La membresía en el sanedrín era un honor que no se otorgaba con frecuencia a jóvenes. Por tanto, cuando Nicodemo preguntó: «¿Cómo puede un hombre nacer siendo *viejo*?», estaba señalando que los hombres de su edad no deciden simplemente comenzar de nuevo desde un principio. Y cuando preguntó: «¿Puede acaso entrar por segunda vez en el vientre de su madre, y nacer?», es razonable suponer que estaba comentando la completa imposibilidad de hacerse *a sí mismo* «renacer» en ningún sentido. Él ciertamente entendió mucho más de lo que normalmente se le acredita.

UNA REFERENCIA CRÍPTICA DEL ANTIGUO TESTAMENTO

Para cualquiera que careciese de la familiaridad que tenía Nicodemo con el Antiguo Testamento, la respuesta siguiente de Jesús sólo podría haber agravado la confusión. Jesús contestó: «De cierto, de cierto te digo, que el que no naciere de agua y del Espíritu, no puede entrar en el reino de Dios. Lo que es nacido de la carne, carne es; y lo que es nacido del Espíritu, espíritu es. No te maravilles de que te dije: Os es necesario nacer de nuevo» (Juan 3.5-7).

De hecho, muchos estudiantes de la Biblia que examinan este pasaje se quedan confundidos por él. Algunos han sugerido que cuando Jesús habló de «agua», estaba hablando del bautismo; y algunos de ellos interpretan esto como una frase sobre la necesidad del bautismo en agua como requisito previo para la regeneración. Pero el bautismo de Juan no podría haber sido un medio de regeneración, porque significaba un corazón ya arrepentido, el cual es un *fruto* de la regeneración. El bautismo cristiano (asimismo un símbolo, no un medio, de regeneración) ni siquiera había sido instituido aún. Por tanto, la idea del bautismo es totalmente ajena a este pasaje.

Algunos comentaristas sugieren que «agua» es una referencia al líquido amniótico que señala el comienzo del nacimiento físico, y, por tanto, creen que Jesús estaba describiendo dos nacimientos distintos en el versículo 5: el nacimiento físico («agua»), y el nacimiento espiritual («el Espíritu»). Una mirada más cuidadosa, sin embargo, muestra que el versículo 5 simplemente reafirma el versículo 3 en otras palabras. Notemos el paralelismo: «el que no *naciere de nuevo*, no puede ver el reino de Dios» (v. 3); y «el que no *naciere de agua y del Espíritu*, no puede entrar en el reino de Dios.» (v. 5). «Nacer de nuevo» es lo mismo que «nacer de agua y del Espíritu». El paralelismo es deliberado, y la frase «naciere de agua y del Espíritu» es simplemente la explicación de Jesús del *segundo* nacimiento. A fin de entender la expresión «agua y Espíritu» tenemos que preguntar cómo la habría entendido Nicodemo.

Hay dos famosos pasajes en el Antiguo Testamento donde las palabras *agua* y *Espíritu* están juntas de una forma que da sentido a este pasaje. Uno es Isaías 44.3, que utiliza un paralelismo poético para igualar los dos términos, haciendo del agua un símbolo del Espíritu Santo: «Porque yo derramaré aguas sobre el sequedal, y ríos sobre la tierra árida; mi Espíritu derramaré sobre tu generación, y mi bendición sobre tus renuevos». El Espíritu Santo se describe frecuentemente en el Antiguo Testamento derramándose como agua (cp. Proverbios 1.23; Joel 2.28-29; Zacarías 12.10).

Por tanto, para un maestro judío empapado del lenguaje del Antiguo Testamento, la idea de «nacer de agua y del Espíritu» evocaría la idea de un derramamiento del Espíritu de Dios, lo cual es precisamente lo que Jesús estaba diciendo.

Pero el texto clave del Antiguo Testamento sobre esto (el que estoy convencido que era al que Jesús hacía alusión, y el que casi con seguridad vino a la mente de Nicodemo), era un pasaje importante y familiar: Ezequiel 36.25-27. Ahí el Señor está afirmando la promesa de un nuevo pacto a Israel, y dice: «Esparciré sobre vosotros agua limpia, y seréis limpiados de todas vuestras inmundicias; y de todos vuestros ídolos os limpiaré. Os daré corazón nuevo, y pondré espíritu nuevo dentro de vosotros; y quitaré de vuestra carne el corazón de piedra, y os daré un corazón de carne. Y pondré dentro de vosotros mi Espíritu, y haré que andéis en mis estatutos, y guardéis mis preceptos, y los pongáis por obra». Este pasaje habla de regeneración, el despertar espiritual de un alma muerta. Y esa es la verdad en que Jesús estaba insistiendo con Nicodemo. Él estaba confrontando a este fariseo principal con la verdad de que necesitaba un corazón totalmente nuevo: nueva *vida*; no sólo un maquillaje cosmético u otro ritual añadido a un sistema ya opresivo de disciplinas espirituales fariseicas, sino una renovación espiritual general tan vasta y dramática que sólo puede describirse como un segundo nacimiento. Con Ezequiel 36 como contexto, la yuxtaposición que Jesús hace de *agua* y *Espíritu* tiene todo el sentido. Estaba señalando intencionadamente a Nicodemo hacia la familiar verdad de esa promesa clave acerca del nuevo pacto.

Para tomar prestada una expresión paralela del Nuevo Testamento, «agua» y «Espíritu» se entienden mejor como referencia a «el lavamiento de la regeneración y por la renovación en el Espíritu Santo» (Tito 3.5). Con toda probabilidad, Nicodemo, muy familiarizado con la profecía de Ezequiel, ahora entendió exactamente lo que Jesús le estaba diciendo.

OTRA FRASE DIFÍCIL DE JESÚS

Jesús continuó enfatizando más extensamente que el renacimiento espiritual es totalmente una obra de Dios, y no el resultado del esfuerzo humano: «Lo que es nacido de la carne, carne es; y lo que es nacido del Espíritu, espíritu es» (v. 6). Jesús simplemente estaba afirmando una verdad que, al reflexionar, debiera ser evidente por sí misma. La carne engendra carne. Los seres vivos se reproducen todos ellos «según su género» (Génesis 1.24). Por la naturaleza de las cosas, por tanto, la *vida espiritual* no puede ser el fruto del logro humano, un hecho que contradice toda forma de religión de obras, incluyendo el sistema fundamental de creencias de los fariseos.

Además de eso, añadió Jesús, debido a que el renacimiento espiritual es una obra del Espíritu, está por encima del control de las obras humanas o de la fuerza de voluntad humana: «El viento sopla de donde quiere, y oyes su sonido; mas ni sabes de dónde viene, ni a dónde va; así es todo aquel que es nacido del Espíritu» (v. 8). Los *efectos* del viento se pueden observar, pero sus fronteras no pueden discernirse por los sentidos humanos, y el viento mismo no puede ser dirigido ni retenido por los esfuerzos o la ingenuidad humanos. El ministerio del Espíritu Santo opera de forma similar. Él es soberano y se mueve donde Él desea, no a capricho de ningún plan humano; sus obras no se contienen, ni se dispensan automáticamente, en ningún ritual religioso o protocolo ceremonial. De hecho, el Espíritu no es movido por lo que *nosotros* hacemos en absoluto, sino por su propia voluntad soberana.

Para un típico fariseo, lo que Jesús le estaba diciendo a Nicodemo probablemente habría resultado muy ofensivo. Jesús estaba atacando el núcleo mismo del sistema de creencias de Nicodemo, dando a entender claramente que Nicodemo estaba perdido, muerto espiritualmente, y en definitiva nada mejor en su rígido fariseísmo que un gentil totalmente inmoral sin Dios. (Además, como observaremos a lo largo de este estudio, Jesús dijo precisamente eso a los fariseos con bastante frecuencia.)

Esa fue una respuesta directa a las preguntas de Nicodemo («¿Cómo puede un hombre nacer siendo viejo? «¿Puede acaso entrar por segunda vez en el vientre de su madre, y nacer?») Jesús estaba diciendo a Nicodemo, en un lenguaje que Nicodemo seguro que entendió, que no sólo no estaba hablando de una reforma propia superficial o carnal, sino que, de hecho, Él estaba llamando a algo que Nicodemo era impotente para hacer *por sí mismo*. Eso destruyó el corazón de las convicciones religiosas de Nicodemo. Para un fariseo como él, la peor noticia imaginable sería que no hubiera nada que él pudiera hacer para ayudarse a sí mismo espiritualmente.

Jesús básicamente había igualado a este distinguido fariseo con el tipo de pecador más depravado y licencioso; había descrito el caso de Nicodemo como totalmente sin esperanza. ¡Eso sí es hablar duro!

Pero ese es, después de todo, precisamente el punto de comienzo del mensaje del evangelio. Los pecadores están «muertos en... delitos y pecados... por naturaleza hijos de ira... sin esperanza y sin Dios» (Efesios 2.1, 3, 12). Este es uno de los efectos universales del pecado de Adán sobre su descendencia (Romanos 5.12). Nacemos con tendencias pecaminosas y corazones caídos, y todos pecamos. «Por cuanto todos pecaron, y están destituidos de la gloria de Dios» (Romanos 3.23). «No hay justo, ni aun uno»

(v. 10). «Todos nosotros nos descarriamos como ovejas» (Isaías 53.6).

Además, la Escritura dice que somos impotentes para redimirnos a nosotros mismos, expiar nuestro propio pecado, reformar nuestro corazón y nuestra mente, o ganarnos ningún tipo de mérito a los ojos de Dios. Romanos 8:7-8 dice: «Por cuanto los designios de la carne son enemistad contra Dios; porque no se sujetan a la ley de Dios, ni tampoco pueden; y los que viven según la carne no pueden agradar a Dios». Eso describe la condición caída de toda la humanidad, y no meramente a una clase especial y notoria de personas particularmente pecadoras. Aun la mejor de las personas, aparte de Cristo y de su Espíritu Santo, está impotentemente atada al pecado. Aun aquellos que a los ojos del mundo se las arreglan para parecer respetables, altruistas o «buenos» en comparación, no son *realmente* buenos en absoluto según el estándar divino. (Como Jesús le dijo al joven rico en Mateo 19.17: «Ninguno hay bueno sino uno: Dios».) Por tanto, los pecadores en estado caído están bajo la condenación de Dios, sin esperanza de redimirse a sí mismos.

Seamos sinceros: la idea de que la totalidad de la raza humana esté caída y condenada es simplemente demasiado dura para el gusto de la mayoría de las personas. Preferirían creer que la mayoría de la gente es fundamentalmente buena. Prácticamente todo árbitro popular de los valores más elevados y nobles de nuestra cultura, desde Oprah Winfrey hasta el canal Hallmark, nos dice eso constantemente. Lo único que necesitamos hacer, dicen ellos, es cultivar nuestra bondad inherente, y podemos solucionar todo mal en la sociedad humana. Eso no es terriblemente distinto a lo que los fariseos creían sobre ellos mismos.

Pero la Escritura dice lo contrario. Estamos corrompidos sin remedio por el pecado. Todos los que no tienen a Cristo como Señor y Salvador están atados a la maldad, condenados por un

Dios justo, y se dirigen al infierno. Jesús no sólo dio a entender fuertemente esas cosas en sus primeras palabras a Nicodemo; antes de haber terminado de explicar por completo el evangelio aquella noche, Él hizo explícito lo que quería decir: «el que no cree, ya ha sido condenado» (Juan 3.18).

EL EVANGELIO DESTILADO PARA NICODEMO

La respuesta de Nicodemo fue de profunda sorpresa. «¿Cómo puede hacerse esto?» (v. 9). No fue que él no entendiera lo que Jesús estaba diciendo. Yo creo que él captó el mensaje con claridad; pero derrocó sus más profundas convicciones y le dejó prácticamente sin palabras. Esa pregunta («¿Cómo puede hacerse esto?») es lo último que oímos de Nicodemo en la narrativa de Juan 3. No tenía ninguna cosa más que decir.

No es sorprendente. Jesús estaba a punto de lanzar su dardo más directo, personal y reprensivo a Nicodemo: «¿Eres tú maestro de Israel, y no sabes esto?» (v. 10). Todo lo que Jesús le había dicho a Nicodemo hasta ahí tenía una clara base en el Antiguo Testamento. Nicodemo era uno de los principales eruditos bíblicos en la nación. *¿Cómo podía no saber esas cosas?* Suena a humillación. El fariseo promedio lo habría tomado de ese modo y habría respondido a Jesús con insultos, acusaciones o comentarios despreciativos.

No Nicodemo. Él se quedó completamente en silencio por la reprimenda. De hecho, él más o menos se queda en el segundo plano de la narrativa de Juan. No se le vuelve a mencionar hasta el capítulo 7, donde aparece en una reunión del sanedrín, dice unas palabras en defensa de Jesús, y en seguida es silenciado (Juan 7.44-53).

El enfoque de Juan 3 se dirige entonces exclusivamente a Jesús, quien da uno de sus discursos más importantes: una extensa lección sobre la verdad del evangelio. Es uno de los pasajes más familiares y citados con mayor frecuencia de todo el Nuevo Testamento. Su centro principal, desde luego, es quizá el versículo más amado en la Biblia, un hermoso resumen de un sólo versículo del mensaje del evangelio: «Porque de tal manera amó Dios al mundo, que ha dado a su Hijo unigénito, para que todo aquel que en él cree, no se pierda, mas tenga vida eterna» (Juan 3.16).

Pero el contexto que rodea a Juan 3.16 destaca en contraste bastante marcado con la familiar dulzura de ese versículo. El discurso de Jesús tomado como un todo es una extensa acusación del espíritu de fariseísmo. Mientras Nicodemo escuchaba en completo silencio, Jesús procedió a trazar un claro contraste entre creyentes y no creyentes, entre los humildes y los hipócritas, entre los verdaderamente renacidos y los meramente religiosos. Y estaba muy claro en su juicio que los fariseos, incluido Nicodemo, estaban en el lado equivocado de esa división. A Nicodemo no le quedaba otra cosa que hacer sino escuchar.

Juan 3.11-21 es tan abundante que, si el espacio lo permitiera, podríamos dedicar al menos un capítulo completo o dos a desarrollarlo; y eso ni siquiera comenzaría a sondear sus profundidades. Para seguir con el tema de este libro, sin embargo, tomaremos nota de dos o tres formas obvias en que el discurso de Jesús habría golpeado duro a Nicodemo.

En primer lugar, observemos que Jesús implicó directamente a Nicodemo como no creyente: «De cierto, de cierto te digo, que lo que sabemos hablamos, y lo que hemos visto, testificamos; *y no recibís nuestro testimonio*. Si os he dicho cosas terrenales, *y no creéis*, ¿cómo creeréis si os dijere las celestiales?» (vv. 11-12, énfasis añadido). Para oídos posmodernos, eso suena extraordinariamente duro. Los evangélicos contemporáneos normalmente se erizan ante la idea de desafiar la profesión de fe de alguien. Las redes religiosas de televisión están llenas de maestros que profesan ser cristianos pero cuya doctrina y estilo de vida no muestran un verdadero fruto de salvación. Personas como esas han prosperado y hasta han comenzado a dominar la percepción pública no cristiana de lo que es el cristianismo, principalmente porque líderes evangélicos más sanos y sólidos son renuentes a llamarles por su nombre y decir con claridad que son charlatanes y falsos maestros. Oponerse a otro ministro públicamente sencillamente no parece «agradable». La idea de ser *percibido* como duro o negativo es más odiosa para algunos cristianos que realmente *no tener* criterio. Por tanto, se da a los falsos maestros rienda suelta para fomentar sus falsas enseñanzas y alardear de sus extravagantes estilos de vida.

La ignorancia de Nicodemo acerca de su necesidad de regeneración fue prueba de su incredulidad. Él había estudiado el Antiguo Testamento de forma académica, y desde el punto de vista de sus compañeros fariseos, él era uno de los mayores expertos en el tema; pero él nunca se había molestado en aplicar su enseñanza a su propio corazón y, por tanto, Jesús fue perfectamente claro con él: «Tú no crees».

En segundo lugar, no pasemos por alto el punto de la alusión del Antiguo Testamento que Jesús hace en los versículos 14 y 15: «Y como Moisés levantó la serpiente en el desierto, así es necesario que el Hijo del Hombre sea levantado, para que todo aquel que en él cree, no se pierda, mas tenga vida eterna». La referencia es a un incidente que sucedió durante el viaje de Israel por el desierto durante el éxodo. Números 21 registra que el pueblo se desalentó; comenzaron a despreciar el maná que Dios proporcionaba diariamente para su sustento, y en su frustración se rebelaron contra Dios y contra Moisés: «Y habló el pueblo contra Dios y contra Moisés: ¿Por qué nos hiciste subir de Egipto para que muramos en este desierto? Pues no hay pan ni agua, y nuestra alma tiene fastidio de este pan tan liviano» (Números 21.5).

Dios desató una plaga de serpientes venenosas en el campamento, «que mordían al pueblo; y murió mucho pueblo de Israel» (v. 6). Como respuesta, el pueblo se arrepintió y suplicó a Moisés que intercediera ante el Señor por ellos. El Señor ordenó a Moisés que hiciera una serpiente de bronce, la pusiera en una asta en medio del campamento, y le dijera al pueblo «y cualquiera que fuere mordido y mirare a ella, vivirá» (v. 8). Toda la historia era una ilustración de la justificación por la fe, y ese era el punto que Jesús estaba estableciendo aquí.

Pero consideremos la dificultad de esa analogía desde la perspectiva de Nicodemo. Como gobernante de Israel, él siempre se había considerado a sí mismo en el papel de Moisés. Jesús mismo dijo: «En la cátedra de Moisés se sientan los escribas y los fariseos» (Mateo 23.2). Pero la analogía sugería que Nicodemo necesitaba verse a sí mismo en el lugar de los israelitas pecadores. Hasta las imágenes del Antiguo Testamento que Jesús eran una contradicción de la imagen que los fariseos tenían de sí mismos. Para un observador casual (especialmente para cualquiera formado en las reglas del discurso posmoderno y los cánones de la corrección política), podría parecer como si Jesús estuviera deliberadamente intentando provocar a Nicodemo, abofeteándolo una y otra vez, degradando su orgullo farisaico de toda manera concebible. En realidad, Jesús no estaba siendo mezquino, sino precisamente lo contrario. Nicodemo necesitaba reconocer su pobreza espiritual y ver su necesidad de un Salvador. Y Jesús se interesaba más por la verdad de lo que se interesaba por cómo se sentía Nicodemo con respecto a ella. A veces la verdad no es «agradable»; pero siempre está enfocada y es inflexible.

Ese era ciertamente el caso aquí. Antes de que Nicodemo pudiera recibir cualquier ayuda de Jesús, necesitaba ver lo desesperada que era su situación. «Los sanos no tienen necesidad de médico, sino los enfermos» (Mateo 9.12). Y cuando un paciente tiene una enfermedad peligrosa para la vida que necesita tratamiento urgente, el médico necesita darle la mala noticia con franqueza. Ese era el caso con Nicodemo.

Así que observemos, en tercer lugar, el modo en que Jesús terminó su discurso sobre el evangelio llevando el énfasis de nuevo al problema de la depravación humana y la condenación de Dios para los no creyentes:

El que en él cree, no es condenado; pero el que no cree, ya ha sido condenado, porque no ha creído en el nombre del unigénito Hijo de Dios. Y esta es la condenación: que la luz vino al mundo, y los hombres amaron más las tinieblas que la luz, porque sus obras eran malas. Porque todo aquel que hace lo malo, aborrece la luz y no viene a la luz, para que sus obras no sean reprendidas. Mas el que practica la verdad viene a la luz, para que sea manifiesto que sus obras son hechas en Dios (Juan 3.18-21).

Esto, también, es contrario a la mayoría de las ideas contemporáneas sobre cómo hacer evangelismo personal. Los evangélicos de la actualidad generalmente piensan que si ofendemos a alguien al declarar las afirmaciones del evangelio con demasiada firmeza o demasiada claridad, hemos hecho algo tremendamente equivocado. La realidad es bastante contraria: si creemos que el evangelio puede ser proclamado de una forma que siempre sea atractiva y nunca decepcionante para los incrédulos, tenemos una idea equivocada sobre lo que dice el mensaje del evangelio.

Por eso Jesús dejó el asunto con Nicodemo en una nota de condenación. Juan 3.16, desde luego, es famoso por su hincapié en el amor de Dios y la entrega de Cristo «para que todo aquel que en él cree, no se pierda, mas tenga vida eterna». Esa es la verdad central del mensaje del evangelio y la promesa que hace de él buenas nuevas. Pero *no* es buenas nuevas para aquellos que siguen en la incredulidad. Por tanto, la conversación de Jesús con Nicodemo terminó con una nota dura y aleccionadora sobre la severa condenación que descansa sobre todos los incrédulos e hipócritas. Ya que Jesús ya había implicado a Nicodemo en el versículo 12 con las palabras «no creéis», este fue un desafío muy directo y personal dirigido claramente a él y al sistema de creencias farisaico que él representaba.

EL RESTO DE LA HISTORIA

De hecho, el discurso de Jesús sobre el evangelio en Juan 3 termina en una nota tan negativa, que si este fuera el único lugar donde encontramos a Nicodemo en toda la Escritura, podríamos llegar a la conclusión de que se fue sin decir nada más y permaneció en incredulidad toda su vida.

La Escritura nos da otros dos destellos del hombre, sin embargo. Está claro que, a pesar de la severidad y la franqueza de Jesús con él, o quizá debido a eso, Nicodemo siguió teniendo interés en Jesús a lo largo del ministerio terrenal del Señor. Y en algún punto él *sí* creyó, pasando de la muerte a la vida. Cómo y cuándo sucedió eso no se nos aclara, pero cada una de las viñetas bíblicas de Nicodemo le muestra cada vez más valiente para separarse a sí mismo del resto del sanedrín.

Juan 7 describe una reunión del sanedrín en la cual el resto de los fariseos vituperaban a Jesús y a quienes le seguían («Mas esta gente que no sabe la ley, maldita es», v. 49). Ellos querían verlo arrestado y que lo llevasen ante ellos, y está claro que su única meta era silenciarlo por cualquier medio que pudieran. Pero una voz discordante habla a favor de Jesús desde dentro del sanedrín, y es Nicodemo: «¿Juzga acaso nuestra ley a un hombre si primero no le oye, y sabe lo que ha hecho?» (v. 51).

Por eso, Nicodemo se ganó el menosprecio de sus compañeros fariseos, quienes respondieron: «¿Eres tú también galileo? Escudriña y ve que de Galilea nunca se ha levantado profeta» (v. 52). Claramente, ellos no estaban dispuestos a dar ni siquiera un indicio de posibilidad de que Jesús pudiera venir de Dios, aunque sus milagros afirmaban con claridad su autoridad; aunque ellos no podían refutar ni una sola palabra de su enseñanza; y aunque no tenían ningún cargo legítimo con el cual acusarle. Pero como Jesús mismo dijo: «Porque todo aquel que hace lo malo, aborrece la luz y no viene a la luz, para que sus obras no sean reprendidas» (Juan 3.20).

Hay todas las razones para concluir que Nicodemo, quien originalmente llegó a Jesús bajo el manto de la oscuridad, finalmente fue atraído a la Luz verdadera y se convirtió en un creyente genuino. La última vez que encontramos a Nicodemo en la Escritura es en Juan 19.39, donde él y José de Arimatea prepararon rápidamente el cuerpo del Salvador para su entierro. Fue un acto que bien pudo costarle todo, en el mismo momento en que el resto del sanedrín había convertido la furia pública contra Jesús en un furor asesino. Él claramente se había convertido en un hombre distinto al que era cuando se acercó por primera vez a Jesús siendo un incrédulo fariseo.

A la larga, entonces, la aparente dureza de Jesús con Nicodemo quedó plenamente reivindicada. Ser claro y llanamente directo era precisamente lo que Nicodemo necesitaba. Ninguna otra persona en Israel se atrevería a hablar de esa forma a un líder religioso de la estatura de Nicodemo. Pero Jesús le estaba diciendo lo más importante que él posiblemente pudiera oír, con una voz que resonaba autoridad.

Todos los fariseos y líderes religiosos en Israel necesitaban un aviso parecido, y eso explica el tono del trato de Jesús hacia ellos a lo largo de los relatos de los Evangelios. Recordemos que Nicodemo acudió a Jesús cerca del comienzo del ministerio público de nuestro Señor. Tristemente, sin embargo, aparte de esta única conversación con Nicodemo, *todas* las relaciones públicas de Jesús con los fariseos terminaron mal, con los fariseos ofendidos o enojados. Desde este punto en adelante, todo fariseo y figura religiosa con los que Jesús trataría responde con hostilidad, agravio, indignación y al final, con el acto definitivo de violencia.

¿Podría haber obtenido Jesús una respuesta más positiva de parte de los fariseos si les hubiera mostrado el tipo de deferencia que ellos demandaban? ¿Y si Él hubiera buscado un terreno común con ellos y se hubiera enfocado solamente en lo que Él podía afirmar en el sistema de creencias de ellos? Después de todo, había mucho que afirmar; los fariseos no flirteaban con el flagrante paganismo como los adoradores de Baal en época de Elías. ¿Y si Jesús hubiera subrayado los puntos en que ellos tenían *razón* en lugar de atacar constantemente lo que era *incorrecto* en su enseñanza? ¿Es posible que el sanedrín hubiera estado más abierto a Jesús si Él no los hubiera utilizado constantemente como el paradigma de todo lo que era incorrecto en la espiritualidad de Israel?

Jesús sabía algo que los evangélicos actualmente olvidan: la verdad no vence al error realizando una campaña de relaciones públicas. La lucha entre verdad y error es guerra espiritual, y la verdad no tiene forma de vencer la falsedad si no es sacando a la luz y refutando mentiras y falsa enseñanza. Eso demanda franqueza y claridad, valentía y precisión; y a veces más severidad que simpatía.

El hecho de que Nicodemo fuese el único fariseo que escuchó a Cristo sin quedar tan ofendido que se volviera completamente contra Él no es un cargo a la forma en que Jesús trató a los principales líderes religiosos de Israel. Más bien es un indicador de lo verdaderamente malvado que era todo el sistema de ellos. De aquí en adelante, eso se convierte en uno de los temas centrales de los relatos de los cuatro Evangelios.

Dios no escoge cobardes desprovistos de agallas para que lleven la gloria de Él en sus rostros. Tenemos muchos hombres hechos de azúcar, actualmente, que se funden en la corriente de la opinión pública; y esos nunca ascenderán al monte del Señor, ni morarán en su lugar santo, ni llevarán la representación de su gloria.

—CHARLES H. SPURGEON[1]

4

Este hombre habla blasfemias

❧

Aconteció un día, que él estaba enseñando, y estaban sentados los fariseos y doctores de la ley, los cuales habían venido de todas las aldeas de Galilea, y de Judea y Jerusalén.

Lucas 5.17

La Escritura da muchos más detalles sobre la segunda mitad del ministerio público de Jesús que sobre aquellos primeros meses, pero, sin embargo, un patrón de conflicto cada vez mayor es evidente en todo su ministerio. La mayoría del comienzo del ministerio de nuestro Señor tuvo lugar en Galilea, donde (al principio) estaba fuera del constante escrutinio del sanedrín con base en Jerusalén. Los Evangelios son parcos en los detalles que registran sobre aquellos meses. Sabemos que es cuando Jesús reunió a la mayoría de sus discípulos más cercanos (Mateo 4.18-22; Marcos 1.16-20). Tres de los Evangelios registran que Él echó fuera demonios, hizo incontables milagros, y ministró constante-mente a grandes multitudes durante ese primer año (Mateo

4.23-24; Marcos 1.39-45; Lucas 5.15). Más allá de eso, el relato bíblico proporciona sólo unos cuantos detalles. Pero a medida que Jesús obtuvo fama y seguidores, los líderes religiosos en algún punto al principio parecen haber tomado medidas para mantenerlo bajo vigilancia dondequiera que iba. De repente, cada vez que Él aparecía en público, aun en los rincones más remotos de Galilea, siempre parecía que había fariseos presentes. Sus conflictos con escribas y fariseos pronto comenzaron a aumentar firmemente tanto en frecuencia como en intensidad.

Un punto clave a observar es que, hasta ahí, los escribas y fariseos no habían hecho nada manifiesto para provocar ningún conflicto con Jesús. *Él* incitó ese primer choque con ellos en Jerusalén al expulsar a los cambistas del templo sin una sola palabra de advertencia o anuncio previo. La única relación personal que se registra entre Jesús y un individuo fariseo hasta este punto fue el diálogo con Nicodemo, quien acudió amigablemente; y Jesús lo reprendió. Durante muchos meses continuó este patrón. Cada conflicto abierto que Jesús tuvo con los fariseos fue instigado por Él, incluyendo el primer conflicto importante galileo entre Jesús y los líderes judíos, caso en el que Él públicamente puso en vergüenza a algunos fariseos basándose en su conocimiento de lo que ellos estaban *pensando*. Mateo, Marcos y Lucas describen el incidente, pero el relato de Lucas es el más completo, así que centraremos la mayor parte de nuestra atención ahí.

Esta es también la primera aparición de los fariseos en el Evangelio de Lucas. Lucas tiene mucho que decir sobre los fariseos y su oposición a Cristo, pero aquí es donde los presenta por primera vez. El escenario es algún tiempo después de que Jesús había regresado a Galilea después de aquella primera Pascua en Jerusalén. No podemos decir con precisión cuánto tiempo ha pasado, pero una cuidadosa armonía de los Evangelios sugiere que había pasado casi un año y medio desde aquella primera limpieza del templo antes de que Jesús se encontrara con fariseos abiertamente hostiles en Galilea.[1]

PASO DE JESÚS A CAPERNAUM

Jesús se había quedado en Jerusalén durante un período no especificado enseñando, sanando y reuniendo discípulos después de la fiesta de la Pascua. Juan 4.1 dice que los fariseos habían oído decir que Jesús estaba haciendo más discípulos que Juan el Bautista, así que parece que Él se quedó en Jerusalén durante más de unos cuantos días después de la Pascua. Por otro lado, Juan 4.45 indica que muchos de aquellos primeros discípulos eran galileos que habían acudido a Jerusalén para la fiesta. Parece improbable que grandes multitudes de personas de Galilea se quedasen mucho tiempo en Jerusalén después de que terminase la semana de la fiesta. Por tanto, el ministerio de Jesús allí puede que haya abarcado no más de un par de semanas. En cualquier caso, en algún punto en ese intervalo después de la Pascua es cuando se produjo la reunión con Nicodemo.

Jesús después regresó a Galilea vía Samaria (Juan 4.3-4), tomando una ruta que ningún fariseo habría tomado. Los samaritanos eran considerados impuros, y los fariseos pensaban que meramente atravesar su tierra era espiritualmente corrupto. Ese era, desde luego, sólo uno de los tabúes farisaicos que Jesús rompería. Pero mientras viajaba por Samaria, Él tuvo su famoso encuentro con la mujer en el pozo en Sicar. Ese relato ocupa todo el capítulo 4 de Juan. Cristo condujo a la mujer a la salvación, y ella después llevó a muchos en Sicar a Cristo. Muchos de los aldeanos llegaron a la fe salvadora (Juan 4.39-41). A lo largo de este capítulo, el conflicto de Jesús con los escribas, los fariseos y el sanedrín es meramente subtexto en la narrativa de Juan. Pero a pesar de ello, se cierne en el trasfondo. Líderes judíos informados sabrían que la decisión de Jesús de viajar atravesando Samaria, y especialmente su ministerio a una mujer samaritana con un sórdido historial matrimonial (Juan 4.16-19), habría ofendido profundamente a cualquier fariseo sensato. (De hecho, eso sorprendió hasta a los discípulos más cercanos de Jesús; v. 27.)

Después de dos días de ministerio en Sicar, Jesús finalmente regresó a Galilea (v. 43), a la región donde creció. Debido, sin duda, a los milagros que Él hacía dondequiera que iba, su reputación se extendió rápidamente por la región. Eso le abrió oportunidades para predicar y enseñar en las muchas sinagogas esparcidas por Galilea (Lucas 4.14-15). Parece haber tenido un ministerio itinerante que le llevó por toda la región de Galilea. Las sinagogas se reunían solamente en el día de reposo; así que el hecho de que Jesús ministrase en muchas de ellas sugiere que esta fase itinerante de su ministerio duró muchas semanas. Por tanto, fue un viaje largo y tortuoso de regreso desde Jerusalén.

Al fin llegó a la sinagoga de su ciudad natal, para ministrar allí como había hecho por toda la región. Nazaret era una pequeña ciudad rural, así que Él habría sido muy conocido prácticamente para todos en la sinagoga allí, habiendo crecido en medio de ellos y asistido a aquella misma sinagoga cada semana de su joven vida. Lucas expresamente dice que era costumbre de Él ir allí el día de reposo (4.16). Al regresar ahora como rabí que estaba obteniendo renombre y acumulando ya muchos seguidores de toda Galilea, no hay duda de que Él despertaba la curiosidad de ellos solamente por su presencia.

Pero aquel primer día de reposo de regreso en su ciudad natal, Él causó furor. Le dieron el rollo de Isaías, y Él comenzó a leer de Isaías 61. (Desde luego, no existían las divisiones de capítulos y versículos en la época de Jesús, pero el lugar donde Él comenzó a leer es Isaías 61.1 en las Biblias actuales.) Comenzó al principio de ese pasaje y, de repente, se detuvo en mitad de la frase antes de terminar el versículo 2, cerró el rollo, se sentó, y declaró que esa profecía que Él acababa de leer se había cumplido (v. 21). Mientras la gente se maravillaba y murmuraba sobre la gracia con que Él hablaba, sorprendidos de que uno de en medio de ellos pudiera hablar con tal autoridad y aplomo, Él interrumpió con un asombroso desafío para ellos:

> Él les dijo: Sin duda me diréis este refrán: Médico, cúrate a ti mismo; de tantas cosas que hemos oído que se han hecho en Capernaum, haz también aquí en tu tierra. Y añadió: De cierto os digo, que ningún profeta es acepto en su propia tierra. Y en verdad os digo que muchas viudas había en Israel en los días de Elías, cuando el cielo fue cerrado por tres años y seis meses, y hubo una gran hambre en toda la tierra; pero a ninguna de ellas fue enviado Elías, sino a una mujer viuda en Sarepta de Sidón. Y muchos leprosos había en Israel en tiempo del profeta Eliseo; pero ninguno de ellos fue limpiado, sino Naamán el sirio (vv. 23-27).

Notemos que Él se retrató a sí mismo como un profeta comparable a Elías: un mensajero de Dios ni siquiera aceptado por su propio pueblo. Él puso al pueblo en el papel de incrédulos: como los desobedientes israelitas en tiempos de Elías que habían inclinado su rodilla ante Baal. Él habló de la soberanía de Dios al rodear a todo Israel para ministrar a una sola marginada gentil, y dio a entender con fuerza que ellos estaban en el mismo barco que los réprobos israelitas que fueron pasados por alto por el ministerio de Elías.

El punto que Él estaba estableciendo no quedó perdido en el pueblo de Nazaret. Habría estado claro para cualquiera familiarizado con el relato del Antiguo Testamento sobre Elías. Él estaba, en efecto, diciendo a una sinagoga llena de personas religiosas que ellos necesitaban ser salvos. Ser un israelita y descendencia física de Abraham no era garantía de la bendición divina. Sin fe, es imposible agradar a Dios (Hebreos 11.6), y Él muestra misericordia a quien muestra misericordia (Éxodo 33.19; Romanos 9.15). Esas verdades estaban implícitas en la referencia que Jesús hace a los israelitas de la época de Elías. Dejó perplejas a las personas de su propia ciudad natal, porque claramente les puso en la misma categoría que a los apóstatas adoradores de Baal.

El ánimo en Nazaret cambió al instante: «Al oír estas cosas, todos en la sinagoga se llenaron de ira» (Lucas 4.28). Lo expulsaron de la sinagoga, hasta las afueras de la ciudad, y hasta el borde mismo de un precipicio, por donde querían empujarlo.[2] Este fue el primer intento importante y registrado de quitarle la vida, ¡y provino precisamente de la comunidad donde Él se había criado!

Pero justamente antes de llegar al borde del precipicio de roca, Jesús milagrosamente eludió a la turba. Simplemente «él pasó por en medio de ellos, y se fue» (v. 30). Ellos estaban evidentemente desconcertados, temporalmente cegados o sobrenaturalmente en un estado de confusión, y Jesús se fue de ellos sin lucha alguna y sin ningún perseguidor.

De hecho, Él se fue de Nazaret por completo. En el siguiente versículo, Lucas dice: «Descendió Jesús a Capernaum, ciudad de Galilea; y les enseñaba en los días de reposo» (v. 31). En otras palabras, Él estableció su base en Capernaum, en la costa norte del mar de Galilea, a unas treinta millas de Nazaret. Mateo 4.13 dice: «y dejando a Nazaret, vino y *habitó* en Capernaum» (énfasis añadido). Después de esto, cuando leemos una referencia a «su ciudad» (Mateo 9.1), está hablando de Capernaum. Marcos 2.1 dice que cuando Jesús estaba en Capernaum, estaba «en casa».

La mayoría de los discípulos más cercanos de Jesús también llamaban casa a Capernaum. Fue allí donde Zebedeo, padre de Santiago y Juan, tuvo su primer negocio de pesca. Fue desde donde Pedro y Andrés fueron llamados. Era, si en algo, una aldea aún más insignificante y oscura que Nazaret, pero estaba perfectamente situada para Aquel que se deleita en usar «lo necio del mundo escogió Dios, para avergonzar a los sabios; y lo débil del mundo escogió Dios, para avergonzar a lo fuerte; y lo vil del mundo y lo menospreciado escogió Dios... a fin de que nadie se jacte en su presencia» (1 Corintios 1.27-29).

LA REPUTACIÓN DE JESÚS CRECE

Pronto, multitudes de personas acudían a Capernaum para ver y oír a Jesús. Estaban sorprendidas por la autoridad con que Él enseñaba (Lucas 4.32). Con esa misma autoridad, Él expulsaba demonios (vv. 33-36) y sanaba a los enfermos, comenzando con la suegra de Pedro (vv. 38-42). Comenzaron a llegar multitudes desde toda la región para ser sanadas y liberadas, «y él, poniendo las manos sobre cada uno de ellos, los sanaba» (v. 40).

Él tenía que apartarse a un lugar desierto a fin de alejarse de las demandas de las multitudes. Ellos le perseguían incluso hasta allí, «y llegando a donde estaba, le detenían para que no se fuera de ellos. Pero él les dijo: Es necesario que también a otras ciudades anuncie el evangelio del reino de Dios; porque para esto he sido enviado» (vv. 42-43). Por tanto, con Capernaum como su base, Él continuó el ministerio que había comenzado antes de aquel tumultuoso día de reposo en Nazaret, ministrando en sinagogas por toda Galilea.

Multitudes continuaban siguiendo a Jesús dondequiera que iba. Eran tan grandes y tan aplastantes en las costas de Galilea

que la única forma en que Jesús podía predicarles sin estar totalmente rodeado y tragado por un mar de humanidad era sentado
en una barca dando su enseñanza alejado de la costa. Él limpiaba
leprosos, sanaba todo tipo de enfermedades, y enseñaba a las multitudes cada vez mayores. Ya que nunca hubo una enfermedad que
Él no pudiera curar ni una persona poseída a la que no pudiera
liberar, las multitudes seguían creciendo y buscaban a Jesús más
agresivamente que nunca. «Mas él se apartaba a lugares desiertos,
y oraba» (Lucas 5.16).

Lo que Lucas describe es una campaña incansable y sin descanso
de enseñanza y ministerio público diarios. Las multitudes seguían
a Jesús constantemente, diariamente, desde el amanecer hasta el
atardecer. En las regiones rurales de Galilea, aun unos cientos de
personas constituirían una inmensa multitud; sin duda lo bastante
grande para llenar una aldea del tamaño de Capernaum. Pero los
tropeles de personas seguían creciendo hasta contarse por miles.
Los cuatro Evangelios registran la alimentación de los cinco mil;
un número sorprendente, dada la población bastante dispersa de la
región. Y más sorprendente aún, todos los Evangelios indican que
multitudes de esos tamaños se reunían sin descanso diariamente,
y seguían a Jesús incluso hasta el desierto, haciendo prácticamente
imposible que Él encontrase algún tipo de soledad. Recordaba al
ministerio en el desierto de Juan el Bautista (cp. Mateo 3.5; 4.25);
a excepción de los milagros.

Naturalmente, las noticias sobre el ministerio galileo de Jesús
llegaron hasta Jerusalén, y captaron la atención del sanedrín.

ENTRAN LOS FARISEOS

Cuando Lucas menciona por primera vez a los «fariseos y
maestros de la ley», ellos están observando a Jesús desde las
barreras. Han llegado a Capernaum no como parte de la

multitud normal que busca beneficiarse del ministerio de Jesús, sino como observadores críticos, buscando razones para condenarlo y, si fuera posible, interrumpirlo antes de que se hiciera más popular. Está claro que ellos habían hecho estos planes con antelación, porque: «Aconteció un día, que él estaba enseñando, y estaban sentados los fariseos y doctores de la ley, los cuales habían venido de todas las aldeas de Galilea, y de Judea y Jerusalén» (Lucas 5.17).

Jesús estaba en Capernaum, en una casa. Marcos parece sugerir que era la casa donde Jesús mismo vivía (Marcos 2.1). Como era usual, la presión de las multitudes era agobiante, y Jesús estaba predicando desde dentro de la casa a tantas personas como pudieran reunirse a su alrededor al alcance del oído. Marcos describe la escena: «E inmediatamente se juntaron muchos, de manera que ya no cabían ni aun a la puerta; y les predicaba la palabra» (v. 2). Lucas añade: «y el poder del Señor estaba con él para sanar» (Lucas 5.17).

Aquí hay un patrón que observaremos en casi todas las confrontaciones entre Jesús y los fariseos: de un modo u otro, la deidad de Él está siempre en el núcleo del conflicto. Es como si Él deliberadamente los provocase con afirmaciones, frases o actos a los que Él sabe que ellos pondrán objeciones, y entonces Él usa el conflicto resultante para demostrar que toda la autoridad que Él afirmaba tener ciertamente le pertenece.

En esta ocasión, el asunto en juego era el perdón de pecados. Recordemos que Jesús había estado realizando sanidades públicas durante varias semanas por toda Galilea. No había duda alguna sobre su capacidad para sanar cualquier enfermedad o liberar a los oprimidos espiritualmente de cualquier tipo de atadura demoníaca. Demonios y enfermedades por igual huían ante la palabra de Él, a veces hasta ante su presencia. «Y dondequiera que entraba, en aldeas, ciudades o campos, ponían en las calles a los que estaban enfermos, y le rogaban que les dejase tocar siquiera el borde de su manto; y todos los que le tocaban quedaban sanos» (Marcos 6.56). En las propias palabras de Jesús, esto era la prueba de todas sus afirmaciones y la confirmación de toda su enseñanza: «ciegos ven, los cojos andan, los leprosos son limpiados, los sordos oyen, los muertos son resucitados, y a los pobres es anunciado el evangelio» (Lucas 7.22).

En este día en particular, sin embargo, se presentó a Jesús un caso difícil: una trágica e incurable aflicción tan debilitante que el hombre enfermo tuvo que ser llevado en una camilla por otros cuatro hombres. La multitud estaba tan concentrada y tan cerca de Jesús para poder oír, que habría sido casi imposible que un hombre sano pudiera abrirse paso y acercarse a Jesús, y mucho menos cuatro hombres llevando a un parapléjico en una camilla.

Ahí había un hombre que necesitaba sanidad tan desesperadamente que otros cuatro, quizá amigos y vecinos, posiblemente hasta familiares, se habían tomado todas esas molestias para llevarlo hasta Capernaum a fin de buscar ayuda de este sanador del que todos habían oído. Pero cuando llegaron allí, no había esperanza de ni siquiera ver a Jesús, porque las multitudes espiritualmente moribundas en esencia le tenían entre barricadas en la casa, desde la cual apenas se podía oír su voz enseñando.

Bien puede ser que el perdón fuera precisamente el tema del que Él enseñaba. El asunto estaba, sin duda, en el aire. Inmediatamente antes de esto, después de enseñar desde la barca de Pedro, Jesús le había dicho a Pedro que se fuera a lo profundo y lanzara sus redes (Lucas 5.4). Para cualquier pescador, esa estrategia parecería una necedad. Los peces se pescaban mejor por la noche, en aguas no profundas, mientras comían. Pedro había estado toda la noche pescando y no había obtenido nada (v. 5). Durante las horas del día, los peces migraban a aguas mucho más profundas y frías, donde normalmente sería imposible llegar hasta ellos con redes.

Pedro dijo: «mas en tu palabra echaré la red». Cuando el montón de peces era tan grande que las redes comenzaban a romperse, Pedro inmediatamente entendió que estaba en la presencia de poder divino; y lo primero de lo que se dio cuenta fue del peso de su propia culpabilidad: «Viendo esto Simón Pedro, cayó de rodillas ante Jesús, diciendo: Apártate de mí, Señor, porque soy hombre pecador» (v. 8).

El perdón era también uno de los temas favoritos de Jesús sobre el que predicar. Fue uno de los temas clave en su Sermón del Monte. Fue uno de los enfoques del Padrenuestro y el tema que desarrolló al final de esa oración (Mateo 6.14-15). Es el tema central que domina todo el capítulo 5 de Lucas. Si el perdón no era precisamente el tema del que Jesús estaba predicando, a pesar de eso estaba a punto de convertirse en el tema del día.

Ahora imaginemos a los fariseos, sentados en algún lugar en la periferia, observando y escuchando para conseguir cosas que criticar, cuando esos cuatro hombres que llevaban la camilla llegaron a la escena.

¿QUIÉN PUEDE PERDONAR PECADOS SINO DIOS?

Si ellos querían ver a Jesús en acción, aquellos fariseos, sin duda, habían llegado el día correcto. Allí estaba un hombre desesperadamente paralizado a quien otros cuatro hombres habían llevado desde cierta distancia, y cuyo viaje desde otra aldea no podría haber sido un viaje fácil. Y cuando llegaron, debieron haber visto al instante que no tenían esperanza alguna de acercarse a Jesús mediante ningún método convencional. Aun si esperaban hasta que Jesús se fuera de la casa, las multitudes eran demasiado grandes y estaban demasiado electrizadas para hacer espacio y que cinco hombres entraran y llegaran hasta el centro de la vasta multitud que rodeaba a Jesús dondequiera que Él iba.

El hecho de que el hombre fuese llevado en una camilla en lugar de sentado en algún tipo de carro sugiere que probablemente fuese cuadripléjico, con todos sus miembros totalmente paralizados, quizá como resultado de alguna lesión en su cuello. Él era un clásico objeto de lección acerca de la condición caída del ser humano. Era incapaz de moverse; apoyado totalmente sobre la misericordia y la bondad de otras personas, completamente impotente para hacer ninguna cosa por sí mismo.

Era una enfermedad que requeriría un verdadero y obvio milagro para poder sanar. No era como las enfermedades invisibles (dolor de espalda, migrañas y dolores de estómago) que con frecuencia vemos «curadas» por personas que afirman poseer dones de sanidad en la actualidad. Sus músculos estarían atrofiados y arrugados por la falta de uso. Si Jesús podía sanarle, sería obvio al instante para todos que un verdadero milagro había tenido lugar.

La pura desesperación del hombre y de sus cuatro amigos puede medirse por lo que hicieron cuando se dieron cuenta de que no serían capaces de acercarse a Jesús. Subieron al tejado. Para que cuatro hombres ascendieran con una camilla, debió haber habido una escalera exterior que condujese a una terraza o pasaje. Aun con eso, sería un ascenso difícil. Pero aquella era, evidentemente, una casa grande, con un típico patio en la parte superior de estilo mediterráneo contiguo a una parte del tejado. Eso les proporcionó a los cuatro hombres exactamente la oportunidad que necesitaban. Llevaron al hombre al piso superior, y comenzaron a quitar las tejas de esa parte del tejado.

¡Qué entrada tan dramática fue! Sin duda, la multitud se sorprendió cuando el tejado comenzó a abrirse. El agujero en el tejado tenía que ser lo bastante grande para el hombre y la camilla, lo cual probablemente significara que tuvieran que quitar con cuidado no sólo las tejas exteriores sino también parte del enrejado inferior que sostenía las tejas. Un tejado no era una cubierta barata o temporal, y sencillamente no hay modo de abrir un agujero en un tejado como ese sin que caigan muchos escombros y polvo a las personas que están debajo. Normalmente esperaríamos que tanto la multitud como el dueño se molestaran por el acto de aquellos hombres.

Pero, a ojos de Jesús, eso era una clara evidencia de una gran fe. Los tres Evangelios sinópticos registran este incidente, y los tres dicen que Jesús *vio* «la fe de ellos» (v. 20; Mateo 9.2; Marcos 2.5). Él vio fe reflejada en su persistencia y determinación, desde luego. Después de todo el trabajo que habían hecho para hacer descender a su amigo a los pies de Jesús, era obvio para todos lo que ellos estaban esperando: habían llevado al hombre para que recibiera sanidad física. Cualquiera que pensara en ello, podría ver que se requería cierto grado de fe en la capacidad sanadora de Jesús para hacer todo ese trabajo.

Pero el texto sugiere que Jesús vio algo aún más profundo. Debido a que Él es Dios encarnado, también podía ver los corazones, percibir sus motivos, y hasta conocer sus pensamientos; al igual que Él había visto el corazón de Nicodemo, y como había discernido la fe a medias de aquellos primeros admiradores de su ministerio en Jerusalén en quienes no confiaba (Juan 2.23-25).

Lo que Él vio cuando aquellos hombres bajaron a su amigo desde el techo fue una fe verdadera: fe de arrepentimiento. Ninguno de los relatos de los Evangelios sugiere que ni el hombre paralítico ni sus amigos dijeran palabra alguna. No hubo testimonio verbal del hombre acerca de su arrepentimiento. No hubo declaración de contrición. No hubo confesión de pecado. No hubo afirmación de fe en Dios. No hubo clamor verbal pidiendo misericordia. No necesitaba haberlo; Jesús podía ver el corazón y la mente del hombre. Él sabía que el Espíritu Santo había hecho una obra en el corazón del hombre paralítico. El hombre había llegado a Jesús con un espíritu quebrantado y contrito; quería estar en paz con Dios. Ni siquiera necesitó decir eso; Jesús lo sabía porque, como Dios, Él conoce todos los corazones.

Ahí había una oportunidad para que Jesús mostrase su deidad. Todos podían ver la *aflicción* del hombre; sólo Jesús podía ver su *fe*. Sin ningún comentario ni del paralítico que estaba a los pies de Jesús ni de los cuatro hombres que miraban por el agujero en el tejado, Jesús se giró hacia el paralítico y dijo: «Hombre, tus pecados te son perdonados» (v. 20). Él le perdonó gratuitamente; le justificó plenamente. Con esas palabras, los pecados del hombre fueron borrados de su cuenta, eliminados de los libros divinos. Sobre su propia autoridad personal, Jesús al instante absolvió a aquel hombre para siempre de toda la culpabilidad de todos sus pecados.

Con esa afirmación, Jesús dio a los escribas y fariseos exactamente lo que ellos estaban esperando: una oportunidad de acusarle. Y no nos equivoquemos: las palabras de Jesús al paralítico serían profundamente desconcertantes para la religión de los fariseos se mire como se mire. En primer lugar, si Él no era Dios encarnado, sin duda sería el colmo mismo de la blasfemia que Él pretendiese tener autoridad para perdonar pecados. En segundo lugar, la religión de los fariseos estaba fuertemente orientada hacia las obras; por tanto, según su punto de vista, el perdón había que *ganárselo*. Era impensable para ellos que el perdón pudiera otorgarse inmediata e incondicionalmente sólo por la fe.

Según Mateo, algunos de los escribas que estaban allí reaccionaron en seguida (Mateo 9.3). Pero curiosamente, en esta ocasión no se levantaron y gritaron una protesta verbal. Seguía siendo bastante pronto en el ministerio de Jesús, y ellos constituían una minoría lo bastante pequeña junto a esa multitud en la propia comunidad de Jesús, así que su reacción inicial parece sorprendentemente suave. Si su sorpresa se mostró de algún modo, fue solamente en sus caras. Lucas dice que ellos «comenzaron a cavilar, diciendo: ¿Quién es éste que habla blasfemias? ¿Quién puede perdonar pecados sino sólo Dios?» (5.21). Mateo deja claro que ellos dijeron estas cosas «dentro de sí» (9.3). Marcos dice igualmente: «Estaban allí sentados algunos de los escribas, los cuales cavilaban en sus corazones: ¿Por qué habla éste así? Blasfemias dice. ¿Quién puede perdonar pecados, sino sólo Dios?» (Marcos 2.6-7). En sus mentes, colectivamente todos ellos pensaban lo mismo. *Esto es una blasfemia de la peor clase. ¿Quién sino Dios puede legítimamente perdonar pecados?*

La pregunta era meramente retórica; ellos no se preguntaban realmente cuál podría ser la respuesta. Sabían muy bien que nadie puede perdonar pecados excepto Dios. Su doctrina en ese punto era lo bastante sana. Nosotros podemos perdonar individualmente errores hechos contra nosotros en cuanto a lo que respecta a nuestras afirmaciones de justicia, pero no tenemos la autoridad de absolver a nadie de culpa delante del trono de Dios. Ningún hombre puede hacer eso. Ningún sacerdote puede hacer eso. Nadie puede hacer eso sino solamente Dios. Cualquiera que usurpe esa prerrogativa es, o bien Dios o bien un blasfemo. De hecho, para alguien que no sea Dios, eso sería, sin duda, el acto supremo de idolatría blasfema: ponerse a sí mismo en lugar de Dios.

¿QUIÉN ES ESTE?

Jesús se había puesto deliberadamente a sí mismo en el centro de un escenario que obligaría a todos los observadores a dar un veredicto sobre Él. Eso es cierto no sólo de las personas que fueron testigos presenciales en Capernaum aquel día, sino también de quienes simplemente lean este relato en la Escritura. Y la elección es clara. Hay sólo dos posibles conclusiones a que podemos llegar con respecto a Cristo: Él es Dios encarnado, o es un blasfemo y un fraude. No hay terreno neutral, y esa es precisamente la situación a la cual Jesús apuntaba.

Hay muchas personas en la actualidad que quieren tratar con condescendencia a Jesús diciendo que Él era una buena persona, un destacado líder religioso, un importante profeta, un profundo ético, un modelo de integridad, bondad y decencia: un *gran* hombre, pero sólo un mero hombre y no Dios encarnado. Pero este episodio en su ministerio público es suficiente para borrar esa opción de la lista de posibilidades. Él, o es Dios o es el blasfemo supremo. Él borró a propósito cualquier alternativa media posible.

Jesús no riñó a los fariseos por pensar que sólo Dios puede perdonar el pecado. Ellos no estaban equivocados en eso. Ni tampoco descartó Él su preocupación como un mal entendimiento de cuál era su intención. Eso es lo que habría hecho si Él fuese realmente un buen hombre sin reclamar tener ninguna autoridad especial para perdonar el pecado o justificar a los pecadores. Si ese fuera el caso, Él debiera haber dicho de inmediato: «¡Un momento, un momento! Ustedes me han entendido mal. No estoy diciendo que *yo* puedo perdonar al hombre, sencillamente quiero decir que *Dios* perdonará al hombre». Cualquier hombre bueno, noble y piadoso querría corregir tal idea errónea y aclarar las cosas afirmando que solamente Dios puede perdonar el pecado. Él no hizo nada de eso.

En cambio, los reprendió por «pensar mal» acerca de Él (Mateo 9.4). Ellos estaban equivocados al suponer lo peor sobre Él cuando, de hecho, Él ya había mostrado con frecuencia el poder de Dios de modo convincente y públicamente al sanar enfermedades que nadie sino Dios podía sanar y al expulsar demonios sobre los cuales solamente Dios tiene poder. En lugar de pensar:

Ningún mero hombre puede perdonar el pecado. Él acaba de blasfe-mar, debieran haberse preguntado: *¿Puede ser posible que este no sea un mero hombre?*

Los tres Evangelios sinópticos subrayan que Jesús leía los pensamientos de ellos (Mateo 9.4; Marcos 2.8; Lucas 5.22). Al igual que Él conocía el corazón del paralítico y entendió que el primer interés del hombre era la salvación de su alma, también conocía los corazones de los fariseos y entendía que su único motivo era encontrar una manera de acusarle. El hecho de que Él supiera lo que ellos pensaban debiera haber sido otro indicio para ellos de que Jesucristo no era un mero hombre.

Pero ellos ya estaban pensando bastante más allá de eso. En cuanto a ellos, ese era un caso de blasfemia pura y simple, y parece que ni se les ocurrió ninguna otra opción. Además, si ellos podían hacer firme *esa* acusación, podían llamar a que lo apedreasen. La blasfemia manifiesta era un delito capital. Levítico 24.16 era enfático al respecto: «Y el que blasfemare el nombre de Jehová, ha de ser muerto; toda la congregación lo apedreará; así el extranjero como el natural, si blasfemare el Nombre, que muera».

¿QUÉ ES MÁS FÁCIL?

Antes de que los escribas y fariseos pudieran siquiera decir lo que estaban pensando, Jesús mismo sacó a la luz el asunto. «Jesús entonces, conociendo los pensamientos de ellos, respondiendo les dijo: ¿Qué caviláis en vuestros corazones? ¿Qué es más fácil, decir: Tus pecados te son perdonados, o decir: Levántate y anda?» (Lucas 5.22-23).

Ellos estaban pensando: *Este hombre está blasfemando porque afirma hacer lo que solamente Dios puede hacer.* Notemos que Jesús ni siquiera insinuó que ellos pudieran haber malentendido sus intenciones. Él no volvió sobre sus pasos y trató de calificar su propia afirmación, ni tampoco desafió la creencia de ellos de que sólo Dios puede perdonar pecados. De hecho, ellos tenían toda la razón con respecto a eso.

Desde luego, solamente Dios puede leer infaliblemente los corazones de los seres humanos. En Ezequiel 11.5, Dios mismo dice: «las cosas que suben a vuestro espíritu, yo las he entendido». Él vuelve a hablar en Jeremías 17.10: «Yo Jehová, que escudriño la mente, que pruebo el corazón». Ningún ser humano tiene la capacidad de ver perfectamente en la mente de otro. «Porque Jehová no mira lo que mira el hombre; pues el hombre mira lo que está delante de sus ojos, pero Jehová mira el corazón» (1 Samuel 16.7). Jesús acababa de mostrar conocimiento de la mente del paralítico y de los propios pensamientos secretos de ellos acerca de Él. ¿No debería haberles hecho eso detenerse y reflexionar sobre quién era esa persona con quien estaban tratando?

Eso es precisamente lo que Jesús les estaba desafiando a considerar. Él propuso una prueba sencilla: «¿Qué es más fácil, decir: Tus pecados te son perdonados, o decir: Levántate y anda?» (Lucas 5.23). Aunque sin duda es verdad que sólo Dios puede perdonar pecados, es igualmente verdad que sólo Dios puede hacer el tipo de milagro regenerativo necesario para restaurar los músculos atrofiados y los huesos quebradizos de un cuadripléjico y curarlos en un sólo segundo, a fin de que él pudiera literalmente levantarse y caminar. La pregunta no era si Jesús podía *mejorar* a este hombre, sino si Él podía al instante sanarlo.

Aun con los mejores métodos de la medicina moderna, si resulta que alguien recupera la capacidad de moverse tras sufrir una lesión catastrófica del tipo que causa parálisis grave, normalmente son necesarios meses de terapia para que la mente vuelva a descubrir cómo enviar señales precisas mediante el nervio dañado a los miembros discapacitados. Sin importar cuánto tiempo habría estado paralizado este hombre, podríamos esperar al menos que necesitase algún tiempo para aprender a caminar de nuevo. Pero las sanidades de Jesús siempre se saltaban esa terapia. Personas ciegas de nacimiento recibían no sólo la vista sino también la capacidad instantánea de dar sentido a lo que veían (Juan 9.1-38; Marcos 8.24-25). Cuando Jesús sanaba a una persona sorda, inmediatamente también sanaba el impedimento del habla, sin requerir terapia alguna (Marcos 7.32-35). Siempre que Él sanaba a personas cojas, les daba no sólo tejido muscular regenerado sino también la fuerza y la destreza para tomar sus lechos y andar (Mateo 9.6; Marcos 2.12). Me resulta irónico que cuando los sanadores de la fe y los charlatanes carismáticos en la actualidad afirman sanar a personas, el paciente normalmente se cae inmóvil o con convulsiones incontrolables. Las sanidades de Jesús tenían exactamente el efecto contrario. Hasta un hombre enfermo y acostado durante treinta y ocho años pudo inmediatamente tomar su lecho e irse caminando (Juan 5.6-9).

Eso era justamente lo que este hombre necesitaba: un acto de poder divino y creativo como solamente Dios puede hacer.

Notemos con atención la forma en que Jesús expresó su pregunta: «¿Qué es más fácil, *decir*?» Él estaba tocando su proceso de pensamiento. Ellos estaban indignados porque Él le había otorgado perdón a ese hombre. Ellos nunca habían desafiado su derecho a sanar. Obviamente, tanto perdón como sanidad es imposible que algún mero hombre los haga. Ningún mero hombre tiene tampoco el poder de sanar a voluntad o de absolver el pecado a voluntad. La sanidad es realmente una metáfora perfecta del perdón a ese respecto. De hecho, las dos cosas son inseparables, porque la enfermedad es un resultado de la maldición producida sobre la creación a causa del pecado. La enfermedad es meramente un síntoma; el pecado es la causa definitiva. (Eso no es sugerir que toda enfermedad sea la consecuencia inmediata de un pecado concreto, desde luego. En Juan 9.3 Jesús dice expresamente que hay otras razones para las enfermedades de este o aquel individuo. Pero la existencia de enfermedades en un universo que fue creado originalmente perfecto es finalmente, sin embargo, un resultado de la maldición del pecado.) Por tanto, el poder para sanar toda enfermedad presupone el poder de perdonar cualquier pecado. Ambas cosas son humanamente imposibles. Pero Jesús podía hacer una de las dos o ambas con igual autoridad.

Aun así, ¿qué es más fácil *decir*? Obviamente, es más fácil decirle a alguien que sus pecados son perdonados, porque nadie puede ver si realmente sucedió. El tipo de perdón que Jesús otorgó a este hombre es una transacción divina. Ocurre en la mente de Dios y en el tribunal del cielo. Es un decreto que sólo Dios puede hacer, y no hay evidencia terrenal inmediata de ello. Es fácil *decir*; es humanamente imposible *hacer*.

Por tanto, Jesús dice, en efecto: «Ustedes están cuestionando si yo puedo perdonar el pecado de este hombre, ¿verdad? Y creen que es muy fácil decir: "Tus pecados son perdonados". De hecho, piensan que es blasfemia el que yo lo diga, y que he traspasado una línea a la que ningún hombre debería acercarse jamás».

El hecho de que Jesús conociera sus corazones tan perfectamente y, aun así, se negase a evitar el conflicto público que ellos buscaban es significativo. Él sabía muy bien que los fariseos se ofenderían si Él declaraba perdonados los pecados de ese hombre y, sin embargo, no evitó hacerlo. De hecho, Él lo hizo tan públicamente como fue posible. Sin duda, *podría* haber sanado la enfermedad de ese hombre sin provocar esa clase de conflicto abierto con los fariseos. También podría haber tratado en privado el asunto de la culpabilidad del hombre, en lugar de hacer tal afirmación donde todos pudieron oírla. Jesús seguramente era consciente de que muchas personas en una multitud de ese tamaño no podrían entender lo que Él estaba haciendo o por qué lo hizo. Al menos, Él podría haber tomado tiempo para hacer una pausa y explicar por qué tenía derecho a ejercer autoridad divina. Cualquiera de esas cosas al menos habría evitado la percepción de que Él estaba deliberadamente inflamando a los fariseos.

Esas son las cosas que un típico y solícito evangélico en estos tiempos posmodernos podría insistir en que no *debieran* hacerse. ¿No deberíamos evitar la controversia pública a toda costa, especialmente en circunstancias como estas, con tantos aldeanos presentes? El roce entre Jesús y la élite religiosa de Israel no es posible que pudiera ser edificante para los normales y corrientes pescadores y amas de casa de Capernaum, ¿no es cierto? Una persona sabia haría todo lo posible para evitar ofender a esos fariseos, ¿no? ¿Qué posible bien podría provenir de convertir la liberación de ese hombre en un teatro de controversia pública?

Pero Jesús no tenía tales escrúpulos. El punto que Él estaba estableciendo era muchísimo más importante que el modo en que los fariseos o el pueblo de Capernaum se sentían al respecto. Por tanto: «para que sepáis que el Hijo del Hombre tiene potestad en la tierra para perdonar pecados (dijo al paralítico): A ti te digo: Levántate, toma tu lecho, y vete a tu casa» (Lucas 5.24).

Ahora bien, no es nada fácil decir a alguien: «Levántate, toma tu lecho, y vete a tu casa». Porque si uno dice eso y la persona no lo hace en seguida, acaba de revelar que no tiene autoridad para hacer lo que está afirmando. Contrariamente a las sanidades falsas presentadas en la televisión religiosa por parte de importantes sanadores de la fe en la actualidad, los milagros de Jesús tenían que ver con enfermedades graves y visibles. Él sanaba a personas que habían sufrido espantosas enfermedades por mucho tiempo. Él sanó todo tipo de enfermedad imaginable, incluidas discapacidades congénitas y deformidades físicas. Él sanó a las personas cuando estas acudieron a Él, en sus ciudades natales y en sus calles públicas, no desde la seguridad de una plataforma rodeada de biombos y guardas de seguridad. Él hizo incontables sanidades, muchas más de las que se describen concretamente en la Escritura (Juan 21.25), sanando a todo aquel que acudía a Él en busca de alivio de cualquier enfermedad (Mateo 4.24; 12.15; 19.2; Marcos 6.56; Lucas 6.18-19). Y Él sanaba de cerca, en presencia de muchos testigos oculares cuyo testimonio no era posible poner en tela de juicio.

Impostores, falsos sanadores, milagros en escenarios y sanidades falsificadas eran tan comunes en la época de Jesús como lo son en la actualidad. Por tanto, es significativo que nadie cuestionase nunca la realidad de los milagros de Jesús, incluyendo los fariseos. Ellos siempre le atacaban por otros motivos. Cuestionaban la fuente de su poder; le acusaban de sanar ilegítimamente en día de reposo. Sin duda, hubieran afirmado que Él solamente usaba la prestidigitación si pudiera haberse establecido un caso creíble para esa acusación. Pero nada en el relato de los Evangelios sugiere que los fariseos ni ninguna otra persona tratasen nunca de acusarle de falsedad. ¿Cómo podrían, dada la naturaleza y la abundancia de sus milagros?

Ahora bien, toda su reputación giraba en torno a una imposibilidad. Él demostraría del modo más gráfico posible que tiene autoridad para hacer lo que solamente Dios puede hacer.

LOS CRÍTICOS SILENCIADOS

El relato de Lucas es notable por su clara simplicidad. El estilo de redacción refleja lo asombroso de lo repentino del milagro. Todo desde este punto en adelante en la narrativa sucede con tanta rapidez, que Lucas lo cubre todo en dos breves versículos. Del paralítico, Lucas dice: «*Al instante*, levantándose en presencia de ellos, y tomando el lecho en que estaba acostado, se fue a su casa, glorificando a Dios» (5.25, énfasis añadido).

Sucedieron muchas cosas en ese único instante. Los huesos del hombre, frágiles por la falta de uso, se endurecieron perfectamente; sus músculos recuperaron al momento la plena fuerza y funcionalidad; sus articulaciones y tendones se volvieron firmes y móviles. Todos los elementos de su fisiología que estaban atrofiados fueron regenerados. Su sistema nervioso volvió a encenderse y de inmediato se volvió plenamente funcional. Neuronas que hace mucho tiempo habían dejado de sentir nada volvieron a la vida instantáneamente. En un momento él no sentía nada en aquellas extremidades inútiles; al siguiente momento sentía toda la fuerza y la energía que llega con una salud perfecta. Brazos que un minuto antes habían necesitado ser llevados por cuatro hombres y una camilla, de repente eran capaces de transportar a casa esa camilla.

La partida del hombre parece horriblemente abrupta. Pero el mandato de Jesús consistió en tres sencillos imperativos: «Levántate, toma tu lecho, y vete a tu casa» (v. 24). Y eso es precisamente lo que el hombre hizo. Si se detuvo para dar gracias a Jesús, no se detuvo por mucho tiempo. Sabemos con seguridad que él estaba profundamente agradecido; pero también estaba comprensiblemente deseando llegar a su casa y mostrar a sus seres queridos lo que Dios había hecho por él.

Lucas no dice a qué distancia estaba su casa, pero debió de haber sido una buena caminata. Y aquí es donde vemos su profunda gratitud: durante todo el camino él se fue «glorificando a Dios» (v. 25).

La Biblia a veces quita importancia a las cosas obvias: «glorificando a Dios». Eso es lo que los ángeles hicieron en el cielo cuando anunciaron el nacimiento del Mesías (Lucas 2.14-15). Es fácil imaginar a este hombre corriendo, saltando, aplaudiendo y danzando durante todo el camino hasta su casa. Si sus cuatros amigos fueron con él, probablemente él los sobrepasó a todos. Ellos debieron de estar un poco fatigados de transportarlo hasta

Capernaum; él acababa de renacer, tenía un vigor nuevo, y fue liberado de toda carga que había soportado excepto aquella camilla ahora inútil.

«Glorificando a Dios» también habría implicado bastante ruido: risas, gritos y cantar aleluyas. Me imagino que él apenas podría esperar a llegar a la puerta de su casa, abrirla con un grito de alegría, entrar con sus nuevos brazos totalmente abiertos, y celebrar su nueva sanidad con su esposa, sus hijos, o cualquier familiar que él tuviera en su casa.

Pero la *mejor* parte no fue que él pudiera irse saltando a su casa; la mejor parte fue que él fue limpiado de su pecado. No sé qué era lo que se había atrevido a esperar cuando él y los cuatro antiguos portadores partieron aquella mañana; pero estoy bastante seguro de que él no esperaba todo lo que obtuvo. Todos sus pecados fueron perdonados y había sido creado de nuevo. No es sorprendente que él glorificara a Dios.

El milagro tuvo un efecto correspondiente en el pueblo de Capernaum. «Y todos, sobrecogidos de asombro, glorificaban a Dios; y llenos de temor, decían: Hoy hemos visto maravillas» (v. 26). La expresión griega que Lucas utilizó significa «sobrecogido de asombro». El nombre en esa frase es *ekstasis*, que desde luego, es la raíz de la palabra éxtasis. Literalmente habla de una sacudida mental: una potente ola de asombro y profundo deleite. En este caso, sin embargo, traducir la palabra como extático no captaría realmente la reacción de la gente tal como Lucas la describe. Fue más parecido a un anonadado asombro, mezclado con temor y maravilla.

Al igual que el hombre anteriormente paralítico, ellos glorificaron a Dios. La alabanza de la multitud, sin embargo, tiene un carácter diferente a la adoración del hombre sanado. Él fue movido por una profunda gratitud personal y un corazón recién liberado de culpabilidad. Ellos simplemente estaban asombrados ante lo extraño de lo que habían visto. Sabemos por acontecimientos subsiguientes que la mayoría de la admiración de Capernaum por Jesús resultaría ser un voluble tipo de estima. Muchos en aquella multitud eran discípulos tibios y parásitos que rápidamente se alejaron cuando la enseñanza de Jesús se volvió más difícil.

Pero más peculiar es el hecho de que Lucas no dice nada más sobre los fariseos. Con un tipo de sigilo que pronto se convertiría en un patrón, ellos sencillamente guardan un profundo silencio y se desvanecen de la historia. El hombre que fue sanado regresó por un camino, glorificando a Dios y regocijándose en su recién hallado manto de justicia. Los líderes religiosos de Israel se escabulleron en la dirección contraria, silenciosamente furiosos, resentidos de que Jesús hubiera declarado perdonado al paralítico, incapaces siquiera de regocijarse en la buena fortuna del hombre, y silenciosamente maquinando su siguiente intento de desacreditar a Jesús. Sabemos que esa fue su respuesta porque, cuando vuelven a aparecer, estarán un poco más enojados, un poco más ejercitados, y mucho menos abiertos a considerar seriamente las afirmaciones de Jesús. Esta primera controversia galilea parece marcar el comienzo de un patrón de conflictos públicos cada vez más hostiles con Jesús mediante el cual sus corazones estarían completamente endurecidos contra Él.

Esta ocasión también resumió con bastante justicia las razones espirituales del intenso odio de los fariseos por Jesús. Ellos no podían soportar la compasión que perdonó a un pecador en ese instante. La idea de que Jesús justificase instantánea y gratuitamente a un paralítico, alguien que, por definición, era incapaz de trabajar, contradecía todo lo que ellos defendían. El ejercicio de autoridad divina por parte de Jesús también les dolió. No era tanto que ellos creyeran realmente que Él era culpable de blasfemia; después de todo, Él respondió a esa acusación demostrando de modo repetido y convincente que tenía pleno poder para hacer lo que solamente Dios puede hacer. Pero ellos tenían su propia idea de cómo debería ser Dios, y Jesús simplemente no encajaba en el perfil. Además de todo eso, Él era una amenaza para su estatus en Israel (Juan 11.48), y cuanto más los humillaba Él en público de esa forma, más disminuía la influencia de ellos. De aquí en adelante, esa realidad pendía como una crisis urgente en todos los pensamientos que ellos tenían sobre Él.

Después de este episodio, los fariseos críticos aparecen frecuentemente en todas las narrativas de los Evangelios. Ellos en seguida comenzaron a seguir los pasos de Jesús dondequiera que Él iba, aprovechando cada razón que podían encontrar para acusarle, oponiéndose a Él en cada ocasión, y hasta recurriendo a mentiras y blasfemia en sus desesperación por desacreditarlo.

Claramente, ellos ya le habían desechado por completo. Si no le reconocieron cuando vieron un milagro dramático como la sanidad instantánea de este paralítico, nada penetraría en sus corazones endurecidos y farisaicos. Ellos ya habían avanzado mucho por el camino que los convertiría en los principales conspiradores en el asesinato de Él. Jesús, desde luego, encarnaba *todos* los atributos de Dios: bondad, paciencia y misericordia por una parte; ira, justicia y juicio por otra. Todas esas cualidades son discernibles en alguna medida en el modo en que Él trató con los fariseos durante el curso de su ministerio. Pero debido a que el evangelio estaba en juego y su propio señorío estaba siendo constantemente atacado por esos hombres que eran los líderes espirituales más influyentes en la nación, su bondad nunca eclipsó su severidad en ninguno de sus tratos con ellos.

El curso de ellos estaba fijado, aparentemente algún tiempo antes de este primer encuentro galileo con Él. Sus corazones ya estaban decididos a ser inflexibles ante la autoridad de Él, inconscientes de su enseñanza, opuestos a su verdad, insensibles a su justicia, e inmunes a sus reprensiones. Ellos esencialmente ya le habían desechado.

Él pronto los desecharía también a ellos.

*H*ermanos, el carácter del Salvador tiene todo bondad en toda perfección; él es lleno de gracia y de verdad. Algunos hombres, hoy día, hablan de él como si él fuese sencillamente benevolencia encarnada. No es así. Ningunos labios hablaron nunca con tanta escandalosa indignación contra el pecado como los labios del Mesías. «Su aventador está en su mano, y limpiará su era». Mientras con ternura ora por su discípulo tentado, para que su fe no falte, sin embargo con terrible firmeza avienta la era, y lanza la paja al fuego inextinguible. Hablamos de Cristo como manso y humilde de espíritu, y así era. Una caña quebrada que él no rompió, y el pábilo humeante que él no apagó; pero su mansedumbre estaba equilibrada por su coraje, y por la valentía con la cual denunciaba la hipocresía: «Ay de vosotros, escribas y fariseos, hipócritas; guías ciegos, serpientes, generación de víboras; ¿cómo escaparéis de la condenación del infierno?» Esas no son las palabras del debilucho que algunos autores representan que Cristo fue. Él es un hombre, un hombre hecho y derecho, un hombre como Dios; amable como una mujer, pero tan firme como un guerrero en mitad del día de batalla. El carácter está equilibrado; tanto de una virtud como de otra. Como en la Deidad, cada atributo es completo; la justicia nunca eclipsa a la misericordia, ni la misericordia a la justicia, ni la justicia a la fidelidad; así, en el carácter de Cristo tenemos todas las cosas excelentes.

— CHARLES H. SPURGEON[3]

5

Quebrantar el día de reposo

No sólo quebrantaba el día de reposo, sino que también decía que Dios era su propio Padre, haciéndose igual a Dios.

Juan 5.18

Mateo, Marcos y Lucas registran que la sanidad del paralítico fue seguida inmediatamente por el llamado y la conversión de Mateo. Él, desde luego, se convirtió en uno de los Doce y es el autor del Evangelio que lleva su nombre. Pero hasta que Jesús lo llamó al discipulado, Mateo habría sido uno de los hombres más odiados y despreciables de toda la región de Galilea. Era recaudador de impuestos (un *publicano*, para usar la terminología familiar de la versión Reina Valera). Por tanto, era considerado por toda la comunidad como un traidor a la nación judía. Era todo lo opuesto a los fariseos, en casi todos los aspectos concebibles.

Marcos se refiere a Mateo como «Leví hijo de Alfeo» (Marcos 2.14). Eso, junto con el hecho de que el Evangelio que escribió es profundamente judío en estilo y contenido, indica que Mateo era hebreo de nacimiento. Pero trabajaba para Roma. Era un dispuesto agente de César; estaba básicamente en asociación con el enemigo de Israel a fin de facilitar su malvada ocupación de la tierra prometida y hacer dinero para sí mismo oprimiendo al pueblo de Israel. El sistema de impuestos de Roma era también profundamente corrupto. Las tarifas eran evaluadas ambiguamente y recaudadas de modo incoherente mediante un método que se parecía más a la extorsión que a ninguna otra cosa. Los recaudadores de impuestos eran abrumadoramente deshonestos, bien conocidos por utilizar su puesto para llenar sus propios bolsillos. Oficialmente, Roma miraba hacia otro lado y les permitía hacer eso. Después de todo, la corrupción engrasaba las ruedas de su agresiva maquinaria de producir beneficios. Y Mateo era una pieza grande en el componente galileo de ese aparato.

Todo acerca de Mateo había sido odioso para los fieles israelitas. De hecho, los publicanos eran los más bajos y más despreciados de todos los marginados sociales en toda la tierra. Eran considerados los más despreciables de los pecadores, y con frecuencia estaban a la altura de esa reputación en todos los aspectos concebibles. Los fariseos y el pueblo común igualmente los miraban con el más profundo desprecio.

UN TIEMPO BREVE

No sólo los tres Evangelios sinópticos sitúan el llamado de Mateo inmediatamente después de la sanidad del paralítico; tanto Mateo como Lucas indican que lo que sigue sucedió inmediatamente, ese mismo día: «*Pasando Jesús de allí*, vio a un hombre llamado Mateo, que estaba sentado al banco de los tributos públicos» (Mateo 9.9, énfasis añadido). «*Después de estas cosas* salió, y vio a un publicano llamado Leví, sentado al banco de los tributos públicos» (Lucas 5.27). Aparentemente, en cuanto el paralítico tomó su lecho y partió para su casa, Jesús salió de la casa donde había tenido lugar la sanidad y comenzó a caminar hacia el borde del lago. En una aldea tan pequeña como Capernaum, situada justamente al borde del agua, esa distancia no podía ser mayor que unas cuantas cuadras. Marcos indica que el plan de Jesús era continuar enseñando a las multitudes, y el puerto, obviamente, permitía tener un lugar mejor y más adecuado que una casa para eso. «Después volvió a salir al mar» (Marcos 2.13), y en algún lugar en el camino, «vio a Leví hijo de Alfeo, sentado al banco de los tributos públicos» (v. 14).

El banco de los tributos estaba obviamente bien situado para que Mateo pudiera acumular los máximos ingresos. Mercaderes que trataban de ahorrarse tiempo y evitar el peligroso sistema de carreteras galileo, regularmente embarcaban bienes por mar cruzando el mar de Galilea. Capernaum era uno de los mejores lugares en la costa norte para conectar con la *Via Maris*: un importante pasaje entre Damasco y el Mediterráneo. Mateo estaba perfectamente situado en ese cruce inusual a fin de poder interceptar y cobrar impuestos al tráfico en todas las direcciones, ya fuese por agua o por tierra. También podía vigilar el lucrativo mercado de la pesca en Capernaum y gravar tarifas regulares a los pescadores.

Eso significa que Mateo era quizá la persona menos probable en todo Capernaum para convertirse en uno de los doce seguidores más cercanos de Jesús. Los otros discípulos, la mayoría pescadores de Capernaum, sin duda le conocían bien, y debieron de haber despreciado el modo en que él se enriquecía a costa del sustento de ellos.

SÍGUEME

Pero ese día, cuando Jesús pasaba por el banco de los impuestos, miró a Mateo a los ojos y le saludó con una sencilla palabra: «Sígueme». Los tres relatos de este incidente registran justamente eso; nada más. Mateo era, obviamente, un hombre que ya estaba bajo convicción; había llevado el peso del pecado y la culpabilidad durante el tiempo suficiente, y al oír ese sencillo mandato de Jesús, «dejándolo todo, se levantó y le siguió» (Lucas 5.28).

Para un hombre en la posición de Mateo, dejarlo todo tan rápidamente fue un cambio dramático, comparable a la repentina capacidad del paralítico de caminar y llevar su propio lecho. El cambio de corazón de Mateo fue un renacimiento *espiritual*, pero no menos milagroso que la instantánea sanidad física del paralítico. En cuanto a la carrera de Mateo, ese fue un cambio de curso total e irreversible. Uno no puede abandonar una comisión de impuestos romana y después pensarlo mejor y pedir regresar a ese puesto dos días después. Pero Mateo no dudó; su repentino arrepentimiento es una de las conversiones más dramáticas descritas en la Escritura.[1]

En una aldea del tamaño de Capernaum (menos de ciento ochenta metros desde el extremo del agua hasta el perímetro norte de la aldea), es prácticamente seguro que el banco de Mateo estaba muy cerca de la casa donde Jesús sanó al paralítico. Dada la conmoción de la multitud, sería imposible que los acontecimientos de aquel día pasasen desapercibidos para Mateo. Él debió de haber aguzado el oído cuando Jesús declaró perdonados los pecados del paralítico. Él era, después de todo, un publicano y marginado social. Podemos discernir por su inmediata respuesta a Jesús que estaba totalmente harto de la vida de pecado; probablemente estuviera sintiendo la sequedad espiritual que conlleva la riqueza material ilícita. Y está claro que él estaba sintiendo el peso de su propia culpabilidad bajo la convicción del Espíritu Santo. Jesús acababa de otorgar a un desesperado cuadripléjico precisamente lo que el alma de Mateo anhelaba: perdón, limpieza, y una declaración de justificación. Al venir de alguien como Jesús, quien obviamente tenía la autoridad de respaldar sus decretos, eso definitivamente habría captado la atención de Mateo. Claramente, antes de que Jesús pasase a su lado y le hablase, Mateo estaba siendo atraído a la fe debido a lo que había visto aquel día.

La perspectiva de Mateo era totalmente opuesta a la de los fariseos. Él anhelaba ser libre de su pecado; ellos ni siquiera admitían que eran pecadores. No es sorprendente que la respuesta de Mateo a Jesús fuese tan inmediata.

¿POR QUÉ SE RELACIONA CON PUBLICANOS Y PECADORES?

Mateo decidió hacer una recepción de celebración para Jesús aquel mismo día. Como todos los nuevos convertidos, él quería desesperadamente presentar a Jesús a todos los amigos posibles sin dilación alguna. Por tanto, abrió su hogar e invitó a Jesús como invitado de honor. Lucas dice que «había mucha compañía de publicanos y de otros que estaban a la mesa con ellos» (Lucas 5.29). Los «otros» serían, desde luego, el tipo de personas de los bajos fondos que estaban dispuestos a socializar con un grupo de publicanos. En otras palabras, esa reunión no habría incluido a ninguno de los regulares de la sinagoga local.

Que un rabino estuviera dispuesto a fraternizar en una fiesta con tales personas era totalmente repugnante para los fariseos. Estaba diametralmente opuesto a todas sus doctrinas sobre separación e impureza ceremonial. Ahí estaba otro de los asuntos preferidos de los fariseos, y Jesús estaba violando abiertamente sus estándares, sabiendo totalmente bien que ellos le observaban de cerca. Desde la perspectiva de ellos, debió de haber parecido como si Él estuviera deliberadamente alardeando de su desprecio por su sistema.

Porque Él lo hacía. Recordemos un hecho importante que subrayamos en el capítulo anterior: todo el roce que ha tenido lugar abiertamente hasta aquí entre Jesús y la élite religiosa de Israel ha sido completamente a instigación *de Él*. Según conocemos por la Escritura, ellos aún no habían expresado ni una sola crítica no provocada ni acusación pública contra Él.

Aun ahora, los fariseos no fueron lo bastante valientes para quejarse a Jesús directamente. Buscaron a sus discípulos y murmuraron sus protestas a ellos. Una vez más, los tres Evangelios sinópticos subrayan que los fariseos llevaron su queja a los discípulos. Fue un cobarde intento de golpear de repente a Jesús provocando en cambio un debate con sus seguidores. Me gusta el modo en que lo dice Lucas: «Y los escribas y los fariseos murmuraban contra los discípulos» (Lucas 5.30).

Pero Jesús lo oyó (Mateo 9.12; Marcos 2.17), y respondió a los fariseos directamente, con una sola afirmación que se convirtió en su lema definitivo para su relación con el farisaico sanedrín y su clase: «Los sanos no tienen necesidad de médico, sino los enfermos. No he venido a llamar a justos, sino a pecadores» (Marcos 2.17). Para los pecadores y recaudadores de impuestos que buscaban alivio de la carga de su pecado, Jesús no tenía otra cosa sino buenas noticias. Para los farisaicos expertos religiosos, Él no tenía nada que decir.

¿Duro? Según los estándares posmodernos, eso era algo muy estridente que decir. Y (como muchas personas hoy día en seguida señalarían) no había prácticamente posibilidad alguna de que un comentario como ese ayudase a influenciar a los fariseos hacia el punto de vista de Jesús. Era más probable que aumentase la hostilidad de ellos contra Él.

Y aun así, era lo *correcto* que Él tenía que decir en ese momento. Era la verdad que ellos necesitaban oír. El hecho de que ellos no estuvieran «abiertos» a ello no alteró el compromiso de Jesús de hablar la verdad, sin atenuarla, sin dirigirla para que encajase en los gustos y preferencias de su audiencia, sin dejar a un lado los hechos del evangelio para hablar en cambio a las «necesidades sentidas» de ellos.

Los fariseos evidentemente no tenían respuesta alguna para Jesús. Ninguno de los Evangelios registra nada más que ellos dijeran.[2] Aquí, una vez más, ellos simplemente se quedan en silencio y pasan al segundo plano de la narrativa.

Su estrategia cuando se veían avergonzados así parecía ser la de retroceder, reagruparse, volver a pensar su estrategia, y sencillamente buscar una manera diferente de acusarlo. Cada vez, ellos regresaban más decididos y con un poco más de valentía.

Sus intentos de desacreditar a Jesús no habían acabado, de ninguna manera. De hecho, los fariseos sólo habían *comenzado* a luchar.

EL CONFLICTO SE CRISTALIZA

En algún momento no mucho después de aquel día trascendental en Capernaum, Jesús hizo otro viaje a Judea. Juan es el único de los Evangelios que menciona que Jesús fue a Jerusalén (otra vez, a celebrar uno de los días festivos anuales) cerca del punto medio de sus tres años de ministerio. El incidente está registrado en el capítulo 5 del Evangelio de Juan. Si a primera vista parece ser demasiado pronto para estar a mitad de camino en el ministerio de Jesús, se debe a que Juan realmente condensa toda la primera fase galilea del ministerio público de Jesús, aproximadamente un año entero, en unos cuantos versículos al final del capítulo 4.

Juan 4.43 marca el regreso de Jesús a Galilea vía Samaria. Juan 4.45-54 describe después la sanidad del hijo de un noble, la cual tuvo lugar en Capernaum mientras Jesús estaba en Caná durante la primera parte de su trabajo itinerante. Es el *único* incidente que Juan menciona de aquellos meses en Galilea. Después, el versículo siguiente (Juan 5.1) dice: «Después de estas cosas había una fiesta de los judíos, y subió Jesús a Jerusalén». Ese viaje a Jerusalén resultó en el siguiente enfrentamiento importante de Jesús con el sanedrín.

Juan frecuentemente cataloga los eventos en la vida de Jesús por los días festivos. Menciona seis de ellos, y este es el único que no identifica con nombre.[3] La frase «una fiesta de los judíos» podría estar describiendo la fiesta de la Pascua de ese año. Más probablemente, era la Fiesta de los tabernáculos: el festival de la cosecha.[4]

La cuestión de qué fiesta era esa no tiene importancia para el significado de la narrativa; pero, a pesar de ello, este es un pasaje crucial, que marca un momento decisivo en el conflicto de Jesús con el sanedrín. Después de este incidente, ellos no quedaron contentos con sólo desacreditarlo; estaban decididos a llevarlo a la muerte (Juan 5.18). Desde ese punto en adelante, los desafíos que ellos hacían a la autoridad de Él fueron abiertos, descarados y cada vez más estridentes.

De igual modo, las reprensiones y advertencias que Jesús dirigía a ellos se volvieron cada vez más severas desde este punto en adelante.

Este incidente, en ciertos aspectos un eco del anterior, comenzó con la sanidad de un hombre que había estado completamente paralítico durante treinta y ocho años (v. 5). El milagro tuvo lugar en el estanque de Betesda, cerca de la Puerta de las ovejas, en el extremo noreste de los terrenos del templo. Estaba muy cerca del lugar donde se situaba el mercado de ovejas, donde Jesús había expulsado a los cambistas aproximadamente dieciocho meses antes. Juan escribe:

> Y hay en Jerusalén, cerca de la puerta de las ovejas, un estanque, llamado en hebreo Betesda, el cual tiene cinco pórticos. En éstos yacía una multitud de enfermos, ciegos, cojos y paralíticos, que esperaban el movimiento del agua...[5] Y había allí un hombre que hacía treinta y ocho años que estaba enfermo. Cuando Jesús lo vio acostado, y supo que llevaba ya mucho tiempo así, le dijo: ¿Quieres ser sano? Señor, le respondió el enfermo, no tengo quien me meta en el estanque cuando se agita el agua; y entre tanto que yo voy, otro desciende antes que yo. Jesús le dijo: Levántate, toma tu lecho, y anda. Y al instante aquel hombre fue sanado, y tomó su lecho, y anduvo. Y era día de reposo aquel día (Juan 5.2-3, 5-9).

Como observamos, recuerda de modo conmovedor el milagro que la delegación de fariseos había visto a Jesús hacer en Capernaum. La naturaleza exacta y el grado de discapacidad de este hombre no se nos dan. Él no parece haber estado completamente paralítico como el hombre en Capernaum. (En el versículo 7 el hombre mismo sugiere que tenía cierta capacidad de movimiento, aunque sólo lentamente y con gran dificultad.) Podría haber tenido una grave enfermedad de artrosis, una enfermedad muscular degenerativa, algún tipo de parálisis, o una discapacidad por mucho tiempo debido a una importante lesión.

Cualquiera que fuese la naturaleza precisa de la aflicción del hombre, era lo bastante grave para hacer imposible que se moviese libremente por sí mismo. Por tanto, él era esencialmente paralítico, y había estado así lo que parecía toda una vida: treinta y ocho años. Un hombre así estaría desempleado, y probablemente sería pobre. Un estanque alimentado por arroyos de caliente agua mineral era la terapia más barata y más efectiva que todos los mejores expertos médicos de la época podían ofrecer para una discapacidad como la de él.

Pero había un problema: quienquiera que le hubiera llevado a Betesda no se quedó con él y por tanto, él ni siquiera podía meterse en el agua cuando la corriente comenzaba a moverse. Él era la representación misma de la impotencia.

Este estanque era un imán para los enfermos. Sus cinco galerías cubiertas cobijaban a «una multitud de enfermos, ciegos, cojos y paralíticos, que esperaban el movimiento del agua» (v. 3). Cada uno de ellos sin duda habría estado contento de ser sanado. Pero, en esta ocasión, Jesús pasó al lado de todos ellos y señaló a este único hombre. Se acercó a él individualmente y habló con él en privado. Le hizo una pregunta cuya respuesta parecería ser obvia: «¿Quieres ser sano?» (v. 6).

La respuesta del hombre revela lo que había en su mente. Estaba frustrado y desalentado. Evidentemente, en el momento preciso en que Jesús se acercó a él, el hombre estaba allí tumbado y pensando en la amarga ironía de su situación. Estaba a escasos metros de la poca ayuda que tenía a su disposición y, sin embargo, no tenía beneficio alguno para él porque, cuando las aguas se movían, él no podía meterse en el estanque antes de que otros le adelantaran y le dejaran atrás. Era una exasperante indignidad para él, y claramente estaba pensando en ello cuando Jesús se acercó a él. Me gusta el comentario de D. A. Carson sobre la respuesta del hombre a Jesús (v. 7): «Se lee menos como una respuesta apta y sutil a la pregunta de Jesús que como las ariscas quejas de un hombre viejo y no muy perceptivo que cree que está respondiendo a una pregunta estúpida».[6]

El hombre parece haber creído que era importante ser el primero en entrar al estanque en cuanto las aguas eran agitadas (véase nota 5 de este capítulo). Él no buscaba alguien que le ofreciera su brazo para sostenerlo y llevarlo firmemente mientras él se metía en el estanque lo mejor que pudiera. En cambio, la frase utilizada en el versículo 7 podría traducirse literalmente: «No tengo a nadie que me *lance* al estanque cuando las aguas se mueven». Quizá estuviera insinuando que si Jesús estaba realmente interesado en el bienestar de un paralítico, debería quedarse a su lado hasta que las aguas volvieran a moverse, ¡y después lanzar rápidamente al hombre al estanque!

Esa fue una buena y *afirmativa* respuesta a la pregunta de Jesús, porque sin más palabras de por medio, Jesús le dijo: «Levántate, toma tu lecho, y anda» (v. 8). Fue prácticamente la misma forma de expresión que Jesús había utilizado con el paralítico en Capernaum: tres imperativos, todos ellos mandatos que el pobre hombre no tenía capacidad alguna en sí para obedecer. Pero junto con el mandato llegó poder milagroso de lo alto, y «*al instante*» (v. 9) los treinta y ocho años de aflicción del hombre llegaron a su fin. Él sencillamente agarró su lecho y se fue andando. Jesús, mientras tanto, se mezcló quietamente entre la multitud (v. 13).

En el ámbito de todo el ministerio de Jesús, esto podría haber parecido una sanidad bastante corriente. No fue acompañada de ningún sermón o discurso público. Jesús sencillamente habló en privado y muy brevemente con este hombre enfermo en un contexto tan lleno de gente que pocas personas, si es que alguna, es probable que lo notasen. No hubo fanfarria alguna anterior a la sanidad, y la descripción que Juan hace del incidente no nos da razón alguna para pensar que la sanidad del hombre *per se* resultase en algún espectáculo público. Jesús había sanado anteriormente a incontables personas, y bajo esa luz, todo en cuanto a este incidente fue más o menos rutina para el ministerio de Jesús.

Excepto por un detalle. Juan concluye el versículo 9 observando: «Y era día de reposo aquel día». A primera vista, eso puede parecer ser un hecho incidental como trasfondo; pero es realmente el punto decisivo de la narrativa, desatando un conflicto que marcará otra escalada más de hostilidad entre Jesús y los principales líderes religiosos de Israel. Al final de ese día, el desprecio de ellos hacia Él se habrá elevado a un nivel tal de puro odio que, desde ahora en adelante, no descansarán, o le dejarán a Él descansar, hasta haberlo eliminado por completo.

Recordemos que los asuntos referentes a la obediencia del día de reposo eran el terreno de los fariseos. Jesús sabía muy bien que ellos eran casi fanáticos con respecto a eso. Ellos habían inventado todo tipo de restricciones para el día de reposo, añadiendo sus propias reglas súper estrictas a la ley de Moisés en nombre de la tradición. Trataban sus costumbres hechas por el hombre como si fuesen leyes vinculantes, iguales en autoridad a la Palabra de Dios revelada.

Desde luego, hacían lo mismo con todos los preceptos ceremoniales de la ley, yendo mucho más allá de lo que la Escritura requería. Volvían cada ritual tan elaborado y cada ordenanza tan restrictiva como fuese posible, y creían que ese era un camino a una mayor santidad. Pero el día de reposo era un evento semanal, el latido mismo de la vida religiosa de Israel y un símbolo de teocracia. Como tal, era un recordatorio constante de que la verdadera autoridad bajo la ley de Moisés provenía de Dios mediante el sacerdocio, y no por decretos gubernamentales de un rey terrenal o César. Por tanto, la despótica autoridad que los fariseos reclamaban sobre ese día era la única gran tradición que guardaban con más fiereza.

Ellos insistían en que *todos* debían observar rígidamente sus principios para el día de reposo. En Jerusalén especialmente, se requería básicamente a toda la población que observase el día de reposo a la manera de los fariseos. Sobre este asunto, hasta los saduceos se sometían a las tradiciones de los fariseos. Tengamos en mente que los propios escrúpulos de los saduceos sobre la observancia del día de reposo no eran tan estrictos como los de los fariseos, pero todo el asunto era tan volátil que, por causa de la paz (y también para salvaguardar su propia reputación entre la gente común que estaba bajo la influencia de los fariseos), los saduceos tenían que seguir las convenciones de los fariseos cuando se trataba de la observancia del día de reposo. Los sumos sacerdotes saduceos claudicaron, en público al menos, a la observancia ultra estricta de los fariseos del día de reposo. Y en Jerusalén, hasta los soldados romanos paganos demostraban tanta deferencia como fuese posible a las restricciones de los fariseos en ese día cada semana. El legalismo ultra estricto sobre el día de reposo se convirtió así en el emblema cultural determinante de la vida y la religión en Israel.

Jesús, sin embargo, se negaba a postrarse ante las reglas humanas de los fariseos. Él quebrantó el día de reposo abierta, repetida y deliberadamente. Enseñó que «el día de reposo fue hecho por causa del hombre, y no el hombre por causa del día de reposo» (Marcos 2.27); y después siguió esa afirmación diciéndoles con valentía a los fariseos: «Por tanto, el Hijo del Hombre es Señor aun del día de reposo» (v. 28).

El primer conflicto importante por estos asuntos surgió tras la tranquila sanidad de ese día de reposo en el estanque de Betesda. Casi en cuanto el hombre sanado recogió su lecho (por primera vez en treinta y ocho años) y comenzó a irse andando, se encontró con algunos líderes religiosos que le acusaron de quebrantar el día de reposo. Antes de que terminase el día, Jesús justificaría el haber quebrantado Él mismo las restricciones de los fariseos el día de reposo diciendo que Él es el Hijo de Dios y, por tanto, perfectamente libre para hacer lo que Dios mismo hace en el día de reposo.

Este único incidente determinó bastante el asunto y estableció el tono que dominaría la controversia de Jesús con el sanedrín durante el resto de su vida terrenal. Desde ese día en adelante, la inmensa mayoría de los conflictos entre Jesús y los fariseos implicaría la cuestión de quién tiene verdaderamente autoridad sobre el día de reposo. Las tradiciones del día de reposo de ellos y la autoridad divina de Él se convertirán, por tanto, en los dos asuntos por los cuales todos los conflictos de los fariseos con Jesús ahora cristalizan. Prácticamente cada controversia pública que Él tendrá con ellos de aquí en adelante se desencadenará, o bien por la negativa de Él a postrarse al legalismo de ellos, o bien a sus afirmaciones de igualdad con Dios, o a ambas. La clara postura de Él sobre *ambos* puntos de la controversia se resume perfectamente en la declaración de que *Él* es Señor del día de reposo.

Ahora observemos cómo surgió este primer conflicto en el día de reposo.

NO TE ES LÍCITO LLEVAR TU LECHO

Nadie podía andar por Jerusalén transportando nada el día de reposo (y mucho menos una camilla lo bastante grande para un hombre adulto) sin que el ojo crítico de algún fariseo lo agarrara. Especialmente estando tan cerca del templo. Como era previsible, antes de que el hombre anteriormente discapacitado se hubiera alejado mucho del estanque de Betesda, un grupo de autoridades religiosas le detuvieron y desafiaron su derecho a llevar su propio lecho el día de reposo. (Juan se refiere a los principales interlocutores como «los judíos», que en el Evangelio de Juan casi siempre significa autoridades religiosas reconocidas y de alto rango. Por tanto, esos hombres probablemente fuesen miembros del sanedrín.) Le dijeron: «Es día de reposo; no te es lícito llevar tu lecho» (Juan 5.10).

El hombre explicó que acababa de recibir una sanidad milagrosa, y que «el que me sanó, él mismo me dijo: Toma tu lecho y anda» (v. 11).

No pasemos por alto el hecho de que aquellas autoridades religiosas estaban más preocupadas por las tradiciones del día de reposo, hechas por el hombre, de lo que estaban por el bienestar de un hombre que había sufrido por tanto tiempo. Ellos actuaban como chicos de intermedia en lugar de como seres humanos maduros. Ya bastaba de sus afirmaciones de superioridad moral. Aun la mayoría de las personas a las que los fariseos miraban con desprecio hubieran respondido mejor de lo que ellos lo hicieron. Cualquiera con una pizca de sentimientos y un básico sentimiento de humanidad se habría regocijado de modo natural con el hombre por su buena fortuna. La simple curiosidad nos impulsaría a la mayoría de nosotros a pedir más detalles sobre lo que había sucedido y cómo una sanidad tan maravillosa después de una aflicción por tanto tiempo se había producido de repente. Se necesita una marca peculiar de fariseísmo híper religioso para que cualquiera se comporte de forma tan despiadada como lo hicieron aquellas autoridades judías. Ellos pasaron por alto totalmente el glorioso triunfo de la sanidad y demandaron saber de forma precisa quién le había sanado, a fin de poder llevar su queja a cualquiera que le hubiera *dicho* a ese hombre que estaba bien que llevase su lecho.

Pero Jesús ya se había mezclado entre las multitudes. El breve encuentro en Betesda había sido tan inesperado y se llevó a cabo con tanta rapidez que el hombre ni siquiera había tenido tiempo para descubrir quién era el que le sanó.

JESÚS SE IGUALA A SÍ MISMO CON DIOS

Aparentemente, el hombre estaba en algún lugar entre Siloé y el templo cuando le detuvieron y le desafiaron. Eso significaría que caminó una distancia muy corta antes de ser acusado de quebrantar el día de reposo. No está totalmente claro si él ya se dirigía hacia el templo. Puede que hubiera cambiado rápidamente de dirección y hubiera ido allí como una forma de demostrar visiblemente piedad después de ser abordado y amenazado. En cualquier caso, «después le halló Jesús en el templo, y le dijo: Mira, has sido sanado; no peques más, para que no te venga alguna cosa peor» (v. 14).

No se nos dice nada sobre el estado espiritual de este hombre. Jesús no declaró perdonados sus pecados, como hizo en el caso del paralítico en Capernaum. Tampoco comentó Cristo sobre la fe del hombre, como hacía con frecuencia cuando sanaba a personas (por ej., Mateo 9.22; Marcos 10.52; Lucas 7.50; 17.19). El hecho de que él estuviera en el templo es la única pista que tenemos de que tuviera algún interés espiritual. Una vez más, su motivo para ir allí en un principio no está claro.

Pero la solemne advertencia de Jesús al hombre sugiere que su enfermedad original puede que hubiera sido una consecuencia directa (o un castigo divino) de algún pecado en el cual él había participado. El tiempo verbal que Jesús utilizó significa literalmente «no sigas pecando». Desde luego, la Escritura deja claro que no hemos de suponer que toda enfermedad o catástrofe significa que Dios está castigando a alguien por un pecado concreto (Juan 9.3; Lucas 13.2-3; Job 32.3). Aun así, está igualmente claro que a veces Dios sí castiga el pecado mediante esos medios

(Deuteronomio 28.58-61; 1 Corintios 11.30). Si la aflicción de este hombre fue ciertamente un castigo por el pecado, entonces el «algo peor» que Jesús dijo que podría ocurrirle hasta podría ser una referencia al juicio eterno. Si así fuera, entonces la advertencia de Jesús fue un llamado al arrepentimiento, y eso indicaría que el hombre aún no había llegado a la fe en Cristo. Jesús algunas veces sanó a personas de sus males físicos antes de que llegaran a una fe salvadora (cp. Juan 9.35-38; Lucas 17.11-19).

Pero lo que especialmente llama a cuestionar la fe de este hombre es la forma en que reaccionó después de encontrarse con Jesús en el templo y descubrir la identidad de Aquel que le había sanado. Si él expresó alguna alabanza o gratitud, o respondió a Jesús con algo, Juan no lo menciona. En cambio, el texto dice: «el hombre se fue» (Juan 5.15).

Él no sólo se fue de la presencia de Jesús; fue directamente a las autoridades judías que le habían confrontado, y básicamente entregó a Jesús. Es difícil imaginar cualquier motivo noble que él tuviera para ir arrastrándose a los líderes religiosos. En el peor de los casos, el hombre estaba siendo pecaminosamente egoísta; en el mejor de los casos, estaba siendo ingenuamente estúpido. Posiblemente no podía haber tenido ningún afecto (o relación) por los líderes judíos que le habían desafiado. Ellos le habrían tratado como impuro antes de su sanidad, y *sí* le trataron con despiadada indiferencia inmediatamente después. Pero él no quería tener ninguna pelea con ellos. Y pudo haber tenido un temor indebido a su desaprobación, temiendo quizá que ellos pudieran realmente apedrearlo. Si así fue, puede que hubiera estado demasiado preocupado por librarse a él mismo de cualquier culpa.

Por otro lado, él tenía todas las razones para saber que los líderes religiosos se enojaban mucho con respecto a la supuesta violación del día de reposo. Cuando ellos originalmente demandaron saber quién le había sanado, debió haber sido patentemente obvio para él que ellos no estaban buscando felicitar a Jesús por su benevolencia. Si él se sintió muy intimidado por ellos y temeroso de las repercusiones de su desagrado, es difícil explicar por qué se apartó de su camino para encontrarlos otra vez y llevarles noticias frescas sobre Jesús.

Cualquiera que fuese la razón que tuviera para ello, el hombre se dirigió directamente a las autoridades religiosas que le habían acusado, y les dijo que Jesús era a quien ellos buscaban. Como era de esperar, ellos «perseguían a Jesús, y procuraban matarle, porque hacía estas cosas en el día de reposo» (v. 16). En cuanto el hombre confirmó quién le había sanado, aquellos líderes religiosos fueron directamente a Jesús y comenzaron a acusarle y amenazarle con apedrearlo.

Bajo la ley de Moisés, cualquier violación deliberada y notoria del día de reposo era motivo de apedreamiento (Éxodo 31.14; 35.2). Uno de los primeros apedreamientos registrados en el Antiguo Testamento implicó una violación del día de reposo (Números 15.32-36). Por tanto, las autoridades religiosas creían que tenían un motivo idóneo y bíblicamente defendible para apedrear a Jesús. El sanedrín tenía la capacidad de decidir entre la vida y la muerte en asuntos religiosos, aun bajo el gobierno romano, y frecuentemente la empleaban para tratar casos de blasfemia gratuita y sacrilegio deliberado. Es improbable que los romanos sancionaran la ejecución de alguien que violaba el día de reposo accidentalmente o de forma meramente superficial. (Y este caso era un delito menor bajo cualquier medida.) Pero si los líderes religiosos podían construir un caso creíble de que Jesús era un blasfemo malicioso y crónico, podían llevarlo a la muerte sin ningún desafío grave de Roma.

Este incidente que comenzó en Betesda parece haber planteado esa idea en las mentes de ellos, y por eso el día de reposo pronto se convierte en el motivo central en su conflicto con Él.

También explica el obvio cambio en la estrategia de ellos de aquí en adelante. Se vuelven más valientes y expresivos en sus acusaciones; ya no tratan meramente de desacreditarlo, sino que, por el contrario, están resueltos a destruirlo. Comienzan a observarle con un escrutinio especialmente cercano los días de reposo. De hecho, después de esto, siempre que Jesús sana en día de reposo, hay un fariseo presente que le desafiará.

Pero aunque Él sabía muy bien que cada ocasión así provocaría un conflicto abierto con ellos, Jesús nunca se echó para atrás ni se abstuvo de sanar abiertamente en día de reposo. Él aprovechaba esas oportunidades y hacía sus sanidades de modo tan público y visible como fuera posible. A veces anunciaba a los fariseos de antemano que tenía intención de hacer un milagro, prácticamente desafiándolos a condenar el acto *antes* de que Él lo hiciera (cp. Mateo 12.10; Lucas 14.3). Él hacía eso, desde luego, no por amor a la contención, sino porque era la mejor manera de destacar el error y la injusticia que estaban incrustados en el sistema de los fariseos.

De hecho, en la ocasión de esta primera controversia el día de reposo en Jerusalén, Jesús respondió a la condena de los líderes religiosos diciendo algo que estaba prácticamente garantizado que les ofendería más que nunca, y que, en efecto, aumentó la ira de ellos contra Él hasta un rojo vivo sin precedentes.

Había, desde luego, muchas buenas razones bíblicas y racionales sobre por qué la sanidad de Jesús el día de reposo no fue una violación de la ley de Moisés. Tampoco fue un pecado decirle al hombre que tomase su lecho y se fuese a su casa. Por encima de todo, «el día de reposo fue hecho por causa del hombre, y no el hombre por causa del día de reposo» (Marcos 2.27). El día de reposo se dio como un *descanso* de la labor diaria (Deuteronomio 5.14). Había de ser un deleite (Isaías 58.13), y no una pesada carga para la gente; siempre era legítimo hacer el bien en día de reposo (Mateo 12.12). Además, tanto el sentido común como la propia tradición de los fariseos enseñaban que ciertos tipos de labor eran perfectamente aceptables en día de reposo. Incluso soltar a un buey o un asno del establo, y llevarlo a beber agua no era oficialmente una violación del día de reposo, porque sería cruel negar al animal las necesidades para poder vivir. Las circuncisiones, que la ley de Moisés requería que se hicieran al octavo día, podían llevarse a cabo sin restricción aunque ese día resultara ser un día de reposo (Juan 7.21-23). ¿Mediante qué posible idea depravada de lo que es misericordia se consideraría aceptable dar agua a un buey o circuncidar a un bebé en día de reposo pero un delito capital soltar a un hombre de una atadura que había cargado por treinta y ocho años?

Jesús *podría* haber planteado cualquiera de esos argumentos, o todos ellos, y en subsiguientes conflictos con los fariseos por lo que era adecuado en día de reposo, Él planteó todos ellos, y más.

Pero en esta ocasión, la primera vez en que surgió el problema, Jesús respondió a los líderes religiosos con una contestación que estaba prácticamente garantizado que avivase las llamas del desprecio que ellos sentían por Él hasta un grado más elevado que nunca. Él simplemente dijo: «Mi Padre hasta ahora trabaja, y yo trabajo» (Juan 5.17). En otras palabras, Dios mismo no está atado por ninguna restricción en día de reposo; Él continúa sus labores día y noche (Salmo 121.4; Isaías 27.3). Jesús estaba reclamando la misma prerrogativa para Él mismo. Era equivalente a decir que Él era Señor del día de reposo. Era ciertamente una afirmación que sólo Dios encarnado podría hacer legítimamente.

Los líderes religiosos captaron el mensaje al instante. Ya le estaban persiguiendo e insinuando que Él debiera ser apedreado, aun antes de que Él hiciera ese comentario. Pero ahora el ánimo de ellos dio un giro para peor: «Por esto los judíos aun más procuraban matarle, porque no sólo quebrantaba el día de reposo, sino que también decía que Dios era su propio Padre, haciéndose igual a Dios» (Juan 5.18).

La acusación era bastante cierta; sin duda, Él se estaba igualando a sí mismo a Dios. El punto resulta familiar, pues es el mismo asunto que los llevó a pensar que era culpable de blasfemia en Capernaum: «¿Quién puede perdonar pecados sino sólo Dios?» (Lucas 5.21). En esa ocasión, Él había respondido con una demostración de su autoridad para sanar a un hombre cuya cura claramente requería poder creativo divino. Eso les hizo callar; pero ahora Él estaba siendo mucho más explícito, afirmando que Dios era su Padre. Había sido tradicional por mucho tiempo que el pueblo judío se refiriese a Dios como «nuestro Padre» en oración (1 Crónicas 29.10; Isaías 63.16). Pero que Jesús llamase a Dios «*mi* Padre» (especialmente en un contexto donde Él se estaba igualando a Dios) era sugerir que Él era de la misma esencia que Dios Padre; por tanto, «haciéndose igual a Dios».

Esta, a propósito, es sólo la tercera vez en la cronología de los relatos de los Evangelios donde se registra que Jesús utilizó esa expresión públicamente. La primera vez fue cuando tenía doce años de edad, cuando les dijo a sus padres: «¿Por qué me buscabais? ¿No sabíais que en los negocios de mi Padre me es necesario estar?» (Lucas 2.49). La segunda vez fue cuando limpió por primera vez el templo, diciendo: «no hagáis de la casa de mi Padre casa de mercado» (Juan 2.16). Después de esto, Él frecuentemente habla de Dios como «mi Padre».

En esta ocasión, sin embargo, Él estaba precisamente desvelando por primera vez de modo tan explícito en público la verdad de que Él era el Hijo unigénito de Dios; no sólo un profeta o un brillante rabino, sino plenamente Dios encarnado. En cuanto Él usó esa expresión aquí, todo el infierno se desató contra Él. La mayoría de los líderes religiosos de Israel, que ya eran sus enemigos jurados, procuraba matarlo.

Y sin embargo, incluso aquí, los mortales oponentes de Jesús, aparentemente temerosos de su poderosa presencia e inseguros de lo que el público pensaría (cp. Mateo 24.46), de repente volvieron a pasar a un segundo plano.

Jesús, como contraste, siguió firme contra ellos y explicó sin temor las implicaciones de su propia deidad en un discurso que va desde Juan 5.19 hasta el final del capítulo. Él no sólo afirmó ser igual a Dios en su *persona*, como los líderes religiosos entendieron correctamente por la frase en el versículo 17, sino que también afirmaba igualdad con el Padre en sus *obras*: «porque todo lo que el Padre hace, también lo hace el Hijo igualmente» (v. 19). Después Él describió una incomparable intimidad en su propio *conocimiento* del Padre, y dio una fuerte indicación de que el propósito del Padre es glorificar al Hijo: «Porque el Padre ama al Hijo, y le muestra todas las cosas que él hace; y mayores obras que estas le mostrará, de modo que vosotros os maravilléis» (v. 20). Él también igualó su propia *soberanía* a la del Padre: «Porque como el Padre levanta a los muertos, y les da vida, así también el Hijo a los que quiere da vida» (v. 21). Les dijo que el Padre ya le había entregado la obligación del juicio divino a Él: «Porque el Padre a nadie juzga, sino que todo el juicio dio al Hijo» (v. 22, cp. v. 27). Y proclamó que el Hijo es digno de una honra igual al del Padre: «para que todos honren al Hijo como honran al Padre. El que no honra al Hijo, no honra al Padre que le envió» (v. 23).

Por tanto, Él estaba ciertamente igualándose a Dios. Hasta llegó a atribuirse a sí mismo poder para resucitar: «De cierto, de cierto os digo: Viene la hora, y ahora es, cuando los muertos oirán la voz del Hijo de Dios; y los que la oyeren vivirán» (v. 25; cp. vv. 28-29). Dijo que poseía vida en sí mismo, un importante atributo de la deidad, exactamente como el Padre:[7] «Porque como el Padre tiene vida en sí mismo, así también ha dado al Hijo el tener vida en sí mismo» (v. 26). Declaró que todo lo que Él hace está siempre en perfecta armonía con la voluntad del Padre: «No puedo yo hacer nada por mí mismo; según oigo, así juzgo; y mi juicio es justo, porque no busco mi voluntad, sino la voluntad del que me envió, la del Padre» (v. 30).

A propósito, cuando Jesús negó la idea de que Él estuviera haciendo meramente su propia voluntad, ciertamente no estaba contradiciendo nada de lo que acababa de afirmar sobre su perfecta igualdad a Dios.[8] En cambio, estaba declarando que Él conocía perfectamente la voluntad de Dios, y sugiriendo (por implicación, y con bastante claridad) que los líderes religiosos de Israel que se oponían a Él no tenían idea de cuál era la voluntad de Dios.

Y aun así, Jesús dijo: «Si yo doy testimonio acerca de mí mismo, mi testimonio no es verdadero». Por tanto, terminó el discurso de Juan 5 citando a cuatro testigos intachables cuyo testimonio demostraba que Él era auténtico: Juan el Bautista (vv. 33-35); los milagros y otras buenas obras que Jesús había hecho regularmente (v. 36); el Padre mismo (v. 37); y las Escrituras (vv. 38-39, 46-47).

Jesús sabía plenamente bien que ninguno de esos testigos influiría en ellos. Por una parte, dijo Jesús, a pesar de la capa de súper religiosidad que ellos tenían, ni siquiera tenían el amor de Dios en ellos (v. 42). En cuanto a Juan el Bautista, les dijo: «y vosotros quisisteis regocijaros por un tiempo en su luz» (v. 35); pero ellos nunca aceptaron realmente la enseñanza de Juan. Cuando se trataba de los milagros de Jesús, los líderes de Israel habían pasado por alto totalmente todo lo que Él hizo, a excepción de cualquier cosa que ellos creyeran que podían torcer contra Él. Dudaban de todo lo demás (v. 38). En cuanto respecta al Padre, Él dijo: «Nunca habéis oído su voz, ni habéis visto su aspecto» (v. 37). Y con respecto a la Escritura: «ni tenéis su palabra morando en vosotros; porque a quien él envió, vosotros no creéis» (v. 38).

Todo el discurso es un ejemplo más de la franca claridad de Jesús. Un análisis versículo por versículo del pasaje completo está muy por encima del alcance de este libro,[9] pero debemos notar que esta es una firme y explícita denuncia de los principales líderes de Israel, incluyendo varias frases que los reprenden como completos incrédulos («¿Cómo podéis vosotros creer, pues recibís gloria los unos de los otros, y no buscáis la gloria que viene del Dios único?», v. 44). Jesús concluye con una potente reprobación final de todo su sistema, citando la única fuente en la que ellos *afirmaban* confiar, los libros de Moisés, como un testigo contra ellos: «No penséis que yo voy a acusaros delante del Padre; hay quien os acusa, Moisés, en quien tenéis vuestra esperanza. Porque si creyeseis a Moisés, me creeríais a mí, porque de mí escribió él. Pero si no creéis a sus escritos, ¿cómo creeréis a mis palabras?» (vv. 45-47).

Jesús no está construyendo ningún puente con la clase religiosa aquí; los está censurando, y a ninguno con demasiada amabilidad. En lugar de pasar de puntillas sobre sus bien conocidas sensibilidades religiosas y tratar de evitar la ofensa, Él los retrata como profundamente no regenerados, hombres carentes de vida espiritual (v. 40). Y hace entender su punto repetidamente, con algunas de las palabras más cortantes posibles: «ni tenéis su palabra morando en vosotros» (v. 38); «no tenéis amor de Dios en vosotros» (v. 42); «vosotros no creéis» (vv. 38, 47).

Por otro lado, Jesús no trata de provocarles meramente por pasar el rato. Él tenía una misericordiosa razón para utilizar el tipo de lenguaje áspero que muchos en la actualidad catalogarían irreflexivamente de descortés. Él les dijo: «mas digo esto, para que vosotros seáis salvos» (v. 34). Los líderes religiosos de Israel estaban perdidos, y progresivamente endurecían sus corazones contra Jesús. Ellos *necesitaban* algunas palabras ásperas. Él no permitiría que ellos lo ignorasen a Él, o ignorasen su verdad, bajo el disfraz de mostrarles el tipo de deferencia y de honra pública que ellos anhelaban.

¿Podría Jesús haber evitado más conflictos con el sanedrín simplemente suavizando su mensaje un poco y manteniendo un cordial coloquio con el consejo judío aquí? ¿Podía haber suavizado la oposición de ellos desde un principio amortiguando sus críticas a ellos? ¿Es posible que ellos le hubieran dejado tranquilo si Él simplemente les hubiera mostrado el tipo de respeto que ellos anhelaban en contextos públicos, reservándose sus desacuerdos para contextos privados, amigables y personales?

Quizá.

Pero eso no habría servido a la causa de la verdad, y el precio de la cesión con la élite religiosa de Israel habría sido la pérdida de redención para todos los pecadores. Por tanto, Jesús estaba, de hecho, mostrando la mayor rectitud y misericordia, aunque estuviera deliberadamente provocándolos.

LAS CONSECUENCIAS

El final del discurso de Jesús es también el final de Juan 5. No se registran otros comentarios de las autoridades judías. Pero ellos, de ninguna manera, iban a dejar pasar el asunto.

Jesús regresó a Galilea (Juan 6.1), y la delegación galilea de los fariseos comenzó de inmediato a examinarlo con diligencia extra en cuanto al día de reposo. Si seguimos la cronología de los acontecimientos del Evangelio,[10] descubrimos que casi inmediatamente después de su regreso a Galilea, el ministerio de Jesús estuvo marcado por una serie de conflictos con los fariseos porque repetidas veces no observó el día de reposo según los términos de ellos.

El primer conflicto galileo por el día de reposo sucedió cuando algunos fariseos observaron a los discípulos de Jesús recogiendo granos a medida que su camino les llevaba por unos sembrados en día de reposo. Según Lucas 6.1, ellos «pasaban»; no estaban en el campo espigando; sino que «sus discípulos arrancaban espigas y comían, restregándolas con las manos».

Según el pensamiento de los fariseos, el movimiento de restregar las manos, que separaba el grano de la paja, técnicamente era una forma de aventar; por tanto, era trabajo, y estaba prohibido el día de reposo según sus reglas. Ellos desafiaron a Jesús; Él defendió los actos de sus discípulos con un múltiple argumento del Antiguo Testamento.

Él señaló en primer lugar que David había comido los panes del tabernáculo cuando tuvo hambre (Mateo 12.3-4). En ese oscuro incidente del Antiguo Testamento (1 Samuel 21.3-6), David y sus hombres tenían mucha hambre, y buscaron descanso y refugio cerca del tabernáculo. Los panes de la proposición que estaban sobre el altar acababan de ser sustituidos por pan fresco (v. 6). Aun después de haber sido retirados del altar, esos panes eran considerados santos y normalmente estaban reservados sólo para los sacerdotes. Pero David pidió el pan de todos modos, señalando que sus hombres estaban ceremonialmente limpios (v. 5) y el pan era entonces técnicamente común. Por tanto, el sacerdote aceptó y les dio los panes. Ni David, ni sus hombres, ni el sacerdote fueron condenados nunca en la Escritura por ese acto. Jesús citó eso como prueba de que *las obras por necesidad y los actos de bondad* sobrepasan a los estrictos requisitos de la ley ceremonial, y así, tales obras pueden hacerse en día de reposo. Como más evidencia, señaló que los sacerdotes en el templo *debían* trabajar el día de reposo (Mateo 12.5).

Citando Oseas 6.6, dijo entonces: «Y si supieseis qué significa: Misericordia quiero, y no sacrificio, no condenaríais a los inocentes» (v. 7). Él estaba haciendo una clara distinción entre la importancia moral de la ley («misericordia») y sus características ceremoniales («sacrificio»), y sugiriendo que la intención moral de la ley siempre triunfa sobre los insignificantes detalles ceremoniales. Esa, desde luego, es la misma lección a la que Él señaló en el caso de David cuando comió el pan de la proposición.

Esta fue la ocasión en que Él hizo estas dos afirmaciones definitivas explicando por qué se negaba a inclinarse ante el legalismo fariseo en cuando al día de reposo: «El día de reposo fue hecho por causa del hombre, y no el hombre por causa del día de reposo. Por tanto, el Hijo del Hombre es Señor aun del día de reposo» (Marcos 2.27-28).

LLENOS DE IRA

Poco tiempo después de eso («en otro día de reposo»; Lucas 6.6), Él sanó a un hombre que tenía una mano seca en una sinagoga donde Él había ido a enseñar. Lucas dice claramente: «Y le acechaban los escribas y los fariseos, para ver si en el día de reposo lo sanaría, a fin de hallar de qué acusarle» (v. 7).

Una vez más, Jesús hizo algo deliberadamente que sabía que causaría fricción. Plenamente consciente de que los fariseos le estaban observando de cerca y que estarían profundamente ofendidos si Él sanaba a ese hombre en día de reposo, Jesús llamó al hombre al frente de la sinagoga y realizó la sanidad de forma tan enfáticamente pública como pudo. Hasta precedió la sanidad desafiando abiertamente el error de los fariseos. «Os preguntaré una cosa: ¿Es lícito en día de reposo hacer bien, o hacer mal? ¿salvar la vida, o quitarla?» (v. 9). Lucas sugiere que Jesús entonces estableció deliberadamente contacto visual con cada uno de sus adversarios eclesiásticos justamente antes de sanar al hombre: «Y mirándolos a todos alrededor, dijo al hombre: Extiende tu mano» (v. 10).

Fue uno de esos innegables milagros divinamente producidos que implicaban el poder de crear. El brazo que había estado «seco» (significando que estaba retorcido y físicamente deformado), ¡fue sanado al instante! ¿Quién podría dudar de que ese era el poder de Dios demostrado?

Pero los fariseos que allí estaban no fueron movidos por el milagro. En cambio, se enfurecieron contra Jesús. «Y ellos se llenaron de furor» (v. 11).

La sabiduría convencional de nuestra época sugeriría que la forma en que Jesús manejó sus diferencias con aquellos fariseos no fue correcta. ¿Qué esperaba Él lograr haciendo algo que sabía que enfurecería a los fariseos? ¿Por qué no, en cambio, llevarlos a un lado e intentar corregirlos en privado? ¿Por qué provocó Él a propósito una pelea con ellos en lugar de tratar de hacer la paz con ellos? Y si era necesario corregir sus puntos de vista sobre el día de reposo, ¿no sería mejor mantener ese conflicto entre Él y ellos? ¿Por qué provocó Él a aquellos hombres delante de una multitud de laicos en un lugar de adoración? ¿Por qué elegir *esa* pelea con ellos por un asunto que era tan importante para ellos?

Pero una vez más, Jesús no estaba provocando a los fariseos por pasar el rato o por placer. Además, esta disputa no se trataba meramente de quién tenía la perspectiva correcta de la *ceremonia*. El asunto mayor y subyacente seguía siendo el principio de la justificación y cómo los pecadores pueden estar en paz con Dios. La justificación no se gana por el mérito, ni se obtiene mediante rituales. La verdadera justicia no puede ganarse mediante obras humanas, sino que el perdón y la plena justificación se dan gratuitamente a aquellos que creen.

En otras palabras, la diferencia entre Jesús y los fariseos no era que tuvieran costumbres diferentes en cuanto a cómo observar el día de reposo; era que mantenían puntos de vista contradictorios sobre el camino de salvación. Esa verdad era demasiado importante para enterrarla bajo la manta de una cortesía artificial. El evangelio debe ser defendido contra las mentiras y la falsa enseñanza, y el hecho de que la verdad del evangelio con frecuencia ofende hasta a las personas más distinguidamente religiosas no es *nunca* una razón para intentar suavizar el mensaje o atenuarlo. Jesús mismo es nuestro modelo para eso.

Los escribas y fariseos en Lucas 6 quedaron tan profundamente ofendidos por Jesús que se reunieron después «y hablaban entre sí qué podrían hacer contra Jesús» (v. 11). Marcos 3.6 dice: «Y salidos los fariseos, tomaron consejo con los herodianos[11] contra él para destruirle».

El rumbo de las autoridades religiosas estaba establecido, y sus corazones se iban endureciendo firmemente. Su determinación de ver muerto a Jesús de repente se había desarrollado y convertido en un complot en toda regla. Quedaban aún por llegar muchos más conflictos, y ni Jesús ni sus adversarios religiosos mostraron señal alguna de echarse atrás.

¿Por qué afable? De todos los epítetos que podrían aplicarse a Cristo, este parece ser uno de los menos apropiados… Jesucristo bien podría ser denominado «manso» en el sentido de ser desprendido, y humilde, y profundamente dedicado a lo que Él consideraba justo, cualquiera que fuese el costo personal; pero «afable», ¡nunca!

—J. B. PHILLIPS[12]

6

Dura predicación

¿Esto os ofende?

Juan 6.61

&1 conflicto de Jesús con los fariseos no fue un tranquilo desacuerdo desarrollado en una esquina secreta. Ni tampoco Jesús mismo buscó atenuar el aspecto público de su continuada enemistad con los líderes religiosos. Él no tenía escrúpulo alguno en cuanto a las ideas de propiedad y educación que son tan generales en el discurso teológico público en la actualidad. Por el contrario, la predicación de Jesús probablemente fuese el aspecto más importante de su implacable polémica contra los líderes de la clase religiosa judía y la hipocresía institucionalizada que ellos encarnaban. Estaba claro para todos que la enseñanza de los fariseos era uno de los principales objetivos de Él, ya fuera que estuviese dando un discurso para beneficio de sus discípulos o predicando a vastas multitudes.

De hecho, todo el tema del Sermón del Monte (Lucas 6; Mateo 5-7) fue una crítica de la religión de los fariseos. Él condenó su doctrina; su falso enfoque de la santidad práctica; su pedante estilo de torcer la Escritura; y su engreído exceso de confianza. El discurso del Pan de vida (Juan 6) igualmente provocó tal conflicto con los fariseos que la mayoría de los propios seguidores de Jesús se sintió gravemente incómoda. Muchos de ellos dejaron de seguirle después de eso.

En este capítulo examinaremos esos dos mensajes fundamentales. Obviamente, no hay manera práctica de hacer una exposición versículo a versículo de ninguno de los dos pasajes en un libro como este,[1] pero a fin de entender el estilo de predicación de Jesús, necesitamos examinar uno o dos mensajes típicos de forma general. Especialmente necesitamos observar las principales características que resumen la naturaleza profética y provocativa de la predicación de Jesús.

EL SERMÓN DEL MONTE

El sermón registrado más conocido y más extenso de Jesús viene después del punto medio en una línea de su ministerio público.[2] Justamente antes de predicar el sermón, Jesús subió a la cumbre de un monte cercano y pasó toda la noche en oración (Lucas 6.17). Al amanecer, reunió a sus apóstoles y escogió a doce de ellos para que le acompañasen diariamente. También los comisionó para predicar como sus representantes. Y les dio autoridad para echar fuera demonios.

Estaba claro que algo notable estaba sucediendo en el monte aquel día, porque una gran multitud de discípulos estaban esperando a Jesús cuando Él descendió del monte con el recién nombrado grupo de doce discípulos clave.

El Sermón del Monte deriva su nombre de la descripción que Mateo hace de lo que sucedió después: «Viendo la multitud, subió al monte» (Mateo 5.1). Algunos han imaginado una contradicción entre la descripción de Mateo y la de Lucas, porque Lucas dice: «Y *descendió* [del monte] con ellos, y se detuvo en un lugar llano, en compañía de sus discípulos y de una gran multitud de gente de toda Judea, de Jerusalén» (Lucas 6.17, énfasis añadido). ¿Subió o descendió; y enseñó desde el monte, o desde «un lugar llano»? La respuesta es sí a todo lo anterior. Hay un pequeño y estéril pico (aproximadamente 2,700 pies más alto que el mar de Galilea) a diez kilómetros al noroeste de Capernaum. Descendiendo ese monte y tomando la ruta más directa hacia el lago, el camino atraviesa directamente la aldea de Corazín. Al sur de Corazín y al oeste de Capernaum hay una meseta que es parte de la base baja del monte. Si Jesús (*descendiendo* del monte) se encontró con las multitudes que llegaban de Capernaum cerca del pie de esa meseta, Él habría vuelto a *subir* a la meseta (un «lugar llano» sobre la base más grande del monte), donde hay un perfecto anfiteatro natural: una situación ideal para enseñar a una multitud. Ese es, de hecho, el lugar exacto que la tradición mantiene que fue donde Jesús predicó el denominado Sermón del Monte. En la actualidad se conoce popularmente como «el monte de las Bienaventuranzas».

LAS BIENAVENTURANZAS

El sermón de Jesús comienza con las bienaventuranzas: esa familiar serie de bendiciones sobre los pobres de espíritu, puros de corazón, pacificadores y perseguidos. Hay ocho bienaventuranzas en el relato de Mateo, y, combinadas, describen la verdadera naturaleza de la fe salvadora.

Bienaventurados los pobres en espíritu, porque de ellos es el reino de los cielos. Bienaventurados los que lloran, porque ellos recibirán consolación. Bienaventurados los mansos, porque ellos recibirán la tierra por heredad. Bienaventurados los que tienen hambre y sed de justicia, porque ellos serán saciados. Bienaventurados los misericordiosos, porque ellos alcanzarán misericordia. Bienaventurados los de limpio corazón, porque ellos verán a Dios. Bienaventurados los pacificadores, porque ellos serán llamados hijos de Dios. Bienaventurados los que padecen persecución por causa de la justicia, porque de ellos es el reino de los cielos.

Bienaventurados sois cuando por mi causa os vituperen y os persigan, y digan toda clase de mal contra vosotros, mintiendo. Gozaos y alegraos, porque vuestro galardón es grande en los cielos; porque así persiguieron a los profetas que fueron antes de vosotros (Mateo 5.3-12).

Los «pobres de espíritu» (v. 3) son aquellos que saben que no tienen recursos espirituales propios. «Los que lloran» (v. 4) son personas arrepentidas, verdaderamente tristes por su propio pecado. «Los mansos» (v. 5) son aquellos que verdaderamente temen a Dios y conocen su propia indignidad a la luz de la santidad de Él. «Los que tienen hambre y sed de justicia» (v. 6) son aquellos que, habiéndose alejado del pecado, anhelan lo que Dios ama. Esas cuatro bienaventuranzas son todas ellas *cualidades interiores* de la fe auténtica. Describen el estado del corazón del creyente. Más concretamente, describen cómo se ve el creyente a sí mismo delante de Dios: pobre, triste, manso y hambriento.

Las cuatro últimas bienaventuranzas describen *manifestaciones exteriores* de esas cualidades. Se enfocan principalmente en el carácter moral del creyente, y describen cómo debería ser un cristiano auténtico para un observador objetivo. «Los misericordiosos» (v. 7) son aquellos que, como beneficiarios de la gracia de Dios, dan gracia a otros. «Los puros de corazón» (v. 8) describe a personas cuyos pensamientos y actos están caracterizados por la santidad. «Los pacificadores» (v. 9) habla principalmente de aquellos que difunden el mensaje de «paz para con Dios por medio de nuestro Señor Jesucristo» (Romanos 5.1), que es la única paz verdadera y duradera. Y obviamente, «los que padecen persecución por causa de la justicia» (Mateo 5.10) son ciudadanos del reino de Cristo que sufren debido a su afiliación con él y su fidelidad al Señor. El mundo los aborrece porque le aborrece a Él (Juan 15.18; 1 Juan 3.1, 13).

El orden es significativo. Cuanto más fielmente practica una persona las cinco primeras bienaventuranzas, más experimentará la persecución de que se habla en la octava.

Todas esas cualidades están radicalmente reñidas con los valores del mundo. El mundo estima el orgullo más que la humildad; prefiere las risas en lugar de los lloros; piensa que la firmeza resuelta es superior a la verdadera mansedumbre; y prefiere la saciedad del placer carnal por encima de una sed de verdadera justicia. El mundo mira con profundo desprecio la santidad y la pureza de corazón, se burla de todo ruego para establecer paz con Dios, y constantemente persigue a los verdaderamente justos. Jesús raramente podría haber desarrollado una lista de virtudes que estuviera más en desacuerdo con su cultura.

Y eso era *especialmente* cierto del estilo de religión que dominaba la cultura. Pensemos en esto: los fariseos como grupo estaban en el lado equivocado de cada una de esas líneas en la arena. La autosuficiencia espiritual definía todo su sistema; se negaban a reconocer su pecado, y mucho menos llorar por él. Lejos de ser mansos, eran la encarnación misma de la terquedad, la despótica No tenían hambre y sed de justicia; realmente pensaban que ellos la habían perfeccionado. No eran misericordiosos, sino que su especialidad era: «atan cargas pesadas y difíciles de llevar, y las ponen sobre los hombros de los hombres; pero ellos ni con un dedo quieren moverlas» (Mateo 23.4). Sus corazones eran impuros, y no puros, y Jesús los confrontaba en cuanto a eso regularmente (Mateo 23.27). Eran agitadores espirituales, y no pacificadores. Y sobre todo, eran los principales perseguidores de los justos. Su trato con Jesús ya estaba comenzando a dejar eso claro.

Por tanto, las Bienaventuranzas fueron una reprensión para todo el sistema de los fariseos. Cualquier fariseo que pudiera haber estado entre la multitud escuchando el sermón se habría sentido, sin duda, personalmente atacado y públicamente humillado. Y si había alguna duda en cuanto a las intenciones de Él, la prueba de que Jesús *quería* reprenderlos se ve a lo largo del resto del Sermón. De hecho, el mensaje central del Sermón del Monte se resume en el versículo 20: «Porque os digo que si vuestra justicia no fuere mayor que la de los escribas y fariseos, no entraréis en el reino de los cielos». El sermón es una crítica sostenida a todo el sistema religioso de ellos. Las Bienaventuranzas son meramente una introducción, contrastando el espíritu de la fe auténtica con la hipocresía de la santurronería farisaica.

HABÉIS OÍDO... PERO YO OS DIGO

Después de las Bienaventuranzas, Jesús pasa directamente a un discurso más extenso sobre el verdadero significado de la ley del Antiguo Testamento.[3] El resto de Mateo 5 es una crítica sistemática y punto por punto de la interpretación que los fariseos hacían de la ley de Moisés. Jesús está corrigiendo algunos de sus errores representativos.

Algunos comentaristas han sugerido que Jesús está alterando o extendiendo los requisitos morales de la ley de Moisés para una nueva dispensación. Jesús mismo de modo enfático dijo otra cosa: «No penséis que he venido para abrogar la ley o los profetas; no he venido para abrogar, sino para cumplir. Porque de cierto os digo que hasta que pasen el cielo y la tierra, ni una jota ni una tilde pasará de la ley, hasta que todo se haya cumplido» (vv. 17-18).

Además, cada principio que Jesús utilizó para refutar la interpretación que los fariseos hacían de la ley ya estaba, o bien afirmado o claramente insinuado en el Antiguo Testamento. Veremos eso con mucha claridad en nuestro examen de esta sección.

Pero lo que es más importante observar aquí es que Jesús deliberadamente establece su descripción de auténtica justicia *contra* la religión de los fariseos. La mayor parte del sermón está dirigida claramente a ellos. El Sermón del Monte es, en esencia, una jeremiada contra su marca única de hipocresía. Ese es el tema singular que une todo el sermón.

Además, cuando eligió esos malentendidos concretos de la ley de Moisés, Jesús estaba claramente impugnando las doctrinas favoritas de los fariseos; estaba denunciando públicamente lo que ellos enseñaban. Todos en la multitud entendieron eso, pues era imposible pasarlo por alto. Jesús no hizo esfuerzo alguno por hacer que esa dicotomía fuese sutil o por bosquejar sus diferencias con ellos de forma delicada. Él fue a la yugular contra las creencias que ellos más sostenían; hasta mencionó a los fariseos por nombre y afirmó expresamente que su religiosidad era inadecuada, para que no hubiera ninguna ambigüedad en cuanto a la doctrina *de quién* estaba refutando.

Inmediatamente después de decir: «Porque os digo que si vuestra justicia no fuere mayor que la de los escribas y fariseos, no entraréis en el reino de los cielos» (v. 20), comenzó a desmantelar todo el sistema de ellos. Atacó su método de interpretar la Escritura, sus medios de aplicar la ley, sus ideas sobre culpabilidad y mérito, su encaprichamiento con los detalles ceremoniales, y su amor por la casuística moral y doctrinal.

Los principales argumentos en esta parte del sermón están estructurados de una forma que contrasta la interpretación de la ley que hacen los fariseos con el verdadero significado de la ley, como Cristo desarrolla: «*Oísteis* que fue dicho a los antiguos... Pero *yo* os digo...» Seis veces en la segunda mitad de Mateo 5, Jesús usa esa fórmula o una variación de ella (vv. 21-22, 26-28, 31-32, 33-34, 38-39, 43-44). Cuando Él habló de lo que «oísteis», estaba describiendo la enseñanza de los fariseos. Y en cada caso, la refutó.

Una vez más, Él no estaba cambiando o desarrollando los requisitos morales de la ley; sencillamente estaba reafirmando lo que la ley siempre significó. «Amplio sobremanera es tu mandamiento», dijo David al meditar en la ley (Salmo 119.96). El significado de los Diez Mandamientos no queda agotado por el sentido literal de las palabras. Jesús dice, por ejemplo, que el sexto mandamiento prohíbe no sólo actos literales de asesinato, sino también actitudes de asesinato, incluyendo la ira indebida, el lenguaje abusivo y un espíritu no perdonador (vv. 22-25). El séptimo mandamiento prohíbe no meramente actos de adulterio, sino hasta un corazón adúltero (v. 28). El mandamiento de amar al prójimo se aplica no sólo a personas agradables, sino también a quienes son nuestros enemigos (v. 44).

Los lectores superficiales a veces se inclinan a pensar que Jesús estaba modificando o elevando el listón sobre el estándar de la ley de Moisés. Después de todo, Él citó directamente el sexto y el séptimo mandamiento (vv. 21, 27) y citó también el principio del Antiguo Testamento conocido como *lex talionis* («ojo por ojo y diente por diente»; v. 38; cp. Éxodo 21.24; Levítico 24.20; Deuteronomio 19.21) y después siguió esas citas con: «Pero yo os digo...» Para alguien que escuchara casualmente, en realidad podría sonar como si Él estuviera cambiando la ley misma, o haciendo una nueva ley que estaba en contraste con lo que el Antiguo Testamento había enseñado siempre. Pero recordemos: Jesús mismo inequívocamente negó esa idea en los versículos 17 y 18.

En cambio, lo que Jesús hace en esta parte del sermón es develar el verdadero y pleno significado de la ley en su origen; especialmente en contraste con el limitado, estrecho y acartonado enfoque literal de los fariseos. Su hermenéutica (el método mediante el cual interpretaban la Escritura) estaba cargado de sofismas. Ellos podían exponer durante horas los detalles de la ley a la vez que inventaban giros técnicos para hacer excepciones a algunos de los preceptos morales más importantes de la ley.

Por ejemplo, el quinto mandamiento es bastante claro: «Honra a tu padre y a tu madre» (Éxodo 20.12). Pero los fariseos tenían una costumbre mediante la cual «Basta que diga un hombre al padre o a la madre: Es Corbán (que quiere decir, mi ofrenda a Dios) todo aquello con que pudiera ayudarte, y no le dejáis hacer más por su padre o por su madre» (Marcos 7.11-12). De hecho, si alguien había prometido así su herencia a Dios y después utilizaba cualquiera de sus recursos para cuidar de sus padres en su vejez, los fariseos consideraban ese acto de caridad como sacrilegio, porque era una violación del voto del *Corbán*. Jesús les dijo: «invalidando la palabra de Dios con vuestra tradición que habéis transmitido. *Y muchas cosas hacéis semejantes a estas*» (v. 13, énfasis añadido).

Esas eran precisamente el tipo de tonterías hermenéuticas que Jesús estaba corrigiendo en el Sermón del Monte. Los fariseos interpretaban el séptimo mandamiento estrictamente como una estrecha prohibición contra el adulterio declarado. Desde luego, al definir adulterio sólo en términos de un acto externo, habían dejado sus *corazones* sin protección alguna. Como muchas personas hoy día que creen erróneamente que las fantasías no son dañinas si no se actúa en consecuencia, ellos se sentían libres para despertar y permitirse apetitos pecaminosos en la intimidad de sus propias imaginaciones, como si sus corazones estuvieran de algún modo exentos de las normas de la ley. Además, precisamente esa idea errónea estaba en la raíz de los errores de los fariseos. Era como ellos justificaban toda su hipocresía.

Los fariseos también tenían un estándar muy liberal para el divorcio, permitiendo en realidad un tipo de adulterio en serie legalizado. Jesús corrige ese error en los versículos 31 y 32.

Ellos igualmente aplicaban el sexto mandamiento del modo más estrecho posible, creyendo que prohibía sólo delitos reales de homicidio. Mientras tanto, fomentaban activamente el odio hacia los enemigos (Mateo 5.43), lo cual, a su vez, alimentaba actitudes asesinas. Los versículos 39-47 son una extensa refutación de esa falacia.

De hecho, es en este punto donde Jesús plantea el asunto de la ley del ojo por ojo del Antiguo Testamento. El contexto de Éxodo 21.24-25, donde se dio esa norma, muestra que era un principio pensado para *limitar* castigos evaluados en casos civiles y criminales en los tribunales. Nunca se pensó para autorizar las represalias privadas por pequeños insultos e infracciones personales. Era un principio que mantenía el sistema *legal* controlado (cp. Éxodo 21.1), y no una regla pensada para soltar a unos contra otros en una guerra de ataques y contraataques. Pero los fariseos básicamente la habían convertido en eso. La venganza personal envenenaba la atmósfera social de Israel, y los líderes religiosos lo justificaban apelando a Moisés. Jesús dijo que era un absoluto mal uso y abuso de la ley de Moisés.

Otra prueba de que Jesús no estaba alterando las normas legales de la ley se ve en el hecho de que cada principio que Él dio como refutación de la enseñanza de los fariseos podía ya encontrarse en el Antiguo Testamento. En Salmo 37.8-9, por ejemplo, afirma claramente el mismo principio que Jesús dijo que se insinúa en la prohibición de la ley de matar. Hasta repite el lenguaje de las Bienaventuranzas con respecto a la mansedumbre: «Deja la ira, y desecha el enojo; no te excites en manera alguna a hacer lo malo. Porque los malignos serán destruidos, pero los que esperan en Jehová, ellos heredarán la tierra».

De igual modo, cuando Jesús dijo que la lujuria es una violación del principio moral que subyace en el séptimo mandamiento, no estaba añadiendo nada a la ley. La lujuria estaba *expresamente* prohibida por el décimo mandamiento, y es identificada con el pecado de adulterio en Proverbios 6.25. Desde luego, el corazón es el campo de batalla más importante en la lucha por la pureza moral (Proverbios 4.23). Y como Dios ve el corazón (1 Samuel 16.7; Salmo 139.2; Proverbios 15.11; Jeremías 17.10), todos los pecados que tienen lugar en la imaginación de una persona son pecados reales cometidos delante del rostro mismo de Dios (Salmo 90.8). Los fariseos claramente debieran haber sabido eso.

Malaquías 2.14-16 condena el divorcio en lenguaje parecido al del Sermón del Monte: «Porque Jehová Dios de Israel ha dicho que él aborrece el repudio, y al que cubre de iniquidad su vestido» (v. 16). Deuteronomio 23.21-23 prohibía los juramentos a la ligera. Lamentaciones 3.30 hablaba de la virtud de poner la otra mejilla. La obligación de amar a los enemigos estaba declarada con mucha claridad en Éxodo 23.4-5: «Si encontrares el buey de tu enemigo o su asno extraviado, vuelve a llevárselo. Si vieres el asno del que te aborrece caído debajo de su carga, ¿le dejarás sin ayuda? Antes bien le ayudarás a levantarlo». Proverbios 25.21 igualmente enseñaba el mismo principio: «Si el que te aborrece tuviere hambre, dale de comer pan, y si tuviere sed, dale de beber agua». Esos mandamientos deberían haber dejado perfectamente claro que el principio del ojo por ojo no había de ser una receta para la retribución personal. Dios mismo dijo: «Mía es la venganza y la retribución» (Deuteronomio 32.35; cp. Salmo 94.1).

Claramente, Jesús no estaba de ninguna manera expresando desacuerdo con la ley de Moisés ni enmendando su contenido moral. Cada principio del Sermón del Monte estaba, o bien claramente afirmado o indicado en el Antiguo Testamento. El Sermón del Monte, por tanto, debe entenderse como la *exposición* de Jesús sobre la ley del Antiguo Testamento, y no como un estándar moral totalmente diferente. Él sencillamente refutaba la enseñanza malinterpretada sobre los preceptos morales de la ley.

Mateo 5 termina con un breve pasaje dirigido al farisaico estilo de separatismo de los fariseos. Es parte de la sección en la que Jesús está hablando sobre la obligación de amar al prójimo. Los fariseos, en su pasión por las muestras ceremoniales de piedad, hasta cruzaban la calle para evitar el contacto con sus enemigos y no ser contaminados (cp. Lucas 10.31-32). Ese mismo modo de pensar estaban también tras sus frecuentes quejas sobre el estrecho contacto de Jesús con pecadores (Mateo 9.11; Lucas 15.2; 19.7). Jesús señaló que ellos habían establecido un estándar tan patéticamente bajo para el segundo gran mandamiento («Amarás a tu prójimo como a ti mismo», Mateo 22.39), que hasta el pecador más manifiesto no tendría problema alguno para obedecer: «Porque si amáis a los que os aman, ¿qué recompensa tendréis? ¿No hacen también lo mismo los publicanos? Y si saludáis a vuestros hermanos solamente, ¿qué hacéis de más? ¿No hacen también así los gentiles?» (Mateo 5.46-47). De hecho, Él estaba enseñando que el estándar de conducta de los fariseos no era mejor que la moralidad de cualquier publicano.

Jesús entonces identificó claramente el verdadero estándar, y es infinitamente más elevado que eso: «Sed, pues, vosotros perfectos, como vuestro Padre que está en los cielos es perfecto» (v. 48).

Obviamente, la perfección divina es imposible para pecadores caídos. Ese era una importante parte del punto que Jesús estaba estableciendo. La ley misma demanda perfección absoluta (Levítico 19.2; 20.26; Deuteronomio 18.13; 27.26; cp. Santiago 2.10). Ningún pecador puede estar a la altura de ese estándar, y esa es la razón por la cual dependemos de la gracia para obtener salvación. Nuestra propia justicia nunca puede ser lo bastante buena (Filipenses 3.4-9); necesitamos desesperadamente la justicia perfecta que Dios imputa a los que creen (Romanos 4.1-8).

Pero los fariseos personificaban la falacia central de toda religión humana. «Porque ignorando la justicia de Dios, y procurando establecer la suya propia» (Romanos 10.3). Ellos creían que sus mejores esfuerzos serían lo bastante buenos para Dios; especialmente si adornaban su religión con tantas ceremonias y rituales cuidadosamente creados como fuese posible. Ahí era donde estaba toda su confianza y su esperanza del cielo. Desde luego, reconocían formalmente que también ellos eran imperfectos, pero restaban importancia a sus propias imperfecciones y las cubrían de públicas muestras de piedad. Estaban convencidos de que eso sería lo bastante bueno para Dios, principalmente porque les hacía *parecer* mucho mejores que ninguna otra persona.

Naturalmente, cualquier fariseo que pudiera haber estado en la audiencia para el Sermón del Monte habría entendido el mensaje de Jesús con bastante claridad: su justicia, con todo su énfasis en la pompa y la circuncisión, simplemente no cumplía el estándar divino. Ellos no eran realmente mejores que los recaudadores de impuestos; y Dios *no* aceptaría su justicia imperfecta. Jesús fue lo más directo posible en cuanto a eso. No podría haber hablado ninguna otra palabra que los golpeara con mayor fuerza. Según Él, la religión de ellos era totalmente inútil.

NO SEÁIS COMO LOS HIPÓCRITAS

Jesús estaba lejos de haber terminado con el punto. Prácticamente, todo el capítulo 6 de Mateo continúa con una martilleante crítica punto por punto de las características más visibles del fariseísmo. El sermón no se pronunció con divisiones de capítulos, desde luego, y por eso es importante tener en mente que todo el catálogo de hipocresías que Jesús ataca en el capítulo 6 llega después de su crítica de la mala interpretación de la ley que hacían los fariseos en el capítulo 5. En cierto modo, el capítulo 5 fue meramente un calentamiento para lo que sigue, y el capítulo 6 es sencillamente una exposición más amplia de la proposición clave presentada en 5.20: «Porque os digo que si vuestra justicia no fuere mayor que la de los escribas y fariseos, no entraréis en el reino de los cielos».

A propósito, aun si Jesús no hubiera nombrado concretamente a los fariseos, todas las personas en su audiencia habrían sabido exactamente de quién estaba Él hablando, aunque sólo fuese por la lista de hipocresías que Él bosquejó en el capítulo 6. Esos eran los principales distintivos de la religión de los fariseos. Las amplias filacterias de un fariseo y las borlas de tamaño gigante en los cuatro bordes de su manto (cp. Deuteronomio 22.12) eran apropiadas metáforas para las muchas formas en que los fariseos hacían su religiosidad lo más ostentosa posible. Eran casi constitucionalmente incapaces de hacer algún acto de caridad o de piedad sin hacer una visible muestra pública de él en el proceso.

Eso es precisamente de lo que trata la mayor parte de Mateo 6. Jesús estaba contrastando el exhibicionismo religioso de los fariseos con la fe auténtica que acababa de describir en las Bienaventuranzas. La fe tiene su principal impacto en el corazón del creyente. La religión de los fariseos, como contraste, era principalmente una demostración, «para ser vistos» por otros (Mateo 6.1).

Es precisamente el mismo contraste que el apóstol Pablo (él mismo un fariseo convertido) destacaba con frecuencia entre la fe auténtica y la religión de meras obras. La verdadera fe salvadora produce inevitablemente buenas obras, porque se expresa a sí misma en amor (Gálatas 5.6); pero las muestras superficiales de «caridad» en la religión de obras no son ni siquiera verdaderamente caritativas. Porque la religión estilo fariseo está motivada principalmente por un anhelo de la alabanza de los hombres, inherentemente se da bombo a sí misma, lo que la constituye en la antítesis misma de la auténtica caridad.

Jesús era inequívoco en cuanto a eso. Dijo que los hipócritas en las sinagogas y en las calles de Jerusalén sólo buscaban alabanzas de los hombres, y ya que esa era la única recompensa que realmente les importaba, esa era la recompensa que obtendrían (v. 2).

Él también los retrató como tocando una trompeta delante de ellos cuando hacían obras de caridad (v. 2). No hay registro alguno en la literatura de aquella época en que alguien *realmente* realizase un desfile con trompetas cuando daba sus ofrendas. Jesús estaba pintando un colorido cuadro con palabras, haciendo en realidad una parodia humorística de la extravagancia espiritual de los fariseos. Él utilizaba una burla santificada para sacar a la luz la necedad de su sistema. Según los estándares de la actual cultura evangélica demasiado tolerante, tal sátira sería considerada una forma despiadadamente cruel de destacar las faltas del adversario. Pero una vez más vemos que Jesús no estaba limitado por los escrúpulos posmodernos.

Él siguió reprendiendo la hipocresía de las largas oraciones públicas en voz alta (otra especialidad de los fariseos), diciendo de nuevo que la atención terrenal que tal práctica obtiene es su única recompensa (v. 5). Fue en este punto cuando Él dio por primera vez la oración modelo que ha llegado a conocerse como el Padrenuestro.[4] La brevedad, simplicidad y el enfoque en Dios de esa oración la destaca del estilo de oración de los fariseos.

A continuación, Él pasó al tema del ayuno, una práctica de la que los fariseos abusaban mucho. Jesús describió cómo ellos explotaban hasta esta disciplina muy personal como un medio de anunciar su propia justicia: «ellos demudan sus rostros para mostrar a los hombres que ayunan» (Mateo 6.16). Concretamente, ellos ponían «una expresión triste», ostensiblemente como una marca de solemne devoción y lúgubre abnegación. Pero en realidad era una farsa: una fina y desgastada capa que apenas cubría sus motivos totalmente egoístas, que eran completamente equivocados. Desde luego, el ayuno legítimo ha de ser un medio de ayudarnos a poner a un lado las preocupaciones terrenales a fin de enfocarnos en la oración y las cosas espirituales. Los fariseos, en cambio, habían convertido su ayuno en otro medio de demostrar su piedad en público, demostrando una vez más que no podían importarles menos las cosas espirituales. Lo que realmente les importaba era el aplauso del mundo. Todos sus ayunos tenían el efecto contrario de lo que debería hacer un ayuno; atraía la atención hacia ellos en lugar de eliminar cosas que distraen. Jesús sacó a la luz la hipocresía de ello.

El resto de Mateo 6 (vv. 19-34) es una breve lección sobre la importancia de mantener una perspectiva celestial. Presenta el mismo principio que el apóstol Pablo más adelante resumiría en Colosenses 3.2: «Poned la mira en las cosas de arriba, no en las de la tierra». Jesús incluye una advertencia correspondiente contra estar consumidos con los afanes terrenales. En esta parte del Sermón del Monte Él habla sobre el uso adecuado de nuestros recursos financieros (vv. 19-24); también aborda el pecado de la preocupación (vv. 25-34). Quienes se preocupan por el futuro, según Jesús, manifiestan una falta de confianza en Dios y un torcido sentido de las prioridades.

Todo esto es también una continuación de la diatriba de Jesús contra el enfoque que los fariseos daban a la religión. La actitud que Jesús estaba condenando era un fruto inevitable del encaprichamiento de los fariseos con las cosas externas. Daba color a todos sus pensamientos, haciendo que fuesen patológicamente superficiales; dándoles una perspectiva carnal y terrenal; y evitando que confiasen verdaderamente en Dios. Por eso ellos (y sus discípulos) estaban obsesionados con la riqueza y asfixiados de preocupación. Esto se ve claramente en la razón fundamental bajo toda su conspiración contra Jesús. Todo su rencor hacia Él estaba conducido por un temor a que, si Él ascendía al poder como Mesías, ellos perderían su estatus, sus medios de riqueza, y sus ventajas terrenales (Juan 11.48).[5] A pesar de todas sus piadosas simulaciones, esas cosas significaban más para ellos que la justicia. Por tanto, cuando Jesús dice: «Mas buscad primeramente el reino de Dios y su justicia, y todas estas cosas os serán añadidas», estaba enseñando otra verdad que asaltaba directamente el sistema de valores de los fariseos (v. 33).

MALOS ÁRBOLES, MAL FRUTO

Mateo 7 continúa y concluye el Sermón del Monte con algunas de las más devastadoras denuncias de Jesús del fariseísmo hasta aquí. El capítulo empieza con un asalto a la crítica farisaica (los fariseos eran maestros en eso). Jesús evoca las imágenes humorísticas de alguien con una gran viga de madera metida en su ojo que trata de quitar una pequeña mota del ojo de otra persona (vv. 1-5). Esta era otra caricatura verbal sobre los fariseos, quienes hacían cosas como criticar a los discípulos por restregar en sus manos un puñado de espigas en día de reposo (Mateo 12.2), pero cuyos corazones y mentes eran pozos privados de iniquidad, dados a todo tipo de pensamientos malvados (v. 34).

Es crucial entender adecuadamente el versículo 1. «No juzguéis, para que no seáis juzgados» no es una condenación global de todo tipo de juicio; solamente los tipos de juicio muy críticos, superficiales y equivocados que los fariseos hacían. El contexto aclara que este es un llamado a la caridad y la generosidad en los juicios que hacemos: «Porque con el juicio con que juzgáis, seréis juzgados, y con la medida con que medís, os será medido» (v. 2). Con frecuencia, es necesario hacer juicios y, cuando lo hagamos, no *debemos* juzgar «según las apariencias, sino juzgad con justo juicio» (Juan 7.24).

Las propias palabras de Jesús dejan claro que Él espera que hagamos juicio con discernimiento, porque sigue diciendo: «No deis lo santo a los perros, ni echéis vuestras perlas delante de los cerdos» (v. 6). «Cerdos» y «perros» en este versículo se refieren a personas que son crónicamente antagonistas al evangelio, aquellos cuya predecible respuesta a las cosas sagradas es que las pisotean, y se vuelven, y las despedazan (v. 6). Obviamente, a fin de obedecer ese mandamiento, tenemos que saber quiénes son los cerdos y los perros. Por tanto, una suposición subyacente es que debemos juzgar con cuidado y bíblicamente.

Pero lo más intrigante aquí es que Jesús estaba haciendo clara alusión a los fariseos y otros como ellos, y no a los gentiles y los parias morales que normalmente eran catalogados como «cerdos» y «perros» por la élite religiosa de Israel. Los cerdos y los perros eran animales impuros bajo la ley del Antiguo Testamento, por tanto, los judíos nunca criaban cerdos como animales domésticos, ni tampoco se tenían como mascotas a los perros. Generalmente se pensaba de ambas especies como animales carroñeros salvajes y malhumorados. Naturalmente, esas etiquetas conllevaban una connotación muy fuerte de impureza e inhumanidad, y normalmente se aplicaban sólo a los más bajos marginados e intocables de la sociedad.

Recordemos, sin embargo, que Jesús tenía un vibrante ministerio entre las personas que normalmente estaban en el extremo receptor de tales epítetos. Por eso los fariseos burlonamente le llamaban «un hombre comilón y bebedor de vino, amigo de publicanos y de pecadores» (Lucas 7.34). Dado el contexto del Sermón del Monte y el implacable asalto de Jesús a la hipocresía de los fariseos y su exhibicionismo religioso, está claro a quiénes tenía Él en mente cuando prohibió echar perlas a los cerdos. No eran los arrepentidos publicanos y pecadores a quienes Él regularmente mostraba misericordia.

Jesús mismo era ejemplo del tipo de discreción a la que llama aquí. Él regularmente escondió «estas cosas de los sabios y entendidos, y las has revelado a los niños» (Lucas 10.21). En otras palabras, a las personas humilladas y arrepentidas, Él siempre daba más y enseñaba más; pero deliberadamente ocultaba la verdad a personas arrogantes y farisaicas, «para que viendo, vean y no perciban; y oyendo, oigan y no entiendan» (Marcos 4.12). Sus parábolas servían a este mismo propósito: oscurecían la verdad a personas cuyos corazones se habían entenebrecido y cuyos oídos espirituales eran duros (Mateo 13.15). Él no daba cosas sagradas a perros ni echaba sus perlas a cerdos.

En breve, los cerdos y los perros representaban la antítesis espiritual de «quienes tienen hambre y sed de justicia» (Mateo 5.6). Los primeros están hinchados del yo y predispuestos a rechazar *cualquier* verdad que no encaje en sus planes; después se volverán en contra del mensajero y lo despedazarán. Eso es precisamente lo que fariseos y sus compañeros de conspiración ya estaban determinados a hacer con Jesús.

Pero los hambrientos espirituales, quienes saben que están enfermos y necesitan un médico (Lucas 5.31), dejarán todo lo demás por la verdad transformadora, que calma la sed y satisface el alma, que buscan. Jesús siempre se acercó con ternura a tales personas.

Este sermón no es una excepción. Aunque el sermón está lleno de críticas dirigidas a la religiosidad del estilo de los fariseos, recordemos que comenzó con palabras de gracia para los pobres de espíritu, las almas sedientas y los puros de corazón. Cuando Jesús comienza la conclusión de esta parte de su mensaje, regresa a ese mismo tema:

> Pedid, y se os dará; buscad, y hallaréis; llamad, y se os abrirá. Porque todo aquel que pide, recibe; y el que busca, halla; y al que llama, se le abrirá. ¿Qué hombre hay de vosotros, que si su hijo le pide pan, le dará una piedra? ¿O si le pide un pescado, le dará una serpiente? Pues si vosotros, siendo malos, sabéis dar buenas dádivas a vuestros hijos, ¿cuánto más vuestro Padre que está en los cielos dará buenas cosas a los que le pidan? (Mateo 7.7-11).

El resto del sermón de Jesús incluye un resumen y una apelación final. El resumen es un solo versículo, denominado la Regla de Oro: «Así que, todas las cosas que queráis que los hombres hagan con vosotros, así también haced vosotros con ellos; porque esto es la ley y los profetas» (v. 12). (Notemos, a propósito, que un entendimiento correcto de las demandas morales de la ley es el extremo opuesto a la mala interpretación de los fariseos de la *lex talionis* de la ley. Ellos torcieron una afirmación que tenía la intención de limitar los castigos y la convirtieron en un principio que justificaba la venganza personal: hacer a otros cualquier cosa que ellos hubieran hecho para ofender. Jesús dijo que el verdadero principio moral gobernante de la ley, correctamente entendido, es el *amor*, significando hacer preferentemente a otros lo que queramos que ellos nos hagan.)

Al decir: «porque esto es la ley y los profetas», Jesús no quiso decir, desde luego, que la ley se veía reducida a las demandas horizontales solamente de la Regla de Oro. Estaba diciendo que el principio del amor que define la Regla de Oro es el principio subyacente de toda la ley. En otra ocasión (Mateo 22.36-40), Jesús dejó claro que la ley demanda amor a Dios al igual que amor al prójimo. Un verdadero amor a Dios está también implícito en la Regla de Oro, dado el contexto completo del sermón más extenso, especialmente Mateo 5.45, que afirma que amar al prójimo es la forma de ser como nuestro Padre celestial.

EL ANCHO CAMINO A LA DESTRUCCIÓN

La declaración final del Sermón del Monte es una invitación general a «entrad por la puerta estrecha; porque ancha es la puerta, y espacioso el camino que lleva a la perdición, y muchos son los que entran por ella; porque estrecha es la puerta, y angosto el camino que lleva a la vida, y pocos son los que la hallan» (Mateo 7.13-14). La puerta estrecha y el camino angosto son referencias a la demanda del evangelio de una total abnegación y humildad, y todas las otras cualidades destacadas en las Bienaventuranzas.

Los pecadores orgullosos y no quebrantados siempre escogen el camino equivocado. Por eso está lleno de viajeros. Es lo bastante ancho para todos, desde libertinos hasta los más estrictos fariseos. A todos ellos les gusta, porque nadie tiene que inclinarse ni dejar ninguna carga atrás a fin de estar en esta carretera; además, todas las señales del camino prometen el cielo.

Hay sólo un problema, y es un problema significativo: el camino realmente no va al cielo. En cambio, conduce a la total destrucción.

Además, dice Jesús, el mundo está lleno de falsos profetas que alientan a la gente a ir por el camino ancho. Cuidado con ellos. «Guardaos de los falsos profetas, que vienen a vosotros con vestidos de ovejas, pero por dentro son lobos rapaces» (v. 15). Él bien podría estar haciendo un retrato verbal de los fariseos. Esta es, de hecho, una descripción genérica de *todos* los falsos profetas en todas las edades, pero la élite religiosa de Israel personificaba todo aquello de lo que Él hablaba. Ese hecho sin duda no lo pasaron por alto, ni ellos ni la audiencia general.

«Por sus frutos los conoceréis», dijo Jesús (v. 16). La imagen de los árboles malos con mal fruto tenía un significado especial para los fariseos. Algunos fariseos y saduceos habían acudido a Juan el Bautista no muchos meses antes de esto. Parece que vieron lo popular que era Juan, y querían la admiración de los seguidores de él. Juan los llamó generación de víboras y les dijo: «haced frutos dignos de arrepentimiento» (Mateo 3.8). Después añadió: «Y ya también el hacha está puesta a la raíz de los árboles; por tanto, todo árbol que no da buen fruto es cortado y echado en el fuego» (v. 10); y comenzó a profetizar sobre Jesús. Ahora, al concluir su Sermón del Monte, Jesús empleó la misma imagen, y hasta citó las palabras exactas de Juan el Bautista: «Así, todo buen árbol da buenos frutos, pero el árbol malo da frutos malos. No puede el buen árbol dar malos frutos, ni el árbol malo dar frutos buenos. *Todo árbol que no da buen fruto, es cortado y echado en el fuego.* Así que, por sus frutos los conoceréis» (7.17-20, énfasis añadido). Esas fueron fuertes palabras de condenación, y aunque la advertencia de Jesús no estaba limitada sólo a líderes religiosos, nadie podría pasar por alto el hecho de que Jesús estaba pisando directamente los dedos de los pies de los fariseos y saduceos.

UN MENSAJE PARA LAS MASAS

Sin embargo, sería erróneo concluir que el Sermón del Monte sólo se predicó, o *principalmente*, para beneficio de los súper críticos líderes religiosos de Israel. Aunque los fariseos y saduceos personificaban la hipocresía y el fariseísmo al que Jesús se dirigía, de ninguna manera eran los únicos a quienes Él hablaba. Él hablaba a todos los que estaban en el camino ancho; su descripción del juicio que espera al final de ese camino es escalofriante:

> No todo el que me dice: Señor, Señor, entrará en el reino de los cielos, sino el que hace la voluntad de mi Padre que está en los cielos. Muchos me dirán en aquel día: Señor, Señor, ¿no profetizamos en tu nombre, y en tu nombre echamos fuera demonios, y en tu nombre hicimos muchos milagros? Y entonces les declararé: Nunca os conocí; apartaos de mí, hacedores de maldad. Cualquiera, pues, que me oye estas palabras, y las hace, le compararé a un hombre prudente, que edificó su casa sobre la roca. Descendió lluvia, y vinieron ríos, y soplaron vientos, y golpearon contra aquella casa; y no cayó, porque estaba fundada sobre la roca. Pero cualquiera que me oye estas palabras y no las hace, le compararé a un hombre insensato, que edificó su casa sobre la arena; y descendió lluvia, y vinieron ríos, y soplaron vientos, y dieron con ímpetu contra aquella casa; y cayó, y fue grande su ruina (Mateo 7.21-27).

La palabra *muchos* resuena en todo el pasaje. *Muchos* entran por la puerta ancha al camino ancho (v. 13). *Muchos* dirán: «Señor, ¿no... hicimos muchos milagros?» (v. 22). Pero observemos: no son sólo fariseos y saduceos quienes tratarán de argumentar ante el trono del juicio que sus obras debieran ser suficientes para hacerlos entrar en el cielo. Jesús está describiendo a personas que profesan ser cristianas. Ellas llaman a Jesús «Señor, Señor». Afirman haber hecho obras poderosas *en nombre de Él*. Pero Él les aparta con estas devastadoras palabras: «Nunca os conocí; apartaos de mí».

Por tanto, resulta que el Sermón del Monte no es un mensaje sólo para los fariseos, aunque Jesús atacase sus creencias desde el principio del sermón hasta su conclusión. El mensaje subyacente es principalmente para discípulos, y es una advertencia para ellos, para que no caigan en los mismos errores que convirtieron la religión de los fariseos en una monstruosidad que era odiosa para Dios y les hacía ser hostiles a la verdad.

MÁS PALABRAS DURAS PARA LOS DISCÍPULOS

Esas palabras finales del Sermón del Monte dejaron a la gente sin aliento. «La gente se admiraba de su doctrina; porque les enseñaba como quien *tiene* autoridad, y no como los escribas» (vv. 28-29).

Los fariseos no podían enseñar sin citar a este o el otro rabino y descansando en el pedigrí de tradiciones de cientos de años. Su religión era académica prácticamente en todos los aspectos de esa palabra. Y para muchos de ellos, la enseñanza era sólo otra oportunidad de buscar alabanza de los hombres, presumiendo de su erudición. Ellos se enorgullecían mucho en citar tantas fuentes como fuese posible, anotando con atención sus sermones. Estaban más interesados en lo que otros decían de la ley de lo que estaban en lo que la ley misma realmente enseñaba. Así, habían aprendido la ley sin realmente escucharla (cp. Gálatas 4.21).

Jesús, como contraste, no citaba otra autoridad sino la autoridad de la Palabra de Dios misma. Él daba su interpretación sin apuntalar su punto de vista con interminables citas de anteriores escritores. Si citaba a algún erudito religioso, era para refutarlo. Él hablaba como quien tiene autoridad, porque Él la tiene. Él es Dios, y su estilo reflejaba eso; sus palabras estaban llenas de amor y de ternura hacia los pecadores arrepentidos, pero igualmente llenas de dichos duros y palabras que sonaban ásperas para los santurrones y los satisfechos de sí mismos. Como hemos visto desde el comienzo, Él no estaba invitando a un intercambio de opiniones, dando un discurso académico, o buscando una causa común con los líderes religiosos de la tierra; Él estaba declarando la Palabra de Dios *contra* ellos.

Eso era tan sorprendente en la cultura de Jesús como lo sería en la nuestra. No pasamos por alto la verdadera trascendencia de los versículos 28 y 29. La gente no estaba precisamente agradada con el enfoque de Jesús. Al principio se maravillaron. Pronto se enfurecerían.

Por su parte, cuanto más predicaba Jesús a las mismas multitudes una y otra vez, más estaban llenos sus mensajes de reprensiones y de urgentes apelaciones a que se arrepintiesen. Él no se impresionaba por el tamaño o el entusiasmo de las grandes multitudes; no estaba interesado en acumular el tipo de discípulos cuya principal preocupación fuese lo que podrían obtener de esa relación. Él nunca rellenó su mensaje para hacerlo más cómodo para la opinión popular, y nunca rebajó el calor retórico a fin de mantener a la congregación tan cómoda como fuese posible. En todo caso, su enfoque era totalmente lo contrario. Él parecía hacer todo lo posible para inquietar a los meramente curiosos que no estaban convertidos. A ellos les encantaba cuando Él hacía milagros, y Él los reprendió por eso y se aseguró que no pudieran pasar por alto su *mensaje*.

Como observamos anteriormente, el lugar donde Jesús predicó el Sermón del Monte estaba situado en algún punto entre las aldeas de Capernaum y Corazín. No muchos días después de que diera ese sermón, Jesús predicó otro sermón en ese mismo lugar, o muy cerca de él. Mateo 11.20-24 describe lo que sucedió:

> Entonces comenzó a reconvenir a las ciudades en las cuales había hecho muchos de sus milagros, porque no se habían arrepentido, diciendo: ¡Ay de ti, Corazín! ¡Ay de ti, Betsaida! Porque si en Tiro y en Sidón se hubieran hecho los milagros que han sido hechos en vosotras, tiempo ha que se hubieran arrepentido en cilicio y en ceniza. Por tanto os digo que en el día del juicio, será más tolerable el castigo para Tiro y para Sidón, que para vosotras. Y tú, Capernaum, que eres levantada hasta el cielo, hasta el Hades serás abatida; porque si en Sodoma se hubieran hecho los milagros que han sido hechos en ti, habría permanecido hasta el día de hoy. Por tanto os digo que en el día del juicio, será más tolerable el castigo para la tierra de Sodoma, que para ti.

Duras palabras, sin duda. Esa represión señaló otro importante cambio en el ministerio público de Jesús. Desde ese momento en adelante, Él se movió más por Galilea y se centró más en la enseñanza privada para un círculo cada vez más pequeño de los discípulos más devotos. Sus siguientes discursos públicos tendían a ser más urgentes y más severos.

DISCURSO DEL PAN DE VIDA

Juan 6 contiene uno de los más conocidos ejemplos de la dura predicación de Jesús. El capítulo también hace una crónica del rechazo de Jesús por parte de un gran número de personas que anteriormente le habían seguido lo bastante cerca como para ser contados entre sus discípulos. Cuando su mensaje comenzó a sonar duro y ofensivo, ellos se alejaron en multitudes.

El comienzo de Juan 6 presenta la alimentación de los cinco mil. (Ese es el único de los milagros de Jesús además de su resurrección que está registrado en los cuatro Evangelios, así que es claramente un acontecimiento importante.) Cuando comienza el capítulo, Jesús está ministrando cerca del mar de Galilea (v. 1) a esa «gran multitud» (vv. 2, 5) de *al menos* cinco mil personas (v. 10).

Los escritores de los Evangelios están de acuerdo en ese número. Era una multitud considerable (especialmente dado el hecho de que Jesús les hablaba al aire libre sin ninguna ayuda de amplificación o acústica). Es un número especialmente sorprendente considerando que la población total de Capernaum no podría haber sido de más de 1,700.[6] Pero algunas de las personas que seguían a Jesús habían llegado desde largas distancias. Marcos 3.7-8 dice: «Mas Jesús se retiró al mar con sus discípulos, y le siguió gran multitud de Galilea. Y de Judea, de Jerusalén, de Idumea, del otro lado del Jordán, y de los alrededores de Tiro y de Sidón, oyendo cuán grandes cosas hacía, grandes multitudes vinieron a él». Ellos debieron de haber llenado todo lugar disponible de alojamiento en Capernaum, Corazín, Betsaida, y todas las aldeas circundantes. Quienes no pudieron encontrar alojamiento encontrarían lugares para acampar en la zona. Toda Galilea estaba llena de actividad y hablaba de Jesús.

Ese es el cuadro que vemos al comienzo de Juan 6: multitudes entusiastas llegando a Jesús desde regiones lejanas, todas ellas emocionadas por sus milagros y lo bastante devotas para llegar y aprender de Él en persona. La respuesta humana natural sería tomar esto como una señal totalmente positiva de que Jesús estaba causando un importante impacto en su cultura. Él iba acumulando seguidores que podrían llevar su mensaje de regreso a sus propias comunidades. Parecía para todo el mundo que eso podría ser el comienzo de un movimiento de base que tenía la potencialidad de influenciar al mundo entero.

Ciertamente, eso era. Pero el cuadro completo no era tan positivo como parecía ser a primera vista. La estrategia de Jesús no era acumular multitudes de miles de personas cuyo principal interés era ver milagros. Él centró sus energías en formar a once discípulos que fueron la espina dorsal de todo su plan. *Ellos* eran la clave para la final expansión de la iglesia por todo el mundo. En cuanto a las multitudes, no había duda de que había muchos verdaderos creyentes entre ellos, al igual que muchos parásitos tibios. Jesús les dio a todos sin temor y sin pedir disculpas el mensaje que ellos necesitaban oír: en términos lisos y llanos. Era imposible ignorarlo, y la verdad que Él enseñaba era imposible pasarla por alto.

Juan 6 es un relato de cómo toda la buena voluntad del público generada por los milagros de Jesús dio paso a la ira y el escándalo debido al mensaje que Él proclamaba. Las inmensas multitudes se redujeron prácticamente a la nada en el curso de unos pocos versículos.

La deidad de Jesús es un tema importante en Juan 6. Ya hemos examinado la controversia del día de reposo en Jerusalén que se registra en Juan 5. Recordemos que la deidad de Jesús fue también en enfoque de ese conflicto, cuando Él respondió a la acusación de quebrantar el día de reposo reclamando las prerrogativas de Dios (Juan 5.17); y hasta afirmando que Él merece igual honra por parte de todos los que adoran verdaderamente a Dios: «para que todos honren al Hijo como honran al Padre. El que no honra al Hijo, no honra al Padre que le envió» (5.23). Como observamos, el resto de Juan 5 es un catálogo de testigos que afirmaban la deidad de Jesús.

Juan 6 continúa con más pruebas de la deidad de Jesús cuando Él alimenta a los cinco mil, camina sobre el agua, y declara que es el Pan de vida.

Pero la mayoría del capítulo está dedicado a un sermón conocido como «el discurso del Pan de vida».

El escenario es importante. Jesús acababa de alimentar a las multitudes en algún lugar en la costa este de Galilea, después (andando sobre el agua con un tiempo tormentoso) había regresado a Capernaum (en la costa norte) para alejarse de la apasionada multitud. Cuando llegó la noticia a Tiberias (en la costa occidental) de la alimentación de los cinco mil, muchas más personas acudieron buscando a Jesús, esperando que hubiera una repetición.

Las multitudes, que ahora llegaban a más de cinco mil, encontraron a Jesús en Capernaum (Juan 6.24-25; cp. v. 59). Su mensaje comenzó con una reprensión de sus motivos: «De cierto, de cierto os digo que me buscáis, no porque habéis visto las señales, sino porque comisteis el pan y os saciasteis. Trabajad, no por la comida que perece, sino por la comida que a vida eterna permanece, la cual el Hijo del Hombre os dará; porque a éste señaló Dios el Padre» (vv. 26-27).

Él quería hablarles sobre cosas espirituales; ellos estaban interesados principalmente en comer. Comenzaron a contar con una repetición del milagro del día anterior, y dijeron que oirían lo que Él tenía que decir *si* les daba comida. Como para poner un efecto espiritual a la demanda, señalaron que, después de todo, el maná del tiempo de Moisés era comida literal que podía comerse: «Nuestros padres comieron el maná en el desierto, como está escrito: Pan del cielo les dio a comer» (v. 31).

Jesús continuó hablando de un tipo distinto de comida del cielo: «el *verdadero* pan». Pero, dijo Él, el pan que da vida es una persona, y no una sustancia comestible que podría guardarse en un recipiente como el maná: «Porque el pan de Dios es aquel que descendió del cielo y da vida al mundo» (v. 33).

Ellos aún seguían buscando comida, aún buscando una forma de alimentar sus apetitos físicos, cuando dijeron: «Señor, danos *siempre* este pan» (v. 34).

El diálogo constituye un frustrante estudio de mala interpretación y ceguera espiritual. Las voces de la multitud demandaban comida literal; Jesús estaba hablando de algo infinitamente más importante. Pero ellos no lo veían. Había claramente un tono de prueba y arrogancia en las repetidas demandas de ellos (v. 30). También era obvio que ellos no estarían satisfechos con una sola repetición del milagro del día anterior. «Danos siempre este pan» implica que ellos querían que Jesús produjese comida del cielo cada día desde entonces, como un genio que mágicamente les otorgase cualquier deseo que ellos tuvieran. Después de todo, sugirieron, eso era muy parecido a lo que Moisés hizo por los israelitas en el desierto. El maná llegaba cada día.

Aquellas personas estaban básicamente ofreciendo un trato con Jesús: ellos creerían en Él si Él estaba de acuerdo en darles comida desde entonces en adelante, siempre que ellos lo demandaran.

Jesús ciertamente podría haberles dado comida (o cualquier otra cosa que ellos quisieran) siempre que quisieran. Habría sido una forma muy sensible hacia los buscadores para garantizar que las filas de sus seguidores nunca menguasen. ¿Quién no estaría dispuesto a dejarlo todo y convertirse en su discípulo si Él pudiera garantizar una vida de tranquilidad y comida perpetua del cielo?

Pero Jesús no estaba ahí para hablar con ellos de cuál era el menú para comer, y mucho menos para negociar por la fe de ellos haciendo milagros a petición. Él iba a hablarles de cosas espirituales; por tanto, dijo claramente: «Yo soy el pan de vida» (v. 35).

Esa frase al instante dio lugar a murmullos de protestas de los líderes religiosos que había en la multitud. Ellos vieron con claridad que Él estaba afirmando ser más que un mero hombre. «Murmuraban entonces de él los judíos, porque había dicho: Yo soy el pan que descendió del cielo. Y decían: ¿No es éste Jesús, el hijo de José, cuyo padre y madre nosotros conocemos? ¿Cómo, pues, dice éste: Del cielo he descendido?» (vv. 41-42).

Jesús afrontó su desaprobación de frente: «No murmuréis entre vosotros… Yo soy el pan de vida» (vv. 43, 48). Debiera de haber quedado perfectamente claro que Él hablaba de alimento *espiritual* y de vida *espiritual*, porque también dijo: «El que cree en mí, tiene vida eterna» (v. 47). La doctrina de la justificación por la fe estaba claramente implícita en esa frase. Él les estaba dando el corazón mismo de la verdad del evangelio, si ellos tenían oídos espirituales para oír.

Él hasta explicó por qué el verdadero pan de vida es superior al maná de Moisés: «Vuestros padres comieron el maná en el desierto, y murieron. Este es el pan que desciende del cielo, para que el que de él come, no muera» (vv. 49-50). Por tanto, este pan podía darles vida espiritual en lugar de mero alimento físico, y el pan era Cristo mismo. Él estaba explicando claramente una profunda realidad espiritual, y no describiendo comida literal para ser ingerida por la boca.[7]

Juan el Bautista había testificado públicamente de que Jesús era el Cordero de Dios que quita el pecado del mundo. Las palabras de Jesús se hacían eco de esa profecía: «y el pan que yo daré es mi carne, la cual yo daré por la vida del mundo» (v. 51). Las palabras están llenas de imágenes pascuales, revelando a Cristo como el cumplimiento de todo lo que significaba el sistema sacrificial. Al igual que el simbólico cordero de la Pascua era un banquete para comer, Cristo (el *verdadero* Cordero pascual) era un banquete espiritual para ser recibido por la fe. Él era el cumplimiento de todo lo que el maná y la fiesta de la Pascua simbolizaban, y mucho más.

Si las multitudes hubieran mostrado la mínima pizca de interés en oír la verdad, habrían buscado aclaración de lo que no entendían. Jesús estaba hablándoles claramente sobre realidades espirituales. Desde el principio de esta conversación cada vez más contenciosa, ellos habían resistido eso y habían clamado en cambio por una comida gratis. Ahora eran incapaces de pensar de otro modo que no fuese en términos literales.

«Entonces los judíos contendían entre sí, diciendo: ¿Cómo puede éste darnos a comer su carne?» (v. 52). Recordemos que Juan utiliza regularmente la expresión «los judíos» para significar los líderes religiosos hostiles. Ellos parece que estaban a la cabeza de esta multitud.

Observemos que Jesús no los detuvo en ese punto y dijo: «No, no lo entienden. Dejen que les explique lo que quiero decir». Ellos no habían mostrado interés alguno en entenderlo a Él, así que Él persistió con su difícil analogía. De hecho, llevó más allá la metáfora esta vez: «De cierto, de cierto os digo: Si no coméis la carne del Hijo del Hombre, y bebéis su sangre, no tenéis vida en vosotros. El que come mi carne y bebe mi sangre, tiene vida eterna; y yo le resucitaré en el día postrero. Porque mi carne es verdadera comida, y mi sangre es verdadera bebida. El que come mi carne y bebe mi sangre, en mí permanece, y yo en él» (vv. 53-56). Cuatro veces en rápida sucesión Él habló no sólo de comer su carne, sino también de beber su sangre.

El significado simbólico de comer su carne podría haber sido en cierto modo transparente para cualquiera que recordase que el Mesías era el cordero del sacrificio que quitaría el pecado del mundo. Pero cuando Él habló de beber su sangre, estaba utilizando un lenguaje que estaba garantizado que ofendería a su audiencia judía. El consumo de sangre de cualquier tipo estaba considerado sumamente impuro bajo la ley del Antiguo Testamento. «No comeréis la sangre de ninguna carne, porque la vida de toda carne es su sangre; cualquiera que la comiere será cortado» (Levítico 17.14). La preparación de comida kosher hasta el día de hoy implica quitar con todo cuidado todo rastro de sangre de la carne. En esa cultura, la idea de consumir sangre era considerada repulsiva al extremo.

Las voces en la multitud habían sido tercamente insistentes en hablar de comida literal. Cuanto más aclaraba Jesús que estaba hablando de modo figurado sobre vida espiritual y alimento espiritual, más se enfurecían los contrarios, y más ofensivas sonaban las palabras de Él, especialmente para los líderes judíos que se consideraban a sí mismos guardianes de la piedad pública y la pureza ceremonial. Pero finalmente, hasta algunos de los propios discípulos de Jesús comenzaron a susurrar entre ellos mismos: «Dura es esta palabra; ¿quién la puede oír?» (v. 60).

Jesús, sabiendo muy bien lo que ellos pensaban, sencillamente dijo: «¿Esto os ofende? ¿Pues qué, si viereis al Hijo del Hombre subir adonde estaba primero? El espíritu es el que da vida; la carne para nada aprovecha; las palabras que yo os he hablado son espíritu y son vida. Pero hay algunos de vosotros que no creen» (vv. 61-64). Así, Él declaró claramente que estaba utilizando palabras espirituales para hablar de cosas espirituales. No ofreció exégesis alguna de su simbolismo ni aclaración para beneficio de aquellos que ya se habían enojado con Él. Que ellos no entendieran lo que Él quería decir era un fruto de su propia creencia, les dijo. Y Juan nos recuerda: «Porque Jesús sabía desde el principio quiénes eran los que no creían, y quién le había de entregar» (v. 64). Eso, desde luego, es otro eco de Juan 2.24 («Pero Jesús mismo no se fiaba de ellos, porque conocía a todos»).

Fue el final del discurso. Jesús lo puntuó con «por eso os he dicho que ninguno puede venir a mí, si no le fuere dado del Padre» (v. 65). Se estaba refiriendo a una frase anterior, registrada en el versículo 44: «Ninguno puede venir a mí, si el Padre que me envió no le trajere». La implicación era que la maldad y la rebelión están tan profundamente arraigadas en el carácter de los pecadores caídos que, aparte de la gracia divina, nadie creería nunca. Esas fueron, sin duda, las palabras finales que muchos de ellos oyeron de Jesús. Después de los milagros y las obras de misericordia que le habían visto hacer, esto debiera haberlos movido a rogar gracia, misericordia y corazones nuevos. Por el contrario, Juan dice: «Desde entonces muchos de sus discípulos volvieron atrás, y ya no andaban con él» (v. 66). El tiempo verbal significa que dejaron de seguirlo permanentemente. ¡Qué tragedia! Ellos habían oído a Jesús predicar en persona; le habían visto hacer milagros; hasta le habían seguido a todas partes como discípulos. Pero se alejaron sin saber nunca realmente lo que era tener el corazón de un verdadero discípulo; sin llegar a la fe auténtica en Él; sin entender ni siquiera los puntos básicos de su mensaje.

Jesús no corrió tras ellos con una explicación de lo que Él realmente quería decir. Dejó que las multitudes se fuesen, y después se volvió a los Doce y dijo: «¿Queréis acaso iros también vosotros?» Pedro, hablando como siempre en nombre del grupo, le aseguró la intención de ellos de quedarse como discípulos, y Jesús simplemente replicó: «¿No os he escogido yo a vosotros los doce, y uno de vosotros es diablo?» (v. 70).

Jesús no estaba siendo agresivo, aunque probablemente fuese acusado de eso por algunos de los sensibles evangélicos de la actualidad que creen que el conflicto de cualquier tipo no es nunca espiritual. Él estaba siendo *veraz*, de manera valiente y clara, calculada para forzarlos a declarar si ellos amaban o no la verdad de igual forma. Les estaba pidiendo a verdaderos discípulos que se declarasen; estaba sacando a la luz la enemistad de sus antagonistas; y estaba forzando a las multitudes tibias que dudaban entre dos decisiones a que escogieran la una o la otra.

Claramente, había aspectos de la doctrina de los fariseos que Jesús *pudo* haber escogido para declarar que Él tenía algún «terreno común» con ellos. Había mucha energía positiva en el anhelo inicial de las multitudes que seguían a Jesús. Él podría haber encauzado eso y haber doblado o triplicado el tamaño de su congregación.

Él no hizo eso; hizo exactamente lo contrario, y deliberadamente. Una vez más, Él no estaba interesado en aumentar las filas de discípulos tibios; su predicación tenía una meta: declarar la verdad, no ganar elogios de la audiencia. Para aquellos que no estaban interesados en oír la verdad, Él no trató de hacerla más fácil de recibir. Lo que hizo, por el contrario, fue hacer que fuese imposible de pasar por alto.

NO UN PREDICADOR MANSO

Antes de finalizar este capítulo, vale la pena hacer una pausa para considerar cómo la predicación de Jesús podría expresarse si Él hablase de ese modo en un estadio lleno de los típicos evangélicos del siglo XXI. Porque seamos sinceros: el estilo de predicación de Jesús no era en absoluto como la mayor parte de la predicación popular que oímos en la actualidad; y su estilo de predicación no es probable que generase el tipo de signo con el brazo y atmósfera agradable que a los cristianos actuales les gusta normalmente ver en sus reuniones en masa y sus festivales musicales al aire libre.

Si examinamos la actual plétora de páginas en la red informática dedicadas a proporcionar a los predicadores material prefabricado para sermones, obtendremos un claro cuadro de lo que constituye la «gran predicación» en las mentes de la mayoría de evangélicos del siglo XXI: modernidad, anécdotas divertidas, presentación impecable, agudas ayudas visuales, y breves homilías sobre temas tomados prestados de la cultura pop. Temas favoritos incluyen: matrimonio y sexo, relaciones humanas, automejora, éxito personal, la búsqueda de la felicidad, y cualquier otra cosa que agrade a las audiencias, especialmente si el tema o el título del sermón puede relacionarse fácilmente con la última película de éxito, con la serie de televisión que todos tienen que ver, o con una canción popular. En las iglesias más modernistas, es más probable escuchar al predicador citar letras de Bono y U2 que de David y los Salmos. Una megaiglesia patrocinó una serie de cuatro partes de un sermón en la cual su pastor hacía una exégesis palabra por palabra de pasajes tomados de libros del Dr. Seuss, comenzando con *Horton Hatches the Egg* [Horton sale del huevo]. El pastor de una de las cinco iglesias más grandes de Estados Unidos puso una cama de tamaño súper grande sobre la plataforma como accesorio mientras predicaba una serie de cinco semanas sobre sexo. Aproximadamente un año después, la misma iglesia llegó a los titulares nacionales al promover otra serie con un «desafío sexual» tan manifiestamente inapropiado que hasta algunos en los medios seculares expresaron sorpresa e indignación.

Tales bromas llegan bajo la rúbrica de *relevancia* en el catálogo de estrategias contemporáneas de crecimiento de iglesias. Sermones que presenten una clara exposición bíblica, doctrina precisa, verdades difíciles, o temas que suenan negativos son fuertemente desalentados prácticamente por todos los principales gurúes de la relevancia cultural. Y las personas que llenan los bancos evangélicos «así lo quiso» (Jeremías 5.31). «Decidnos cosas halagüeñas» es su constante demanda. La enseñanza, la represión, la corrección y la instrucción en justicia (cp. 2 Timoteo 3.16) están fuera; lo que está de moda es agradar los oídos que tienen comezón (cp.

4.3). Ningún predicador informado pensaría hoy día en llenar su mensaje de reprensión, reproche o exhortación (cp. 4.2). Por el contrario, hace todo lo posible por acomodarse a las necesidades, preocupaciones y pasiones sentidas de la audiencia. Muchos pastores contemporáneos estudian la cultura pop con tanta diligencia como los puritanos solían estudiar la Escritura. Ellos permiten que los sondeos de opinión congregacional determinen lo que deberían predicar, y están preparados para cambiar de dirección rápidamente si el último sondeo les dice que sus índices de aprobación están comenzando a caer.

Eso, desde luego, es precisamente lo que Pablo le dijo a Timoteo que *no* hiciera. «Que prediques la palabra... a tiempo y fuera de tiempo» (v. 2).

El anhelo contemporáneo de sermones vacíos que agraden y entretengan está, al menos en parte, arraigado en el mito popular de que Jesús mismo era siempre amable, simpático, encantador, y a la vanguardia de las modas de su cultura. El Salvador domesticado, manso y humilde de la literatura actual de la escuela dominical nunca ofendería a sabiendas o deliberadamente a alguien en un sermón, ¿no?

Como hemos visto, incluso un vistazo superficial al ministerio de predicación de Jesús revela una imagen totalmente diferente. Los sermones de Jesús *normalmente* presentaban verdades difíciles, palabras duras, y controversia de alto octanaje. ¡Sus propios discípulos se quejaban de que su predicación era demasiado dura de oír!

Por eso la predicación de Jesús encabeza la lista de cosas que hacen que sea imposible ignorarlo. Ningún predicador ha sido nunca más valiente, profético o provocativo. Ningún estilo de ministerio público podría posiblemente ser más fastidioso para quienes prefieren una religión cómoda. Jesús hizo imposible que cualquier oidor se alejara indiferente. Algunos se iban enojados;

algunos eran profundamente inquietados por lo que Él decía; a muchos se les abrieron los ojos; y muchos más endurecieron sus corazones contra su mensaje. Algunos se hicieron sus discípulos, y otros se volvieron sus adversarios. Pero nadie que le escuchó predicar por mucho tiempo podía permanecer sin cambiar o apático.

Creo que es un grave error presentar el cristianismo como algo encantador y popular que no contiene ofensa alguna. Viendo que Cristo fue por el mundo causando la ofensa más violenta a todo tipo de personas, parecería absurdo esperar que la doctrina de su persona pudiera presentarse de forma que no ofenda a nadie. No podemos pasar por alto el hecho de que el amable Jesús, manso y humilde, fue tan rígido en sus opiniones y tan incendiario en su lenguaje que fue expulsado de la iglesia, apedreado, perseguido de lugar en lugar, y finalmente muerto como agitador y peligro público. Cualquiera que fuese su paz, no fue la paz de una amigable indiferencia.

— DOROTHY SAYERS[8]

7

El pecado imperdonable

❧

*¡Generación de víboras! ¿Cómo podéis hablar lo bueno, siendo
malos? Porque de la abundancia del corazón habla la boca*

Mateo 12.34

𝒰n importante punto crucial en el trato público de
Jesús con los líderes judíos debe mencionarse. Algunos de
los fariseos que habían estado acechando a Jesús de repente
pasaron de acusarlo de blasfemia, a cometer una blasfemia
imperdonable ellos mismos. Esos expertos religiosos, que
fueron tan ultrajados cuando Jesús declaró los pecados de un
publicano instantáneamente perdonados, estaban a punto de
oírle pronunciar su pecado *im*perdonable.

Según las armonías de los Evangelios mejores y más sencillas,
este capítulo del conflicto de Jesús con los fariseos comenzó con
una espectacular sanidad que sucedió algún tiempo después del
Sermón del Monte, pero antes de los acontecimientos de Juan
6. Durante este período de su ministerio, Jesús estaba realizando
predicación itinerante en las aldeas de Galilea (Lucas 8.1). Viajaba

con los Doce, más un pequeño grupo de mujeres que, sin duda, se ocupaban de las necesidades domésticas de Jesús y sus discípulos, y quienes, según Lucas, «le servían de sus bienes» (Lucas 8.3). Una de las mujeres era la esposa del administrador personal de Herodes, y por eso, obviamente, tenía medios con los cuales ayudar a suplir cualquier necesidad financiera relacionada con los viajes y el ministerio.

Sin embargo, las demandas diarias en la época de Jesús eran tan abrumadoras en aquellos momentos que el pequeño grupo ni aun podía comer pan (Marcos 3.20).

Durante esa fase de su ministerio, Jesús tuvo un importante altercado con un grupo de fariseos cuyo antagonismo hacia Él literalmente no conocía límites. Estaban tan decididos a desacreditarlo que cometieron un acto de tremenda blasfemia contra el Espíritu de Dios y, así, sellaron su destino con absoluta finalidad. La condena de Jesús de su blasfemia destaca como una de las advertencias más escalofriantes de toda la Escritura.

Mateo relata el incidente y su secuela inmediatamente después de describir la sanidad del hombre de la mano seca. Los dos acontecimientos sin duda sucedieron en rápida sucesión, separados, quizá, por unos pocos días como mucho. Por tanto, los fariseos aún estaban furiosos por la supuesta violación de Jesús de sus reglas del día de reposo. Seguían buscando maneras de desacreditarlo, pero francamente, se habían quedado sin argumentos. Estaba totalmente claro para las multitudes que Jesús hablaba por Dios, porque no había milagro que Él no pudiera hacer, enfermedad que Él no pudiera sanar, ni argumento de los líderes judíos que Él no pudiera responder.

La élite religiosa de Israel estaba desesperada. El apóstol Juan describe una importante reunión del concilio en Jerusalén que tuvo lugar, o bien durante esta misma fase del ministerio de Jesús o bien poco después. Eso nos abre una ventana al modo en que el sanedrín estaban pensando y lo que estaban planeando: «Entonces los principales sacerdotes y los fariseos reunieron el concilio, y dijeron: ¿Qué haremos? Porque este hombre hace muchas señales. Si le dejamos así, todos creerán en él; y vendrán los romanos, y destruirán nuestro lugar santo y nuestra nación» (Juan 11.47-48).

Observemos: ellos no disputaban la legitimidad de su afirmación de que Él era el Mesías o la realidad de sus milagros. Tampoco tenían ningún argumento real contra su doctrina, además del hecho de que Él representaba una grave amenaza para su poder.

En pocas palabras, ellos temían a los romanos más de lo que temían a Dios. Querían aferrarse a la influencia que tenían, en lugar de rendir su honor y obediencia al legítimo Mesías de Israel. Les encantaba su propia piedad artificial más de lo que deseaban una auténtica justicia. Estaban satisfechos con sus propios méritos y despreciaban a cualquiera que cuestionase su piedad, como Jesús había hecho pública y repetidamente. Desde el momento en que Él entró por primera vez en el ministerio público, había permanecido con determinación contra todo su sistema de religión, y ellos le odiaban por ello.

Por eso los milagros de Jesús no causaban impacto alguno en ellos. No habrían cambiado de opinión con respecto a Él aunque Él hubiera hecho descender fuego del cielo en su presencia. No les hubiera caído mejor si Él literalmente hubiera borrado todo último vestigio de enfermedad y de sufrimiento de toda la nación. Le hubieran odiado sin importar lo que Él hiciera, mientras se negase a afirmarlos y honrarlos *a ellos*. Y Él se negó firmemente a hacer eso bajo ninguna circunstancia.

No es sorprendente. Sus propias palabras revelan la maldad que había en sus corazones. Ellos tenían toda la evidencia que necesitaban a fin de creer que Él era quien afirmaba ser. De hecho, ahora estaban convencidos de que «si le dejamos así, todos creerán en él» (Juan 11.48). Estaban decididos a evitar que eso sucediera a toda costa. Como hemos visto, ellos ya estaban conspirando agresivamente para matarlo; pero eso requeriría tiempo. (Para una útil muestra de cuánta planificación y premeditación requirió el asesinato de Jesús, simplemente notemos que quedaba al menos un año para la crucifixión en ese momento.) Mientras tanto, los fariseos recurrieron a cualquier medio posible para desacreditarlo o avergonzarlo. Aumentaron sus esfuerzos para seguirlo dondequiera que Él iba. Desde aquí en adelante, siempre que Jesús enseñaba en público, el sanedrín tenía sus representantes allí, listos para criticar cada una de sus palabras y actos desde las bandas.

LA SANIDAD Y LIBERACIÓN

Como ya hemos visto, la sanidad de la mano seca de Mateo 12 fue uno de los más notables de todos los milagros de Jesús», porque la mano desecada del hombre fue sanada al instante ante los ojos de todos. Esa sanidad, que examinamos según el relato de Lucas, llenó de furia a los fariseos (Lucas 6.11). Así, se convirtió en el incidente que provocó su determinación de matarlo. En palabras de Mateo: «Y salidos los fariseos, tuvieron consejo contra Jesús para destruirle» (Mateo 12.14).

El relato inmediatamente siguiente en la narrativa de Mateo describe otra sanidad. Una vez más es el tipo de sanidad que implica un milagro indisputable: «Entonces fue traído a él un endemoniado, ciego y mudo; y le sanó, de tal manera que el ciego y mudo veía y hablaba» (v. 22). El milagro fue instantáneo, total y triunfante en múltiples niveles. Las discapacidades físicas del hombre fueron sanadas al instante, y fue liberado de la atadura demoníaca en seguida.

Mateo dice que «multitudes» fueron testigos del milagro. Algunas de esas personas seguramente conocían al hombre y su historia, porque la respuesta a la sanidad fue inusualmente fuerte. Mateo utiliza una palabra griega especialmente intensa («atónita»), que habla de algo más que mera sorpresa; sugiere que ellos estaban prácticamente locos de la impresión. De todos los milagros que habían visto, este tuvo un particular valor de asombro, sin duda porque el caso del hombre era muy grave. Su ceguera y su incapacidad de hablar le habían cortado por completo todo medio posible de comunicación. Eso, combinado con cualquier manifestación grotesca que su posesión demoníaca pudiera haber causado, le situaba por encima de toda esperanza terrenal en las mentes de todos los que le conocían. Pero Jesús instantáneamente le dejó sano por completo.

Nadie, incluyendo a los fariseos, podía disputar el *hecho* del milagro. Inmediatamente, una ola de emoción pasó por las multitudes. «Y toda la gente estaba atónita, y decía: ¿Será éste aquel Hijo de David?» (v. 23). No era una expresión de duda, ni tampoco una profesión de fe; era una exclamación de maravilla y sorpresa. El milagro, además de todo lo demás que habían visto y oído de Jesús, les tenía pensando seriamente en la posibilidad de que Él ciertamente pudiera ser el Mesías prometido. Él no encajaba en sus expectativas en la mayor parte de los aspectos, porque ellos esperaban que el Mesías apareciera en escena como héroe conquistador y glorioso rey, y no como un simple hijo de carpintero, de una familia que vivía en medio de ellos. Pero no podían ver tantos milagros dramáticos sin comenzar a preguntarse si Jesús era ciertamente Aquel.

LA BLASFEMIA

Al oír surgir esa charla entre las multitudes, los fariseos reaccionaron rápidamente, con la más fuerte denuncia de Jesús que posiblemente pudieron expresar: «Este no echa fuera los demonios sino por Beelzebú, príncipe de los demonios» (v. 2).

Beelzebú (o *Beelzebul*, como aparece en los mejores manuscritos) era un nombre prestado y ligeramente alterado de Baal-zebú (literalmente, «el señor de las moscas»), una deidad de los filisteos (2 Reyes 1.2-3; 6.16). La alteración puede que fuese deliberada, porque *Beel-zebul* y siríaco significa «dios del estiércol». El nombre se utilizaba para Satanás en la época de Jesús. En otras palabras, aunque los fariseos no podían negar que un milagro auténtico se había producido delante de sus mismos ojos, inmediatamente comenzaron a insistir en que el poder para hacer el milagro venía directamente de Satanás.

Como era normal, musitaron esa acusación en medio de la multitud, fuera del alcance del oído de Jesús. Probablemente estuvieran haciendo todo lo posible para desacreditarlo sin que Él se diese cuenta. Seguramente ellos no querían otra confrontación pública, pues cada choque público que provocaron con Él siempre terminaba en vergüenza para ellos. No eran lo bastante valientes para confrontar a Jesús directamente y acusarle ante su cara. Pero Mateo dice:

> Todo reino dividido contra sí mismo, es asolado, y toda ciudad o casa dividida contra sí misma, no permanecerá. Y si Satanás echa fuera a Satanás, contra sí mismo está dividido; ¿cómo, pues, permanecerá su reino? Y si yo echo fuera los demonios por Beelzebú, ¿por quién los echan vuestros hijos? Por tanto, ellos serán vuestros jueces. Pero si yo por el Espíritu de Dios

echo fuera los demonios, ciertamente ha llegado a vosotros el reino de Dios (vv. 25-28).

A estas alturas, seguramente habrá observado que la omnisciencia de Jesús, en particular su capacidad de saber lo que hay en los corazones de las personas, ha sido un tema coherente en sus disputas con los fariseos. Juan lo menciona repetidas veces (Juan 2.24-25; 6.64). Mateo lo menciona aquí y en Mateo 9.4. Lucas observa el mismo hecho en un relato muy parecido a este incidente (Lucas 11.17). Si la estridencia del trato de Jesús con los líderes judíos sorprende, tengamos en mente que Él tenía la ventaja de conocer sus corazones incluso más perfectamente que ellos mismos. El corazón humano caído es «engañoso... más que todas las cosas, y perverso; ¿quién lo conocerá?» (Jeremías 17.9). La potencialidad para el autoengaño es tan profunda que no hemos de confiar en nuestro propio corazón (Proverbios 28.26). Solamente Dios sabe cómo juzgar un corazón humano perfectamente (Jeremías 11.20; 17.10; 20.12). Jesús *es* Dios y, por tanto, podemos descansar seguros en que su implacable dureza con los fariseos estaba plenamente justificada (Lucas 16.15), aun cuando pareciera responderles sin mucha provocación visible.

Obviamente, no podemos evaluar los corazones de otras personas perfectamente, y mucho menos confiar en nuestro propio corazón (1 Samuel 16.7; Juan 7.24). Por tanto, también se nos advierte repetidamente de que tratemos a otros con tanta paciencia y amabilidad como sea posible (Gálatas 6.1; Efesios 4.2; Filipenses 4.5; 2 Timoteo 2.24-26). Por tanto, tengamos esto totalmente claro: la dureza de Jesús con los fariseos no nos da licencia sin restricción para tratar duramente a otros cada vez que estemos en desacuerdo. La *amabilidad* debería caracterizar nuestras relaciones con las personas, incluyendo a quienes nos persiguen (Lucas 6.27-36). El amor «es sufrido, es benigno... Todo lo sufre, todo lo cree, todo lo espera, todo lo soporta» (1 Corintios 13.4, 7). Estas son reglas generales que deberían ser primordiales en todas nuestras relaciones con otros.

Sin embargo, la constante fricción de Jesús con los fariseos muestra que el conflicto a veces es necesario. Las palabras duras no son siempre inapropiadas; las verdades desagradables y no bienvenidas a veces necesitan ser expresadas. La falsa religión siempre necesita tener una respuesta. El amor puede cubrir multitud de pecados (1 Pedro 4.8), pero la flagrante hipocresía de los falsos maestros necesita desesperadamente ser sacada a la luz, para que nuestro silencio no facilite y perpetúe un condenatorio engaño. La verdad no siempre es «agradable».

En este caso, Jesús tomó la acusación murmurada de los fariseos, la trajo al frente delante de toda la multitud, y después refutó la lógica de la acusación. En primer lugar, destacó que un reino dividido contra sí mismo no puede permanecer. (Israel conocía ese hecho demasiado bien por su propia historia.) Él observó que había supuestos exorcistas entre los discípulos de los fariseos, y planteó la pregunta en cuanto a quién poseía el poder que *ellos* empleaban para expulsar demonios. El comentario está lleno de sarcasmo, porque aunque había exorcistas en el sistema de los fariseos, eran notoriamente infructuosos, como los hijos de Esceva («un sumo sacerdote judío») mencionados en Hechos 19.13-16, que intentaron utilizar el nombre de Jesús como un abracadabra para exorcizar a un hombre poseído por un demonio en Éfeso. La Escritura dice: «Y el hombre en quien estaba el espíritu malo, saltando sobre ellos y dominándolos, pudo más que ellos, de tal manera que huyeron de aquella casa desnudos y heridos». El predominio de tantos casos extremos de posesión demoníaca en Galilea durante el ministerio de Jesús da testimonio de la convocatoria tan grande de las fuerzas del infierno que estaban formadas contra Él, al igual que lo ineficaces que habían sido los exorcismos de los fariseos. Cuando Jesús desafió a los fariseos, «Y si yo echo fuera los demonios por Beelzebú, ¿por quién los echan vuestros hijos?» (v. 27), no es difícil imaginar una ola de risas entre la multitud que observaba.

Dado el índice de éxito de Jesús del cien por ciento en expulsar demonios, la única conclusión razonable y racional era que Él lo hacía por el poder de Dios, porque solamente Dios es mayor que el reino entero de Satanás. «Porque ¿cómo puede alguno entrar en la casa del hombre fuerte, y saquear sus bienes, si primero no le ata? Y entonces podrá saquear su casa» (Mateo 12.29).

La breve respuesta de Jesús a los fariseos contenía un par de frases importantes e inquietantes. Él les dijo, por ejemplo: «Pero si yo por el Espíritu de Dios echo fuera los demonios, ciertamente ha llegado a vosotros el reino de Dios» (v. 28). En otras palabras, si ellos estaban equivocados sobre Jesús (y claramente lo estaban; hasta ellos sabían eso en sus corazones), entonces Él era ciertamente el Mesías de Israel, y ellos se estaban enfrentando al poder y la autoridad del reino de Dios en la presencia misma del Rey eterno.

Además, Jesús trazó una clara línea en la arena: «El que no es conmigo, contra mí es» (v. 30). Esa frase, parece, era para beneficio de aquellos en la multitud que no eran aún discípulos totalmente comprometidos. No podían seguir siendo tibios a la vez que fingían ser sus seguidores. Al intentar sentarse en la valla entre Jesús y los fariseos, en realidad estaban endureciendo sus corazones contra Cristo. La prueba de que estaban «contra Él» finalmente se manifestaría en su propia apostasía. Judas fue el clásico ejemplo de esto. Él no había sido ni una sola vez abiertamente hostil a Jesús, hasta el día en que lo traicionó por dinero. Pero eso dejó claro que Judas nunca estuvo realmente «con»

Jesús, para comenzar (cp. 1 Juan 4.19). Estoy convencido de que hay más personas como esas en iglesias evangélicas de las que el típico cristiano imagina, aun en la actualidad. Puede que ellas se identifiquen con Jesús superficialmente y se mezclen bien con los verdaderos discípulos, pero no están verdaderamente comprometidas con Él y, por tanto, están *contra* Él. La línea de Jesús en la arena era un desafío para que tales personas se examinasen a sí mismas sinceramente y se comprometiesen con Él de corazón.

Para los fariseos que pronunciaron la blasfemia, sin embargo, Jesús tuvo palabras aún más solemnes.

¡GENERACIÓN DE VÍBORAS!

Si parece que Jesús estaba pronunciando un juicio final de condena contra esos fariseos en aquel momento, yo creo que eso es precisamente lo que estaba haciendo. Al haber demostrado la profunda irracionalidad e irresponsabilidad de su acusación, añadió: «Por tanto os digo: Todo pecado y blasfemia será perdonado a los hombres; mas la blasfemia contra el Espíritu no les será perdonada. A cualquiera que dijere alguna palabra contra el Hijo del Hombre, le será perdonado; pero al que hable contra el Espíritu Santo, no le será perdonado, ni en este siglo ni en el venidero» (vv. 31-32). Marcos registra la misma frase con palabras ligeramente distintas: «De cierto os digo que todos los pecados serán perdonados a los hijos de los hombres, y las blasfemias cualesquiera que sean; pero cualquiera que blasfeme contra el Espíritu Santo, no tiene jamás perdón, sino que es reo de juicio eterno» (Marcos 3.28-29). Marcos añade, sin embargo, este comentario editorial: «Porque ellos habían dicho: Tiene espíritu inmundo» (v. 30). Así, Marcos deja claro que las palabras de Jesús sobre el pecado imperdonable fueron su respuesta a la blasfemia de los fariseos. ¿Cuál es el pecado imperdonable? ¿Qué quiere decir Jesús cuando habla de «la blasfemia contra el Espíritu Santo»? El contexto, como siempre, nos da una respuesta clara. Es precisamente la blasfemia que aquellos hombres acababan de pronunciar.

La ira divina que provocó esas palabras de juicio es evidente en la forma en que Él les habló: «¡Generación de víboras! ¿Cómo podéis hablar lo bueno, siendo malos? Porque de la abundancia del corazón habla la boca» (Mateo 12.34). El fruto de sus propias palabras demostraba su verdadero carácter (v. 33). Su condena era justa.

PERDÓN Y LO IMPERDONABLE

Las personas con frecuencia se inquietan por la idea de que haya tal cosa como pecado imperdonable. Algunos se preocupan por si pudieran haberlo cometido inconscientemente. Otros, observando que Jesús no desarrolló mucho cuál es la naturaleza del pecado, intentan todo tipo de ejercicios hermenéuticos para definirlo del modo más preciso. Algunos tienen dificultad para reconciliar la idea de pecado imperdonable con la doctrina de la justificación por la fe y terminan con una idea torcida de cómo funciona la salvación. Si es posible cometer una blasfemia que nunca puede ser perdonada, razonan ellos, entonces debe de ser posible que los cristianos cometan el pecado y pierdan su salvación.

Todas esas preocupaciones y malentendidos se responden con facilidad, si mantenemos a la vista el contexto de este pasaje. Aquellos fariseos eran culpables de pecado imperdonable porque a sabiendas, no por ignorancia o por accidente, sino *deliberadamente*, descartaron la obra de Jesús considerándola una obra del diablo. Además, su rechazo de Cristo fue una plena, final y definitiva renuncia a Cristo y a todo lo que Él defendía. Contrastemos su pecado con el de Pedro, quien más adelante negó conocer a Cristo y puntuó sus negativas con malas palabras y maldiciones. Pero Pedro halló perdón de su pecado. Si pensamos con atención en lo que estaba sucediendo aquí y lo que Jesús dijo realmente, la idea de pecado imperdonable no es en realidad tan misteriosa.

Notemos, en primer lugar, que este pasaje y sus referencias cruzadas (Marcos 3.28-29; Lucas 12.10) son los únicos lugares donde la Escritura menciona el pecado imperdonable.[1] Hebreos 6.4-6 y 10.26 describe un tipo de apostasía deliberada para la cual no hay remedio, y 1 Juan 5.16 menciona «pecado de muerte». Pero el «pecado de muerte» se entiende mejor como un pecado que da como resultado la muerte física. No es un pecado concreto, sino cualquier pecado cuya consecuencia directa sea la muerte, incluyendo pecados que Dios juzga con la muerte (1 Corintios 11.30). Los pasajes en Hebreos 6 y 10 describen un alejamiento deliberado de la verdad. Es muy similar a la blasfemia que esos fariseos cometieron, y ciertamente puede haber una relación legítima entre estos pasajes y el pecado imperdonable. Pero el énfasis en Hebreos está en la imposibilidad del *arrepentimiento* (6.6), y no en que sea imposible obtener *perdón*.

En segundo lugar, no pasemos por alto el hecho de que las palabras de Jesús sobre este pecado imperdonable comienzan con una amplia promesa de perdón para todo pecado y blasfemia (Mateo 12.31). Nuestro Dios es un Dios perdonador; esa es su naturaleza. «¿Qué Dios como tú, que perdona la maldad, y olvida el pecado del remanente de su heredad? No retuvo para siempre su enojo, porque se deleita en misericordia» (Miqueas 7.18). «Porque tú, Señor, eres bueno y perdonador, y grande en misericordia para con todos los que te invocan» (Salmo 86.5). La Escritura está llena de textos como esos.

Jesús enfáticamente afirma que la *gravedad* del pecado nunca obstaculiza el perdón de Dios: «Todo pecado y blasfemia» es perdonable (Mateo 12.31). Después de todo, el mayor pecado jamás cometido fue la crucifixión de Jesús (Hechos 2.23) y sin embargo, algunas de las últimas palabras de Jesús antes de morir fueron una oración de perdón para sus ejecutores y para la multitud que se burlaba de Él (Lucas 23.34). El *número* de pecados que una persona cometa no hace que su caso sea imperdonable. La redención comprada por Cristo «cubrirá multitud de pecados» (Santiago 5.20). La *especie* del pecado no es el factor que lo hace imperdonable. «Si confesamos nuestros pecados, él es fiel y justo para perdonar nuestros pecados, y limpiarnos de toda maldad» (1 Juan 1.9). A lo largo del curso de su ministerio, Jesús perdonó todo tipo concebible y categoría de maldad. Incluso mientras colgaba de la cruz, Él otorgó pleno e inmediato perdón a un ladrón que había vivido una vida llena de pecado; porque el hombre estaba verdaderamente arrepentido.

Aquí, entonces, estaba el problema con los fariseos. Su odio por Jesús era firme y totalmente inamovible. Ellos nunca se arrepentirían, y su blasfemia sencillamente demostraba más allá de toda duda lo inexorablemente endurecidos que se habían vuelto sus corazones. Ante un milagro que dejó atónitos y sorprendidos a todos los que lo vieron, ellos sólo estaban preocupados por cómo desacreditar a Cristo.

No sólo estaban sus corazones permanentemente endurecidos contra Cristo; ellos estaban totalmente resueltos a hacer todo lo posible por poner en contra de Él a tantas personas como pudieran. Su odio hacia Él estaba impulsado por intenciones asesinas, y ahora estaba agravado con la blasfemia definitiva.

El lenguaje que Jesús utilizó («pecado y blasfemia») claramente sitúa a la blasfemia aparte de todos los demás pecados, significando que *cualquier* blasfemia es peor que otros pecados.

Eso se debe a que es un pecado directamente contra Dios, sin ningún otro motivo que el de deshonrarlo. La mayoría de pecados están, al menos en parte, motivados por deseos de placer, dinero, excesos, u otros motivos complejos. Pero la blasfemia no satisface ningún anhelo, no ofrece ninguna recompensa, ni gratifica ninguna necesidad del ser humano. De todos los pecados, este es pura y simplemente un acto de desafío contra Dios. Por eso en cualquier taxonomía bíblica de malas obras, la blasfemia es peor que hasta el asesinato y el adulterio. Sin embargo, Jesús expresamente afirma que incluso los actos de blasfemia son perdonables cuando el blasfemo se arrepiente.

Notemos que Él se refiere al pecado imperdonable como «*la* blasfemia contra el Espíritu» (Mateo 12.31, énfasis añadido). El artículo definido es importante. Jesús hablaba claramente sobre un acto particular de blasfemia, la expresión de blasfemia definitiva, conclusiva, manifiesta que se eleva por encima de toda otra forma de blasfemia. Él no estaba sugiriendo que un lapsus al invocar el nombre del Espíritu Santo en un juramento blasfemo sea automáticamente imperdonable. Algunas personas luchan con el error de que si cuestionan cualquiera de los diversos fenómenos que la gente afirma que son manifestaciones del poder del Espíritu Santo en la actualidad, se arriesgan a cometer un pecado imperdonable. Y así, su temor aplasta el discernimiento. Eso no es, en absoluto, lo que Jesús estaba diciendo aquí. Él no estaba nombrando una amplia categoría de ofensas y declarándolas a todas imperdonables; estaba tratando con una manifestación muy concreta de flagrante blasfemia, y *esa* es la que Él dijo que era imperdonable. Era el pecado de aquellos fariseos: cerrar el corazón permanentemente contra Cristo aun después de que el Espíritu Santo haya traído plena convicción de la verdad. De hecho, Jesús cerró la puerta del cielo contra aquellos fariseos que tan profunda y deliberadamente habían cerrado sus corazones a Él.

¿Por qué caracterizó Él su pecado como blasfema contra el Espíritu Santo? Porque los milagros de Jesús fueron hechos en el poder del Espíritu Santo. (Incluso los fariseos sabían eso en sus corazones.) Y, sin embargo, ellos afirmaban que Él operaba en el poder de Satanás. De hecho, ellos estaban llamando diablo al Espíritu Santo, y dando mérito al diablo de lo que el Espíritu de Dios había hecho.

Pero lo que hizo imperdonable a este pecado en particular fue su finalidad. Fue deliberado. Fue una expresión de incredulidad fría y decidida. Aquellos fariseos habían visto, de cerca, más evidencia de la que posiblemente pudieran necesitar nunca de que Jesús era Dios encarnado. Y, aun así, continuaban pidiendo más señales dramáticas. De hecho, justamente después de que Jesús les advirtiera del peligro del pecado imperdonable, ellos demandaron otra señal, sugiriendo que querían ver una señal de proporciones cósmicas (v. 38, «una señal del cielo» en palabras de Lucas 11.16).

El hecho es que sus corazones ya estaban decididos. Ellos nunca creerían, a pesar de lo que Jesús hiciera o dijera. Por tanto, su pecado era imperdonable. El Espíritu Santo ya había abierto sus ojos para ver la verdad y había convencido sus corazones de su propia culpabilidad, y aun así ellos persistían en una fría incredulidad. Eso es lo que convertía a esta blasfemia particular contra el Espíritu Santo en más malvada y más personalmente deshonrosa para Dios que cualquier blasfemia casual que ellos pudieran haber pronunciado nunca contra Jesús mismo (v. 32).

Inmediatamente después de aquel día, Jesús comenzó a enseñar en parábolas (13.3). Desde ese día en adelante, cuando Él enseñaba en lugares públicos: «Todo esto habló Jesús por parábolas a la gente, y sin parábolas no les hablaba» (v. 34). Eso era, en parte, una expresión de juicio contra la dureza de corazón de los fariseos. Citando Isaías 6.9-10 y 44.18, Jesús explicó a sus discípulos la razón de las parábolas: «A vosotros os es dado saber el misterio del reino de Dios; mas a los que están fuera, por parábolas todas las cosas; para que viendo, vean y no perciban; y oyendo, oigan y no entiendan; para que no se conviertan, y les sean perdonados los pecados» (Marcos 4.11-12). Si la élite religiosa de Israel estaba tan decidida a rechazar la verdad, Él ocultaría la verdad de ellos con parábolas, a la vez que usaba esas mismas parábolas para ilustrar la verdad para sus discípulos; «aunque a sus discípulos en particular les declaraba todo» (v. 34).

Pero las parábolas también servían a un *misericordioso* propósito en el trato de Jesús con los fariseos. Con sus corazones ahora permanentemente endurecidos contra la verdad, cuanta más verdad oyeran, mayor sería su juicio final. Porque su determinación a oponerse a la verdad era ya permanente y final, cuanta menos verdad oyeran de Jesús, mejor sería para ellos.

No muchas semanas después de este conflicto con los fariseos llegó el discurso del Pan de vida y la deserción a larga escala de seguidores, la cual examinamos en el capítulo anterior. Después de eso, Jesús terminó la fase galilea de su ministerio y comenzó a viajar a regiones más lejanas. Su ministerio le llevó desde Tiro y Sidón hasta la costa noreste mediterránea (Mateo 15.21), a Cesarea de Filipos al norte, cerca de la frontera siria (Mateo 16.13), a Decápolis (Marcos 7.31) y a Perea, cerca del Jordán (Juan 10.40). También se movía entre Galilea y Judea durante esos meses. Desde luego, los fariseos le seguían dondequiera que Él iba, y continuaban más agresivamente que nunca oponiéndose a Jesús en cada oportunidad, pero Él ahora enfocó su atención principalmente a la formación de sus propios discípulos.

Si el tiempo y el espacio nos permitieran examinar cada uno de los varios desafíos y confrontaciones que los fariseos plantearon a Jesús, veríamos que el patrón de antagonismo hacia Él siguió sin disminución y, de hecho, aumentó de forma dramática a medida que se acercaba el final del ministerio público de Jesús. Lucas 20.20

dice: «Y acechándole enviaron espías que se simulasen justos, a fin de sorprenderle en alguna palabra, para entregarle al poder y autoridad del gobernador». Ellos continuamente le ponían a prueba (Lucas 11.54; Mateo 15.39; 22.15), y repetidamente se avergonzaban a sí mismos en el proceso. Todo encuentro posterior que Él tuvo con ellos fue más de lo mismo.[2]

Jesús siempre los resistió, e invariablemente los hizo callar. Con frecuencia advertía a sus discípulos contra las tendencias del sistema de los fariseos, refiriéndose a su hipocresía como «levadura» (Mateo 16.6; Lucas 12.1). Pero poco más tuvo que decirles *a* ellos aparte de las mismas verdades que ellos ya habían oído de Él.

Al final, durante esa última semana antes de la crucifixión, Él resumió sus puntos de vista sobre los líderes religiosos de Israel y su hipocresía en una ardiente diatriba en sus atrios: los terrenos del templo en Jerusalén. Ese sermón los dejó furiosos y ultrajados, y sellaría su determinación de matarlo en cuanto fuese posible.

*T*odos hemos oído a personas decir más de cien veces, porque parecen no cansarse de decirlo, que el Jesús del Nuevo Testamento es, sin duda, el más misericordioso y amante humanitario de la humanidad, pero que la Iglesia ha ocultado este carácter humano en dogmas repelentes y lo ha fortalecido con terrores eclesiásticos hasta que ha adoptado un carácter inhumano. Esto está, me aventuro a repetir, muy cerca de lo opuesto a la verdad. Lo cierto es que es la imagen de Cristo en las iglesias que es casi totalmente manso y misericordioso.

— G. K. CHESTERTON[3]

8

Ayes

❦

¡Ay de vosotros, escribas y fariseos, hipócritas! porque sois seme-
jantes a sepulcros blanqueados, que por fuera, a la verdad, se
muestran hermosos, mas por dentro están llenos de huesos de
muertos y de toda inmundicia... He aquí vuestra casa os es
dejada desierta.

Mateo 23.27, 38

odo el capítulo 23 de Mateo es el registro de un
sermón. Es el último sermón público que Jesús predicó.
Su tema no es el evangelio o el reino de Dios *per se*; es un
potente ataque de represión contra los pecados religiosos
de Israel, y de sus líderes en particular. Qué irónico (y qué
supremamente importante) es que Aquel de quien se dijo:
«Porque no envió Dios a su Hijo al mundo para condenar al
mundo, sino para que el mundo sea salvo por él» (Juan 3.17)
convirtiera su último sermón público en un extenso mensaje
de condenación.

Era la mitad de la semana de la Pasión. Los acontecimientos de esa tumultuosa semana comenzaron con Jesús entrando
en Jerusalén sentado sobre el lomo de un pollino con gritos de
¡Hosanna! resonando por la ciudad.[1] Parecía para todo el mundo

como si Él fuese a ser llevado por una ola masiva de apoyo público a la importancia y el poder en algún puesto político; y después Él finalmente inauguraría su reino prometido. Pero el entusiasmo público por Cristo era una ilusión. La expectativa que ellos tenían era de un Mesías que rápidamente liberaría a Israel del dominio de Roma y establecería un reino político que definitivamente gobernaría hasta por encima de César. Jerusalén estaba feliz de tener a un hacedor de milagros y la esperanza de un Rey conquistador así; pero ellos no querían la dura predicación de Jesús. Se sorprendieron de que Él pareciera más interesado en desafiar a sus instituciones religiosas de lo que estaba en conquistar Roma y liberarlos de la opresión política. Estaban atónitos por el trato que Él daba a la élite religiosa de Israel: como si fueran paganos. Él pasaba más tiempo llamando a *Israel* al arrepentimiento del que pasaba criticando a sus opresores. Encima de todo, ellos no comprendían que Él se negase a ser el Mesías según los términos *de ellos* (Juan 6.15). Antes de que terminase la semana, la misma multitud que le aclamó con gritos de Hosanna estaría pidiendo a gritos su sangre.

NO EN LA CASA DE MI PADRE

La mañana del martes de aquella fatídica semana, Jesús repitió la limpieza del templo. Habían pasado casi exactamente tres años desde que salió por primera vez a la escena como un profeta con un látigo hecho de cuerdas, expulsando del templo a los despiadados mercaderes de animales y cambistas. Recordará que aquel fue su primer acto público en Jerusalén. Entonces, pareció como si Él entrase en los terrenos del templo saliendo de la nada, y tomó a las autoridades religiosas totalmente por sorpresa. Estaba claro que ellos no supieron qué hacer con Él.

Ahora, tres años después, los especuladores cambistas estaban de vuelta al trabajo, al igual que los despiadados vendedores de animales. No mucho había cambiado, excepto que los corazones de los líderes judíos se habían endurecido y enfriado, y ahora sabían exactamente qué querían hacer con Jesús.

Los tres Evangelios sinópticos describen la segunda limpieza del templo, pero Marcos nos da el relato más completo:

> Vinieron, pues, a Jerusalén; y entrando Jesús en el templo, comenzó a echar fuera a los que vendían y compraban en el templo; y volcó las mesas de los cambistas, y las sillas de los que vendían palomas; y no consentía que nadie atravesase el templo llevando utensilio alguno. Y les enseñaba, diciendo: ¿No está escrito: Mi casa será llamada casa de oración para todas las naciones? Mas vosotros la habéis hecho cueva de ladrones. Y lo oyeron los escribas y los principales sacerdotes, y buscaban cómo matarle; porque le tenían miedo, por cuanto todo el pueblo estaba admirado de su doctrina (Marcos 11.15-18).

Tiene todo el sentido que Jesús concluyese su ministerio estableciendo el mismo punto que estableció en su comienzo. La idea de que Él limpiase el templo dos veces no pone a prueba el sentido común o la credulidad en lo más mínimo.[2] Lo verdaderamente notable es que Jesús no hiciera eso cada vez que visitó Jerusalén a lo largo del curso de su ministerio. Lo hizo sólo una vez al principio y después una vez más al final, agrupando su ministerio público.

Esas dramáticas demostraciones de la divina autoridad de Jesús destacan su oposición a las instituciones religiosas del judaísmo apóstata. Subrayan la naturaleza profética de su mensaje y explican en sumo grado por qué sus relaciones con los líderes judíos siempre tuvieron un fuerte sabor amargo.

Para entonces, los miembros de todos los rangos del sanedrín, fariseos, sumos sacerdotes, los principales saduceos y los guardias del templo le odiaban más que nunca; pero también le tenían temor (Marcos 11.18) principalmente porque Él parecía ser muy popular entre el pueblo. Por tanto, el lugar de arrestarlo allí mismo en las instalaciones del templo, su plan fue estar a la espera de una oportunidad para arrestarlo en secreto. Por eso esta vez Jesús pudo expulsar a los cambistas del templo y alejarse de la escena sin ser desafiado en absoluto. (Recordemos que la primera vez que Jesús expulsó a los cambistas, los guardias del templo respondieron demandando que Él diera una señal que demostrase su autoridad profética. Esta vez, la respuesta de ellos fue sólo de muda sorpresa.) Pero mientras ellos permanecían en gran parte en un segundo plano, el sanedrín calladamente renovaba su resolución de librarse de Él, aquella misma semana si fuese posible.

Por parte de Él, inmediatamente después de expulsar a los cambistas, Jesús más o menos entró en las instalaciones del templo para aquella semana. Los atrios del templo se convirtieron en salón de clase y también oficinas centrales para su ministerio público de enseñanza, justamente delante de las narices del sanedrín. La mayor parte de Mateo 21-25; Marcos 11-13; Lucas 19-21; y Juan 12 registran lo que Él enseñó y cosas que sucedieron durante aquella semana. Los líderes religiosos repetidamente le desafiaron, tratando de atraparlo o confundirlo de alguna manera; y siempre fracasaron. Lucas dice: «Y enseñaba cada día en el templo; pero los principales sacerdotes, los escribas y los principales del pueblo procuraban matarle. Y no hallaban nada que pudieran hacerle, porque todo el pueblo estaba suspenso oyéndole» (Lucas 19.47-48).

Juan añade esta inquietante nota sobre las multitudes que escucharon la enseñanza de Jesús esa semana: «Pero a pesar de que había hecho tantas señales delante de ellos, no creían en él» (Juan 12.37).

CAUSAR IMPACTO

Alguien podría preguntarse por qué Jesús continuó enseñando en los atrios del templo cuando sabía que los corazones de muchos de sus oyentes eran fríos. Él también sabía, sin duda, que su presencia misma provocaba a los líderes judíos y encendía su determinación de destruirlo. Él era totalmente consciente de hacia dónde se dirigía. Un pragmático podría sugerir que Él debiera haber mantenido un bajo perfil, quizá hasta pasar a un segundo plano y ministrar de formas menos públicas solamente a las personas que eran receptivas, en lugar de antagonizar continuamente con personas que Él sabía que nunca creerían. Después de todo, fomentar peleas como esas posiblemente no haría a nadie ningún bien, ¿no es cierto?

Pero como hemos visto de forma coherente desde el comienzo mismo, la verdad le importaba más a Jesús que cómo se sintiera la gente al respecto. Él no buscaba maneras sólo de hacer que a la gente «le gustase» Él; llamaba a personas que estuvieran dispuestas a postrarse ante Él incondicionalmente como su Señor. Él no estaba interesado en reforzar las creencias «de terreno común» donde su mensaje se solapase a la perspectiva de los fariseos. Por el contrario, Él subrayaba (casi exclusivamente) los puntos sobre los cuales estaba en *desacuerdo* con ellos. Él nunca actuó como si la mejor manera de alejar a las personas de las condenables herejías de la religión farisea fuese hacer sonar su mensaje lo más parecido posible a las creencias populares de la época. En cambio, Él subrayó (y reiteró una y otra vez) los puntos de doctrina que estaban más en desacuerdo con la sabiduría convencional del fariseísmo.

Su estrategia francamente no habría sido más bienvenida en las reuniones evangélicas típicas del siglo XXI de lo que lo fue allí en el patio del sanedrín.

Y aun así, de maneras modestas pero significativas, Jesús causó impacto. Juan 12.42-43, describiendo el ministerio de Jesús aquella semana en los atrios del templo, dice esto: «Con todo eso, aun de los gobernantes, muchos creyeron en él; pero a causa de los fariseos no lo confesaban, para no ser expulsados de la sinagoga. Porque amaban más la gloria de los hombres que la gloria de Dios». Evidentemente, Nicodemo y José de Arimatea eran representantes de un pequeño, callado, casi invisible grupo de miembros del consejo y rabinos influyentes que escuchaban a Jesús y fueron persuadidos de la verdad de su mensaje. Debido a que su amor por los elogios de los hombres estaba tan profundamente arraigado en su perspectiva, ellos se mantenían en silencio. ¿Eran ellos creyentes genuinos, hombres regenerados, o era su «fe» del tipo falsa, temporal y no redentora?

Observemos que Juan no habla muy bien de ellos. Cualquiera que fuera la naturaleza de su «creencia», ellos seguían estando más preocupados por su membresía en las sinagogas de lo que lo estaban por Cristo. Parece seguro que la inmensa mayoría de ellos estaban convencidos pero no comprometidos y, por tanto, no eran verdaderos creyentes; al menos, no aún. Algunos de ellos puede que llegasen a la fe verdadera algún tiempo después, quizá tras la resurrección. José de Arimatea y Nicodemo eran fariseos, miembros del consejo, que acudieron a Cristo lentamente y titubeantes pero que al final demostraron su compromiso verdadero con Él en un momento decisivo (Lucas 23.51; Juan 19.38-39). Bien pudo haber habido otros como ellos.

Pero, aparentemente, algunos de ellos seguían siendo indecisos. La primera crisis doctrinal importante que surgió en la iglesia primitiva provino de algunos herejes que enseñaban que los gentiles que acudían a Cristo no podían ser salvos sin ser circuncidados. Por tanto, ellos convertían las propias obras del creyente, en lugar de solamente la perfecta justicia de Cristo, en la base de una buena relación con Dios, y así corrompían la simplicidad del evangelio. En Hechos 15 se convocó un concilio para abordar ese error. Lucas registra que los culpables de introducir esta doctrina fueron «algunos de la secta de los fariseos, que habían creído» (Hechos 15.5).

En otras palabras, algunos de los primeros herejes en la iglesia primitiva fueron anteriores líderes judíos que habían sido persuadidos de la verdad sobre Cristo, pero que en lugar de arrepentirse de su propio fariseísmo, habían arrastrado su perspectiva fariseica a la iglesia, corrompiendo el mensaje del cristianismo en el proceso. El amor a los elogios de los hombres estaba tan arraigado en todos sus pensamientos que hasta después de haber sido persuadidos de la verdad, algunos fariseos eran incapaces de perder la orientación basada en las obras de su religión.

Por eso el apóstol Pablo era tan enfático en cuanto a su propia ruptura con el fariseísmo. Él describió su anterior religión como «basura» en Filipenses 3.8.

Si el apóstol Juan parece de alguna manera menos que exuberante en Juan 12.42-43 acerca de los miembros del consejo que «creyeron» pero que se mantuvieron en silencio al respecto, ahora sabemos por qué. Cualquier fariseo que nunca se arrepintiese totalmente de sus propias «buenas obras» perecería en sus pecados, aun si creía que Jesús era el verdadero Mesías. Y estaba claro en la época en que Juan escribió su Evangelio que la falsa «fe» de tales hombres era ya un problema grande y extendido en la iglesia primitiva, la primera amenaza verdaderamente importante a la pureza del mensaje del evangelio.

Entre el pueblo común, la fe falsa y la tibia esperanza mesiánica en Jesús era igualmente un problema importante. Siempre lo ha sido. Recordemos que Juan atrajo la atención hacia el problema desde el principio, en Juan 2.23-24: «muchos creyeron en su nombre, viendo las señales que hacía. Pero Jesús mismo no se fiaba de ellos, porque conocía a todos». Juan 6 describía en detalle cómo esa fe tibia en seguida dio paso a la hostilidad. Estaba a punto de suceder otra vez; con respecto a esas apreciativas multitudes que escucharon a Jesús con anhelo durante aquella semana final en Jerusalén, «todo el pueblo estaba suspenso oyéndole» (Lucas 19.48), debió de haber habido incontables personas que estarían gritando «¡Crucifícale!» (Marcos 15.13) antes de que terminase la semana.

Y, sin embargo, había un remanente en ambos grupos, los líderes judíos y el pueblo común, que, o bien eran o bien llegarían a ser verdaderos discípulos. Jesús siguió predicando para beneficio de ellos, aunque sabía muy bien que cuanto más visible hiciese su ministerio ante el ojo público, más se intensificaría la determinación del sanedrín de crucificarle.

EL SERMÓN FINAL

El contenido del mensaje de Jesús demuestra, sin embargo, que Él enseñaba no sólo para beneficio del remanente creyente, sino también como advertencia y enseñanza finales a los líderes judíos mismos.

El último sermón público de nuestro Señor tuvo lugar el miércoles de esa semana final. Mateo 23.1 dice que Él dio su mensaje «a la gente y a sus discípulos». Pero está claro por el mensaje mismo que había miembros del consejo entre quienes escuchaban, porque Jesús les gritó y dirigió importantes porciones del sermón directamente a ellos. No sólo estaban en el perímetro, como siempre, sino realmente mezclados entre las multitudes de incógnito, y fingiendo ser atentos oyentes. Escuchaban con atención para encontrar cualquier cosa que pudieran utilizar para «sorprenderle en alguna palabra» (22.15) o para torcerla y convertirla en una acusación contra Él. Lo siguiente es lo que Lucas dice: «Procuraban los principales sacerdotes y los escribas echarle mano en aquella hora, porque comprendieron que contra ellos había dicho esta parábola; pero temieron al pueblo. Y acechándole enviaron espías que se simulasen justos, a fin de sorprenderle en alguna palabra, para entregarle al poder y autoridad del gobernador» (Lucas 20.19-20).

Desde luego, Jesús *seguía* conociendo sus pensamientos, y los confrontó más directamente que nunca antes. Él utilizó un lenguaje más áspero del que nunca había empleado. Les puso apodos. Soltó olas de condena contra su hipocresía, sobre cómo torcían la Escritura, y sobre su fariseísmo. Pronunció ayes tras ayes contra ellos. Y la Expresión «ay» no era una suave imprecación; era la más fuerte maldición profética concebible. Y uno puede estar seguro de que ellos no pasaron por alto su significado.

CÓMO PERDER AMIGOS Y ENCENDER A ENEMIGOS

Desde sus palabras de apertura hasta su frase final, Jesús fue firme, franco, apasionado e intenso; hasta feroz. Alguien imbuido en los estilos modernos y posmodernos de «contextualización» podría alegar que su mensaje y su estilo de pronunciarlo eran insensibles y dañinos hacia su audiencia. Eso sería un burdo mal juicio. *Sensibilidad* implica ser perceptivo a los sentimientos de otros. No hay modo en que Jesús, que podía ver directamente los corazones de los fariseos, pudiera haber fracasado a la hora de percibir lo que ellos sentían. Además, por muy personalmente molesto que pudiera ser encontrarse a uno mismo en la parte receptora de una diatriba como esa, lo que hubiera sido verdaderamente *dañino* sería que Jesús fingiera que el peligro espiritual que planteaban la doctrina y la conducta de los fariseos no era realmente tan grave, después de todo. Así que, como siempre, Él les dijo lo que más necesitaban oír, declarándoles la verdad con lenguaje llano. Bajo las circunstancias, esa era la mayor bondad que Él podría haberles mostrado. El tenor de sus palabras nos recuerdan que la guerra espiritual es precisamente eso: una batalla. Es un feroz conflicto contra las mentiras espirituales, la doctrina condenadamente errónea, y la falsa religión destructiva.

Es significativo que Jesús, quien como Dios omnisciente encarnado, era la persona más sensible que caminó jamás en la tierra, y sin embargo en circunstancias como estas, se negó a suavizar el mensaje, a adoptar un tono delicado, o a manejar a sus adversarios espirituales como frágiles almas. Había demasiado en juego.

Él comenzó el mensaje de forma comparativamente de bajo tono, burlándose del orgulloso fariseísmo de los fariseos y llamando a sus seguidores a ser tan humildes como arrogantes eran los fariseos:

En la cátedra de Moisés se sientan los escribas y los fariseos. Así que, todo lo que os digan que guardéis, guardadlo y hacedlo; mas no hagáis conforme a sus obras, porque dicen, y no hacen. Porque atan cargas pesadas y difíciles de llevar, y las ponen sobre los hombros de los hombres; pero ellos ni con un dedo quieren moverlas. Antes, hacen todas sus obras para ser vistos por los hombres. Pues ensanchan sus filacterias, y extienden los flecos de sus mantos; y aman los primeros asientos en las cenas, y las primeras sillas en las sinagogas, y las salutaciones en las plazas, y que los hombres los llamen: Rabí, Rabí. Pero vosotros no queráis que os llamen Rabí; porque uno es vuestro Maestro, el Cristo, y todos vosotros sois hermanos. Y no llaméis padre vuestro a nadie en la tierra; porque uno es vuestro Padre, el que está en los cielos. Ni seáis llamados maestros; porque uno es vuestro Maestro, el Cristo. El que es el mayor de vosotros, sea vuestro siervo. Porque el que se enaltece será humillado, y el que se humilla será enaltecido (Mateo 23.2-12).

Su descripción encaja perfectamente en los fariseos y sus seguidores.

Observemos que Jesús dijo: «Así que, todo lo que os digan que guardéis, guardadlo y hacedlo; mas no hagáis conforme a sus obras» (v. 3). La práctica de los fariseos era ciertamente un problema más manifiesto que su doctrina. Sin embargo, Jesús no estaba respaldando en general su enseñanza y criticando sólo su práctica. Lejos de eso. La raíz del problema era su sistema de creencia, y no sólo su conducta. Toda su interpretación de la ley era errónea, tal como Jesús había demostrado en su Sermón del Monte. Ellos «confiaban en sí mismos como justos, y menospreciaban a los otros» (Lucas 18.9). Y así, todo el fundamento de su soteriología (su punto de vista de la doctrina de la salvación) estaba torcido. Por tanto, Jesús, sin duda, no estaba indicando que los fariseos fuesen doctrinalmente ortodoxos y solamente estuvieran mal en su práctica. Pasó después a exponer algunos de los errores más notorios en su enseñanza antes de que este sermón terminase.

Por otro lado, ellos no estaban equivocados en *todo* lo que enseñaban. Sería aplicar muy mal la enseñanza de Jesús el tomar su condena de la religión fariseo y concluir que Él respaldaba todo lo que pareciera ser lo opuesto a lo que ellos defendían. En el hincapié que ellos hacían sobre la autoridad y el peso de la ley, especialmente ya que gobernaba la moralidad pública, ellos generalmente tenían razón. Cuando se trataba de esos asuntos, lo que Jesús aborrecía sobre ellos no era lo que ellos decían que la gente debería o no hacer; era que no vivieran de acuerdo con su propia enseñanza. Ese era el mayor peligro que planteaba su obsesión por las cosas externas. Ellos prestaban mucha atención a lo que vestían, pero no tanta a lo que pensaban. Estaban profundamente interesados en cómo eran percibidos por otras personas, pero no tanto en lo que Dios pensara de ellos. Eran apasionados en cuanto a asegurarse de recibir honra terrenal, pero apenas les importaba la honra de Dios. *No sean como ellos* fue el punto de comienzo de todo el sermón.

Después Jesús desvió su atención directamente a los escribas y los fariseos que estaban allí: «¡ay de vosotros, escribas y fariseos, hipócritas!» (v. 13). Y así lanzó una diatriba contra ellos que ocupa el resto del capítulo. Desde ese punto hasta el final del mensaje, Jesús habla directamente a los líderes judíos en segunda persona: su ataque más devastador a ellos hasta ese momento.

El sermón es demasiado largo para analizarlo palabra por palabra,[3] pero vale la pena leer toda la parte que fue dirigida directamente a la élite religiosa de Israel, y después destacaremos algunas de las principales características del sermón.

Mas ¡ay de vosotros, escribas y fariseos, hipócritas! porque cerráis el reino de los cielos delante de los hombres; pues ni entráis vosotros, ni dejáis entrar a los que están entrando. ¡Ay de vosotros, escribas y fariseos, hipócritas! porque recorréis mar y tierra para hacer un prosélito, y una vez hecho, le hacéis dos veces más hijo del infierno que vosotros.

¡Ay de vosotros, escribas y fariseos, hipócritas! porque devoráis las casas de las viudas, y como pretexto hacéis largas oraciones; por esto recibiréis mayor condenación.

¡Ay de vosotros, guías ciegos! que decís: Si alguno jura por el templo, no es nada; pero si alguno jura por el oro del templo, es deudor. ¡Insensatos y ciegos! porque ¿cuál es mayor, el oro, o el templo que santifica al oro? También decís: Si alguno jura por el altar, no es nada; pero si alguno jura por la ofrenda que está sobre él, es deudor. ¡Necios y ciegos! porque ¿cuál es mayor, la ofrenda, o el altar que santifica la ofrenda? Pues el que jura por el altar, jura por él, y por todo lo que está sobre él; y el que jura por el templo, jura por él, y por el que lo habita; y el que jura por el cielo, jura por el trono de Dios, y por aquel que está sentado en él.

¡Ay de vosotros, escribas y fariseos, hipócritas! porque diezmáis la menta y el eneldo y el comino, y dejáis lo más importante de la ley: la justicia, la misericordia y la fe. Esto era necesario hacer, sin dejar de hacer aquello. ¡Guías ciegos, que coláis el mosquito, y tragáis el camello!

¡Ay de vosotros, escribas y fariseos, hipócritas! porque limpiáis lo de fuera del vaso y del plato, pero por dentro estáis llenos de robo y de injusticia. ¡Fariseo ciego! Limpia primero lo de dentro del vaso y del plato, para que también lo de fuera sea limpio.

¡Ay de vosotros, escribas y fariseos, hipócritas! porque sois semejantes a sepulcros blanqueados, que por fuera, a la verdad, se muestran hermosos, mas por dentro están llenos de huesos de muertos y de toda inmundicia. Así también vosotros por fuera, a la verdad, os mostráis justos a los hombres, pero por dentro estáis llenos de hipocresía e iniquidad.

¡Ay de vosotros, escribas y fariseos, hipócritas! porque edificáis los sepulcros de los profetas, y adornáis los monumentos de los justos, y decís: Si hubiésemos vivido en los días de nuestros padres, no hubiéramos sido sus cómplices en la sangre de los profetas.

Así que dais testimonio contra vosotros mismos, de que sois hijos de aquellos que mataron a los profetas. ¡Vosotros también llenad la medida de vuestros padres! ¡Serpientes, generación de víboras! ¿Cómo escaparéis de la condenación del infierno? Por tanto, he aquí yo os envío profetas y sabios y escribas; y de ellos, a unos mataréis y crucificaréis, y a otros azotaréis en vuestras sinagogas, y perseguiréis de ciudad en ciudad; para que venga sobre vosotros toda la sangre justa que se ha derramado sobre la tierra, desde la sangre de Abel el justo hasta la sangre de Zacarías hijo de Berequías, a quien matasteis entre el templo y el altar. De cierto os digo que todo esto vendrá sobre esta generación.

¡Jerusalén, Jerusalén, que matas a los profetas, y apedreas a los que te son enviados! ¡Cuántas veces quise juntar a tus hijos, como la gallina junta sus polluelos debajo de las alas, y no quisiste! He aquí vuestra casa os es dejada desierta. Porque os digo que desde ahora no me veréis, hasta que digáis: Bendito el que viene en el nombre del Señor (vv. 13-39).

Jesús había dicho muchas de esas mismas cosas anteriormente. En una ocasión, un almuerzo privado en la casa de un fariseo se convirtió en un conflicto[4] cuando se hizo obvio que Él había sido invitado principalmente a fin de que ellos pudieran observar y criticar cosas como que no observase sus lavatorios ceremoniales. En aquella ocasión, en presencia de varios fariseos, Jesús dio una mordaz reprensión en la cual dijo muchas de estas mismas cosas (Lucas 11.37-54). Pero esta fue la primera vez en que está registrado que Jesús hubiera realizado un ataque tan sostenido al judaísmo oficial públicamente: en Jerusalén, en el templo, nada menos.

Ocho veces pronuncia *ay* contra ellos. Recordemos que el Sermón del Monte comenzó con ocho bienaventuranzas. Esos pronunciamientos de ayes son el polo opuesto, y están en marcado contraste. Son maldiciones en lugar de bendiciones.

Y sin embargo, aun en las maldiciones, hay un patetismo que refleja la tristeza de Jesús. Él no está expresando una *preferencia* por la condena de ellos, porque, después de todo, Él vino a salvar y no a condenar (Juan 3.17). La palabra *ay* en griego es *onomatopoeia*, una palabra cuyo significado se deriva de su sonido en lugar de una raíz semántica. Suena como un lamento de tristeza o de dolor. Es un paralelismo verbal en una sola palabra del lamento de Jesús por la ciudad entera (Lucas 19.41-44), reflejando el mismo tipo de tristeza. Esa tristeza, creo yo, es un reflejo del corazón de Dios y no meramente una manifestación de la naturaleza humana de Jesús. Dios no se agrada en la destrucción del malvado (Ezequiel 18.32; 33.11).

Por otro lado, la profunda tristeza de Jesús por la tibia rebelión de los fariseos no le movió a suavizar sus palabras o a amortiguar la realidad de la calamidad espiritual que ellos habían causado sobre sí mismos. Si en algo, esa fue la razón de que Él les diese este mensaje final con tal pasión y urgencia.

La otra palabra que domina este sermón además de *ay* es *hipócritas*, que igualmente aparece ocho veces. En el curso de pronunciar esos ocho ayes, Jesús abordó muchos de los errores doctrinales y prácticos que ilustraban lo deplorables hipócritas que eran ellos. Entre ellos se incluían su pretenciosa oración (v. 14); sus erróneos motivos para «ministrar» a otros (v. 15); su tendencia a jurar casualmente por cosas que son santas, además del correspondiente hábito de jugar a un tira y afloja con sus votos (vv. 18-22); su enfoque equivocado de las prioridades, mediante el cual habían elevado oscuros preceptos ceremoniales por encima de la ley moral (vv. 23-24); y sobre todo, su alegre tolerancia de muchas manifiestas, y con frecuencia absurdas, manifestaciones de hipocresía (vv. 27-31).

Otra característica que hace que este sermón destaque es el liberal uso que Jesús hace de epítetos derogatorios. A quienes piensan que poner motes es inherentemente no cristiano y siempre inapropiado les resultará muy difícil este sermón. Además de las ocho veces que Jesús enfáticamente les llama «hipócritas», les llama «guías ciegos» (vv. 16, 24), «necios y ciegos» (vv. 17, 19), «fariseos ciegos» (v. 26), y «serpientes, generación de víboras» (v. 33).

Este no fue un intento de ganarse estima ante los ojos de ellos; no fue un intento de persuadirlos con suaves palabras o con una obertura amigable. No fue el tipo de palabra suave que aleja la ira.

Pero era la verdad, y era lo que los fariseos, al igual que aquellos potencialmente influenciados por ellos, necesitaban oír desesperadamente.

NO TAN MANSO Y HUMILDE

Tristemente, este sermón también fue un pronunciamiento de juicio final contra los líderes religiosos y sus seguidores que habían rechazado a Cristo y que, a esas alturas, habían endurecido tanto sus corazones contra Él que nunca creerían. Subrayó de manera verbalmente gráfica la finalidad del juicio que Jesús había hecho cuando declaró imperdonable la blasfemia de los fariseos. También extendió de modo efectivo ese juicio para incluir no sólo a otros creyentes endurecidos, sino también a las instituciones que se habían convertido en monumentos a ese corrupto sistema religioso, el sanedrín, el sacerdocio corrupto, los fariseos y saduceos, la jerarquía religiosa completa que en efecto había tomado el templo.

Al final del mensaje, cuando Jesús dijo: «He aquí vuestra casa os es dejada desierta» (v. 38), estaba pronunciando *Ichabod* («la gloria se ha alejado») sobre el templo. En lugar de «la casa de mi Padre» (Juan 2.16), ahora era «vuestra casa». La Gloria de Israel se alejó del templo para bien, para no volver a regresar hasta que todo Israel diga: «Bendito el que viene en el nombre del Señor».

Antes de que esa generación saliera de la escena, los ejércitos romanos asolaron el templo de Herodes. Desde entonces hasta ahora, Israel no ha tenido templo, ni sacrificios, ni medios de cumplir los aspectos más importantes de su ley ceremonial, ningún otro medio de expiación aparte del Cordero de Dios que quita el pecado del mundo. Así, la dramática salida de Él del templo fue un importante punto decisivo para todo Israel.

No es sorprendente que Él hablase con tal pasión e intensidad.

Podemos aprender mucho de observar cómo Jesús trató la falsa religión y a sus defensores. La valentía con la cual Él asaltó el error está muy carente en la actualidad, y la Iglesia está sufriendo debido a ello.

No necesitamos un regreso a la rama del fundamentalismo cuyos líderes defendían todo el tiempo, y luchaban prácticamente por todo, con frecuencia atacándose unos a otros por oscuras e insignificante diferencias. Mucho menos necesitamos persistir en el erróneo curso del denominado neoevangelicalismo, donde el interés principal ha sido siempre la respetabilidad académica y donde el conflicto y las fuertes convicciones son considerados automáticamente groseros y descorteses.

De hecho, lo *último* que podemos permitirnos hacer en estos tiempos posmodernos, mientras los enemigos de la verdad están dedicados a hacer que todo sea confuso, sería rogar una moratoria sobre el candor o estar de acuerdo en un alto el fuego con personas que se deleitan en probar los límites de la ortodoxia. Ser amigable y afable es a veces sencillamente la postura *equivocada* (cp. Nehemías 6.2-4). *Debemos* recordar eso.

Alguien que hace una profesión de fe en voz alta pero que constantemente no vive de acuerdo con ella tiene que ser expuesto por causa de su propia alma. Más que eso, quienes se sitúan a sí mismos como maestros representando al Señor e influencian a otros a la vez que corrompen la verdad necesitan ser denunciados y refutados. Por causa de ellos, por causa de otros que son víctima de sus errores, y especialmente por la gloria de Cristo, que *es* la Verdad encarnada.

Jesús mismo nos recordó esas cosas, en el último pasaje bíblico en que habló a su Iglesia.

Qué distinto es ese Jesucristo de labios de miel, cubierto de lágrimas, de comedor popular de nuestros pobres cristianos modernos de ese Cristo firme de los Evangelios, proclamando en voz alta en el mercado (con un total desprecio a las respetabilidades sociales): Ay de vosotros, escribas y fariseos hipócritas. Descended de vuestras calesas, malditos majaderos, porque la hora ha llegado…

Jesús de Nazaret fue de entre todos los hombres lo menos de una «Penny Lady» o personaje generalmente universal de comedor popular; Él lamentaba la tristeza, y el pecado, y el dolor, con un infinito y explosivo lamento útil dondequiera que los encontrara; pero de igual forma castigaba con una infinita y abrasadora indignación dondequiera que se mereciera; y en general anduvo con un objetivo bastante distinto al de buscar conscientemente cualquiera de esas cosas. «Hacer la voluntad de mi Padre», aunque fuese ser azotado hasta dejar de existir, como un fracaso y una nulidad, y una deshonra para el mundo.

—THOMAS CARLYLE[5]

Epílogo

Pero tengo unas pocas cosas contra ti: que toleras que esa mujer Jezabel, que se dice profetisa, enseñe y seduzca a mis siervos.

Apocalipsis 2.20

La última diatriba pública de Jesús en Mateo 23 contra los doctores de la ley, los escribas y los fariseos no fue, de ninguna manera, el final de su largo conflicto con ellos. Justamente días después de que Él diera ese mensaje, las autoridades judías le entregaron a los romanos para ser crucificado.[1] Fue la forma de ejecución más larga y degradante a que posiblemente podían someterlo. Así, la conspiración maquinada por primera vez en Juan 11.43 finalmente llegó a realizarse. Y la verdadera maldad de la clase religiosa de Israel fue manifestada en el más malvado acto de crueldad y de injusticia jamás cometido. Los «hijos de aquellos que mataron a los profetas.» (Mateo 23.31) finalmente asesinaron a su Mesías: el único ser humano verdaderamente inocente y totalmente justo que haya vivido nunca.

Cualquiera que viese morir a Jesús debió de haber pensado que estaba observando el triunfo final del sanedrín sobre su Adversario más declarado. Parecía como si Jesús fuese a ser permanentemente silenciado. Desde la perspectiva de los líderes religiosos, ese debería haber sido el final del asunto. Ellos debieron de haber esperado que su enseñanza finalmente se desvaneciese de la memoria y que su Nombre quedase solamente como una advertencia para cualquier otro inclinado a oponerse a la doctrina y la autoridad del poderoso sanedrín.

Desde luego que eso no fue en absoluto lo que realmente sucedió. Días después, Cristo resucitó de modo triunfal de la muerte, dando valentía a sus seguidores y desatando a un ejército de discípulos para llevar a cabo su obra. Él les dijo: «Id por todo el mundo y predicad el evangelio a toda criatura» (Marcos 16.15). «Enseñándoles que guarden todas las cosas que os he mandado» (Mateo 28.20). Implícito en esa comisión estaba un mandato a contender por la verdad de la misma forma en que Él lo había hecho.

ANDAR COMO ÉL ANDUVO

Algunos lectores podrían cuestionar si Cristo es realmente el ejemplo que deberíamos seguir al confrontar el error. Después de todo, Él era Dios encarnado, con toda la sabiduría de la omnisciencia divina a su disposición. Él podía ver los corazones de las personas y leer sus pensamientos; Él conocía la verdad perfectamente sin ninguna de las limitaciones que nosotros sufrimos como criaturas caídas. Nosotros por naturaleza nos inclinamos al error; Él era inmune al error de cualquier tipo.

¿Y acaso no dijo Jesús mismo que *no* deberíamos intentar separar el trigo de la cizaña? «No, no sea que al arrancar la cizaña, arranquéis también con ella el trigo. Dejad crecer juntamente lo uno y lo otro hasta la siega» (Mateo 13.29-30). Él también dijo: «No juzguéis, y no seréis juzgados; no condenéis, y no seréis condenados» (Lucas 6.37). Después de todo: «El Padre... todo el juicio dio al Hijo» (Juan 5.22). ¿Quiénes somos nosotros para adoptar ese papel y usurpar la autoridad que explícitamente es dada a Cristo?

Eso es totalmente correcto cuando se trata de juzgar los secretos de los corazones de los hombres: sus motivos, sus pensamientos privados, o sus intenciones ocultas. Nosotros no podemos ver esas cosas, y por eso no podemos juzgarlos adecuadamente. Ni siquiera hemos de intentarlo. «Pero el que me juzga es el Señor. Así que, no juzguéis nada antes de tiempo, hasta que venga el Señor, el cual aclarará también lo oculto de las tinieblas, y manifestará las intenciones de los corazones» (1 Corintios 4.4-5). «¿Tú quién eres, que juzgas al criado ajeno? Para su propio señor está en pie, o cae» (Romanos 14.4). «Dios juzgará por Jesucristo los secretos de los hombres» (Romanos 2.16).

Ese es el punto de la parábola de la cizaña: la cizaña *se parece* al trigo de todas las maneras superficiales. Hasta que ambos dan fruto y maduran, es prácticamente imposible distinguir el trigo de la cizaña. La cizaña, por tanto, representa a personas que se parecen a los cristianos y actúan como ellos: falsos profesores. Se mezclan en la comunión de la iglesia, dan un testimonio que suena bien acerca de su fe en Cristo, y *parecen* exactamente creyentes auténticos. Pero no son auténticos. Su fe es una farsa. Son personas no regeneradas. Sabemos que hay cizaña en casi todas las comunidades de creyentes, porque Jesús dio esa parábola como una ilustración de cómo sería su reino en la era de la Iglesia, y porque de vez en cuando parte de la cizaña abandonará la fe por completo, aceptando alguna condenable herejía, o cayendo en algún pecado que él o ella no están dispuestos a abandonar ni a arrepentirse. En tales casos, hemos de confrontar al individuo, llamarlo al arrepentimiento, y expulsarlo de la iglesia si se niega firmemente a arrepentirse (Mateo 18.15-18).

A los cristianos falsos y los fingidores mundanos Dios les permite caer con el propósito de recordarnos que no todo aquel que afirma ser cristiano lo es realmente. «Salieron de nosotros, pero no eran de nosotros; porque si hubiesen sido de nosotros, habrían permanecido con nosotros; pero salieron para que se manifestase que no todos son de nosotros» (1 Juan 2.19).

Pero observemos: las personas que activamente *enseñan* errores graves, especialmente doctrinas que corrompen la verdad vital del evangelio, deben ser confrontadas y hay que oponerse a ellas. Sus falsas ideas han de ser refutadas, y ellos deben ser llamados al arrepentimiento. Y si niegan a las advertencias y continúan su asalto contra la verdad, tenemos la obligación de denunciar su error y hacer todo lo posible para frustrar sus esfuerzos por difundirlo. Tales falsos maestros no son «cizaña» que hay que tolerar en la iglesia; son malditos anticristos (1 Juan 2.18) a quienes hay que exponer, contradecir, denunciar y negar. Pablo era claro con respecto a esto: «Mas si aun nosotros, o un ángel del cielo, os anunciare otro evangelio diferente del que os hemos anunciado, sea anatema. Como antes hemos dicho, también ahora lo repito: Si alguno os predica diferente evangelio del que habéis recibido, sea anatema» (Gálatas 1.8-9). El apóstol Juan fue igualmente firme:

> Porque muchos engañadores han salido por el mundo, que no confiesan que Jesucristo ha venido en carne. Quien esto hace es el engañador y el anticristo. Mirad por vosotros mismos, para que no perdáis el fruto de vuestro trabajo, sino que recibáis galardón completo. Cualquiera que se extravía, y no persevera en la doctrina de Cristo, no tiene a Dios; el que persevera en

la doctrina de Cristo, ése sí tiene al Padre y al Hijo. Si alguno viene a vosotros, y no trae esta doctrina, no lo recibáis en casa, ni le digáis: ¡Bienvenido! Porque el que le dice: ¡Bienvenido! participa en sus malas obras (2 Juan 7-11).

Como hemos observado desde el comienzo, ciertamente necesitamos ejercer una debida cautela al hacer juicios sobre la gravedad del error de otra persona. Nunca debemos juzgar superficialmente. Necesitamos recordar que, sin duda, somos propensos a juzgar mal y a tener errores nosotros mismos. «Todos ofendemos muchas veces» (Santiago 3.2).

Es bastante cierto que esas cosas deberían hacer que nos mantuviésemos humildes. De hecho, casi cada vez que la Escritura pone a Cristo como nuestro ejemplo a seguir, el énfasis está en su humildad, especialmente en su disposición a soportar el insulto personal sin arremeter o ser beligerante:

Pues ¿qué gloria es, si pecando sois abofeteados, y lo soportáis? Mas si haciendo lo bueno sufrís, y lo soportáis, esto ciertamente es aprobado delante de Dios. Pues para esto fuisteis llamados; porque también Cristo padeció por nosotros, dejándonos ejemplo, para que sigáis sus pisadas; el cual no hizo pecado, ni se halló engaño en su boca; quien cuando le maldecían, no respondía con maldición; cuando padecía, no amenazaba, sino encomendaba la causa al que juzga justamente (1 Pedro 2.20-23).

Fue inmediatamente después de que lavase los pies de sus discípulos cuando Jesús dijo: «Porque ejemplo os he dado, para que como yo os he hecho, vosotros también hagáis» (Juan 13.15). Y cuando el apóstol Juan escribe: «El que dice que permanece en él, debe andar como él anduvo» (1 Juan 2.6), el contexto se trata del amor.

En otras palabras, seguir los pasos de Cristo comienza con estar dispuesto a entregarse, estar dispuesto a sufrir como Él sufrió, a amar como Él amó, y a ser humilde como Él fue humilde. «Mas el fruto del Espíritu es amor, gozo, paz, paciencia, benignidad, bondad, fe, mansedumbre, templanza; contra tales cosas no hay ley» (Gálatas 5.22-23). Se nos prohíbe ser agresivos y se nos insta a seguir «la justicia, la fe, el amor y la paz, con los que de corazón limpio invocan al Señor» (2 Timoteo 2.22). La Escritura elogia la mansedumbre, nos manda ser pacificadores, nos enseña a ser amables, y nos prohíbe juzgar lo que no podemos evaluar con justicia.

JUZGAR CON JUSTO JUICIO

Pero nada de eso nos da razón alguna para suspender el juicio por completo. De hecho, sería pecaminoso hacer eso. El discernimiento es tarea de todo cristiano: «Examinadlo todo; retened lo bueno. Absteneos de toda especie de mal» (1 Tesalonicenses 5.21-22). «Juzgad con justo juicio» (Juan 7.24). También somos llamados a ser soldados por la causa de la verdad. El conflicto espiritual entre las fuerzas de las tinieblas y la verdad de Dios es, después de todo, *guerra*.

Eso significa, entre otras cosas, que tenemos lucha que entablar. Como hemos visto a lo largo de este libro, la popular idea de que siempre hay que evitar el conflicto es sencillamente equivocada. Hay veces en que debemos ser confrontacionales en lugar de ser amables. «Porque hay aún muchos contumaces, habladores de vanidades y engañadores, mayormente los de la circuncisión, a los cuales es preciso tapar la boca» (Tito 1.10-11).

Si te estremeces ante eso o crees que no hay modo de que tal actitud agresiva pudiera ser una respuesta santificada al error doctrinal en una cultura posmoderna, necesitas revisar y volver a pensar lo que dice todo el Nuevo Testamento sobre los falsos maestros y cómo los cristianos deberían responderles, especialmente desde el punto de vista de Jesús.

UNA PALABRA FINAL DE CRISTO

Mencioné al comienzo de este epílogo que la crucifixión de Jesús no puso fin a su conflicto con la falsa religión; ni tampoco su ascensión al cielo.

En sus mensajes finales a la Iglesia, dados al apóstol Juan en una visión varias décadas después de la ascensión de Cristo al cielo, vemos que el silenciar a los falsos maestros seguía siendo uno de los principales intereses de nuestro Señor, aun desde su trono en el cielo. Él se dirigió a siete iglesias: Éfeso, Esmirna, Pérgamo, Tiatira, Sardis, Filadelfia y Laodicea. Solamente dos de las iglesias, Esmirna y Filadelfia, fueron elogiadas por su fidelidad sin ninguna calificación o indicación de represión. Las dos habían permanecido fieles a Cristo a pesar de la influencia «de los que se dicen ser judíos, y no lo son, sino sinagoga de Satanás» (Apocalipsis 2.9; 3.9). Las otras cinco iglesias recibieron diversas medidas de represión, basadas en lo corruptas, infieles o espiritualmente letárgicas que eran.

Un tema destacable en prácticamente todos los mensajes de Jesús a esas siete iglesias es el asunto de cómo respondieron a los falsos maestros y catalogaron a los herejes que había entre ellos. Éfeso, desde luego, fue la iglesia a la que Jesús reprendió con estas palabras: «Pero tengo contra ti, que has dejado tu primer amor» (2.4). Pero Éfeso, sin embargo, fue fuertemente elogiada *dos veces* porque se negó a tolerar a los falsos maestros. Antes de que les advirtiera sobre dejar su primer amor, Jesús los alabó por su firme resistencia a los falsos apóstoles: «Yo conozco tus obras, y tu arduo trabajo y paciencia; y que no puedes soportar a los malos, y has probado a los que se dicen ser apóstoles, y no lo son, y los has hallado mentirosos» (v. 2). Después, les dijo: «Pero tienes esto, que aborreces las obras de los nicolaítas, las cuales yo también aborrezco» (v. 6).

La carta a Pérgamo fue básicamente el lado contrario a ese mensaje a Éfeso. Cristo elogió a los santos de Pérgamo por aferrarse al nombre de Él y no negar la fe, aunque moraban donde estaba el trono de Satanás. En otras palabras, ellos habían perseverado con éxito en la fe a pesar de las *externas* amenazas de persecución. Contrariamente a Éfeso, ellos no habían dejado su primer amor. Sin embargo, Cristo tenía una lista de represiones para ellos, y todas estaban relacionadas con su tolerancia de la falsa doctrina en medio de ellos. Era como si ellos fuesen totalmente insensibles a los peligros *internos* que llegaban con una actitud tolerante hacia las doctrinas desviadas. Él escribió: «Pero tengo unas pocas cosas contra ti: que tienes ahí a los que retienen la doctrina de Balaam… Y también tienes a los que retienen la doctrina de los nicolaítas, la que yo aborrezco» (vv. 14-15).

Igualmente a Tiatira Él escribió: «Pero tengo unas pocas cosas contra ti: que toleras que esa mujer Jezabel, que se dice profetisa, enseñe y seduzca a mis siervos» (v. 20).

La iglesia en Sardis estaba espiritualmente muerta, y la iglesia en Laodicea era tibia y engreída. Esas iglesias claramente habían perdido su voluntad de oponerse a la falsa doctrina y de purgar el pecado en medio de ellas. Su falta de celo, su falta de energía, y (en el caso de Sardis) su falta de cualquier vida era un resultado directo de que no se hubieran mantenido puras ni ellas ni su comunión. No habían estado suficientemente en guardia contra la falsa enseñanza y, por tanto, no habían seguido siendo devotas solamente a Cristo. Las advertencias que Cristo les hizo son escalofriantes recordatorios de que las iglesias sí van mal. Cuando eso sucede, casi nunca se debe a que sucumban a peligros desde el exterior; más bien, casi siempre se debe a que han bajado la guardia y han permitido que la falsa doctrina se difunda libremente dentro de la iglesia. Llega la apatía, seguida inevitablemente del desastre espiritual.

Está claro por esas cartas a las iglesias en Apocalipsis que batallar contra la herejía es una obligación a la que Cristo espera que todo cristiano se dedique. Nos guste o no, nuestra propia existencia en este mundo implica guerra espiritual; no es una fiesta ni un picnic. Si Cristo mismo dedicó gran parte de su tiempo y su energía durante su ministerio terrenal a la tarea de confrontar y refutar a los falsos maestros, seguramente eso debe estar también en un primer lugar en nuestra agenda. Su estilo de ministerio debiera ser el modelo del nuestro, y su celo contra la falsa religión debiera también llenar nuestros corazones y nuestras mentes.

El que tiene oído, oiga lo que el Espíritu dice a las iglesias
(Apocalipsis 2.7, 11, 17, 29; 3.6, 13, 22).

Apéndice

❧

JOSEFO SOBRE LAS PRINCIPALES SECTAS JUDÍAS

El siguiente extracto está tomado de la traducción de 1737 de William Whiston de la obra Antigüedades de los judíos de Josefo, libro 18, capítulo 1, párrafos 2-6:

2. Los judíos durante mucho tiempo tuvieron tres sectas de filosofía peculiares a ellos mismos: la secta de los esenios, y la secta de los saduceos, y el tercer tipo de opiniones era la de los llamados fariseos; de tales sectas, aunque ya he hablado en el segundo libro de las Guerras Judías, daré un pequeño toque ahora.

3. Ahora bien, en cuanto a los fariseos, viven mezquinamente, y desprecian exquisiteces en la dieta; y siguen la conducta de la razón; y lo que eso les prescribe como bueno para ellos, eso hacen; y piensan que debieran esforzarse sinceramente por observar los dictados de la razón para la práctica. También muestran un respeto a quienes están entrados en años; y no son tan valientes como para contradecirlos en ninguna cosa que ellos hayan presentado; y cuando deciden que todas las cosas se hacen por el destino, no quitan la libertad a los hombres de actuar como consideren oportuno; ya que su idea es que a Dios le ha agradado crear un temperamento, por el cual se hace lo que Él desea, pero que también la voluntad del hombre puede actuar virtuosamente o

con malicia. También creen que las almas tienen un rigor inmortal en ellas, y que bajo la tierra habrá recompensas o castigos, según si han vivido virtuosa o maliciosamente en esta vida; y los segundos estarán retenidos en una prisión eterna, pero los primeros tendrán poder de revivir y volver a vivir; doctrinas con las cuales pueden en gran manera persuadir el cuerpo de las personas, y cualquier cosa que ellos hacen en cuanto a adoración a Dios, oraciones y sacrificios, la realizan de acuerdo con sus directrices; puesto que las ciudades les dan una gran confirmación debido a su conducta totalmente virtuosa, tanto en los actos de sus vidas como también en sus discursos.

4. Pero la doctrina de los saduceos es esta: que las almas mueren con los cuerpos; tampoco consideran la observancia de ninguna cosa aparte de las que la ley les exija; porque piensan que es un ejemplo de virtud disputar con los maestros de filosofía con quienes se relacionan: pero esta doctrina es recibida sólo por unos pocos, aunque por aquellos que poseen la mayor dignidad. Pero ellos no pueden hacer casi nada por sí mismos; porque cuando llegan a ser magistrados, se hacen adictos a las ideas de los fariseos, porque si no la multitud no los soportaría.

5. La doctrina de los esenios es esta: que todas las cosas son atribuibles a Dios. Enseñan la inmortalidad de las almas, y estiman que hay que esforzase sinceramente por las recompensas de la justicia; y cuando envían al templo lo que ellos han dedicado a Dios, no ofrecen sacrificios (3) porque tienen sus propias purificaciones ceremoniales más puras; por eso son excluidos del atrio común del templo, pero ofrecen sus sacrificios ellos mismos; y se dedican por completo a la agricultura. También merece nuestra admiración lo mucho que exceden a todos los demás hombres que se dedican por completo a la virtud, y esto en justicia; y ciertamente hasta un grado tal que si nunca hubiera aparecido entre ningún otro hombre, ni griegos ni bárbaros, ni por poco tiempo,

habría perdurado mucho entre ellos. Esto se demuestra por la institución de ellos, que no soportará que ninguna cosa evite que tengan todo en común; de modo que un hombre rico no disfruta más de su propia riqueza que aquel que no tiene nada en absoluto. Hay unos cuatro mil hombres que viven de este modo, y que no se casan ni están deseosos de tener sirvientes; pues piensan que lo segundo tienta a los hombres a ser injustos, y lo primero da ocasión a disputas domésticas; pero como viven para ellos mismos, se ministran unos a otros. También designan a ciertos administradores para recibir los ingresos de sus beneficios, y de los frutos de la tierra; tales son hombres buenos y sacerdotes, que han de tener preparado su maíz y sus alimentos para ellos.

6. Pero de la cuarta secta de la filosofía judía, Judas el galileo fue el autor. Esos hombres están de acuerdo en todas las otras cosas con las ideas fariseas; pero tienen una adhesión inviolable a la libertad, y dicen que Dios ha de ser su único Gobernador y Señor. Tampoco valoran el morir por ningún tipo de muerte, ni tampoco toman en cuenta las muertes de sus familiares y amigos, ni tampoco tal temor les hace llamar señor a ningún hombre. Ya como esta resolución inamovible es bien conocida para muchos, no hablaré más sobre este asunto; tampoco tengo temor a que cualquier cosa que haya yo dicho de ellos no se crea, sino más bien temor a que las cosas que haya dicho estén por debajo de la resolución que ellos muestran cuando soportan dolor. Y fue en la época de Gessius Florus cuando la nación comenzó a enfurecerse con este mal, que era nuestro procurador, y que ocasionó que los judíos se enfureciesen por el abuso de su autoridad, y que les hizo sublevarse de los romanos. Y estas son las sectas de la filosofía judía.

Notas

PRÓLOGO

1. Doug Pagitt, *Reimagining Spiritual Formation* (Grand Rapids: Zondervan, 2003), p. 92.
2. Cubrí este asunto en detalle en *Reckless Faith* (Wheaton: Crossway, 1994), pp. 91–117.

INTRODUCCIÓN

1. Algunos lectores podrían pensar que estoy empleando hipérbole o exagerando el declive de la convicción evangélica, pero no creo que lo esté haciendo. Prácticamente cada doctrina bíblica que pudieras nombrar (desde el trinitarismo histórico hasta la justificación por fe), está siendo cuestionada en la actualidad o atacada por una u otra figura de influencia en el paisaje evangélico contemporáneo. Estas ya no son anomalías que pertenecen solamente a los márgenes del movimiento. Uno de los escritores cristianos de mayor venta durante la década pasada es no trinitario; un actual presidente de la Sociedad Teológica Evangélica se convirtió recientemente al catolicismo romano; y se ha vuelto cosa común y corriente que líderes evangélicos expresen escepticismo sobre la autoridad de la Escritura, la justificación por fe solamente, la expiación sustitutoria, y prácticamente todos los distintivos de la doctrina evangélica histórica. Esta corriente de cinismo ha surgido no porque algún nuevo hecho haya salido a la luz que plantee serias preguntas sobre algo que los protestantes evangélicos creyeran anteriormente, sino simplemente porque la certeza misma ya no está de moda. He documentado muchas de esas cosas, y otras, en *Verdad en guerra* (Nashville: Grupo Nelson®, 2007), así que no hablaré más extensamente sobre este punto aquí.
2. Las publicaciones evangélicas reflejan una obsesión por la relación de la iglesia con «la cultura». En términos prácticos, esto ha llegado a significar familiaridad con las modas seculares y un anhelo de encajar cómodamente en la cultura pop. Esa ambición es evidente en la excesiva importancia que muchas iglesias dan a ser «contemporáneo». Un reciente sondeo a páginas en la red informática de iglesias reveló cientos de ellas que presentaban el eslogan: «Somos como tú», o alguna variante cercana, en la página principal.
3. "An Evangelical Manifesto: A Declaration of Evangelical Identity and Public Commitment" (Washington, D.C., 7 mayo 2008), p. 9. El Manifiesto describe el fundamentalismo como «un revestimiento en la fe cristiana y… una reacción esencialmente moderna al mundo moderno».
4. Todas esas cosas son buenas en proporciones adecuadas y circunstancias apropiadas, desde luego. Pero ideales inherentemente subjetivos como esos, en efecto se han convertido en estándares absolutos e inviolables. (Irónicamente, esta posmodernizada taxonomía de virtudes es defendida por personas que dicen que no les gustan ni los absolutos ni los estándares.) Reglas artificiales como esas ahora gobiernan la conversación evangélica, mientras que valores auténticamente *bíblicos*, como valentía, firmeza, resolución y seguridad, han sido reclasificados como arrogantes y empujados a la parte trasera.
5. "CNN Presents: God's Christian Warriors" (emitido 23 agosto 2007). Yo fui un invitado en un episodio del programa *Larry King Live* tres días antes de que se emitiera ese segmento ("God's Warriors': Fighters for Faith", emitido 20 agosto 2007). La señora Amanpour mostraba con anticipación secuencias de la serie, y Larry King entrevistaba a un diverso panel de líderes religiosos (incluyendo a un rabino judío y a un teólogo musulmán). Yo destaqué que el cristianismo

NOTAS

auténtico está definido por la Escritura, y que la Biblia dice que el reino de Cristo no avanza mediante influencias políticas o fuerza militar. Por tanto, el concepto cristiano de guerra espiritual no tiene absolutamente nada en común con la yihad islámica. El otro cristiano profesante que había en el panel era un liberal político y teológico. (Aunque ese hombre utilizaba el título de «Reverendo», Larry King lo presentó diciendo que creía que el hombre era agnóstico.) El hombre apenas podía contener su desacuerdo conmigo hasta que llegó su turno de hablar. Sugirió que los cristianos que toman la Biblia literalmente son tan peligrosos como los musulmanes suicidas con bombas, porque su perspectiva «divide y hace muy difícil mantener el tipo de diálogo que podríamos utilizar para encontrar un terreno común, valores comunes y avanzar».

6. http://russandrebecca.wordpress.com/2007/08/27/gods-warriors-wrap-up/
7. http://christianresearchnetwork.info/2007/11/01/jesus-didnt-fight-a-truth-war/

CAPÍTULO UNO: CUANDO ES ERRÓNEO SER «AMABLE»

1. Josefo, *Jewish Wars,* (Prefacio, p. 1).
2. Josefo, *The Life,* p. 2.
3. Josefo, *Antigüedades,* 18:3–4 (véase el Apéndice).
4. "An Evangelical Manifesto: A Declaration of Evangelical Identity and Public Commitment" (Washington, D.C., 7 mayo 2008), p. 8.
5. Ibid., p. 9.
6. Ibid., p. 4.
7. Ibid., p. 5.
8. Ibid., p. 3
9. Tony Campolo con Shane Clairbone, "On Evangelicals and Interfaith Cooperation", *Cross Currents,* vol. 55, no. 1. primavera 2005, (en línea en http://www.crosscurrents.org/CompoloSpring2005.htm). Campolo no está defendiendo el diálogo meramente por causa de la paz política o la armonía cultural. Está expresando un llamado al diálogo *religioso* entre evangélicos y musulmanes con la meta de la «cooperación interreligiosa». Por debajo de toda la perspectiva parece estar la sugerencia de que los cristianos deberían considerar al islam como igual (y potencialmente un compañero) en asuntos espirituales (comenzando con la búsqueda de la «bondad»). Clairbone presenta la entrevista diciendo que se realizó a petición de «un devoto hermano musulmán». Aunque Campolo afirma que este recién encontrado espíritu de hermandad con otras religiones no necesariamente significa que tengamos que «renunciar a tratar de convertirnos el uno al otro», inmediatamente añade que *sí* significa que deberíamos dejar de decir que los musulmanes que rechazan a Cristo están en peligro de juicio eterno. Hasta da a entender con fuerza que la siguiente es una forma en que los musulmanes son moralmente superiores a los cristianos: «La comunidad musulmana es muy evangelística; sin embargo, lo que los musulmanes no harán es condenar a judíos y cristianos al infierno si, de hecho, no aceptan el islam... el islam es mucho más misericordioso hacia los cristianos evangélicos que son fieles al Nuevo Testamento de lo que los cristianos lo son hacia las personas musulmanas que son fieles al Corán». Ser «misericordioso», según la definición de Campolo, parece conllevar negarse a decir claramente que las creencias de otra persona son erróneas, aun cuando sean condenadamente erróneas. Campolo añade esto: «Creo que hay hermanas y hermanos musulmanes que están dispuestos a decir: "Tú cumples la verdad tal como la entiendes. Yo cumpliré la verdad tal como yo la entiendo, y dejaremos que sea Dios quien decida el día del juicio"». Después añade: «Hay mucho en el cristianismo que sugeriría exactamente lo mismo». En realidad, no hay *nada* en la Escritura que justifique aceptar a personas de otras religiones como «hermanos y hermanas» o mantener ese tipo de diálogo entre creencias. De hecho, la Escritura prohíbe enfáticamente buscar un terreno común o cooperación espiritual con religiones falsas (2 Corintios 6.14-17).
10. Brian McLaren, *El mensaje secreto de Jesús* (Nashville: Grupo Nelson®, 2006), p. 6.

NOTAS

11. Véase la nota 1 en la Introducción.
12. R. C. H. Lenski, *The Interpretation of John* (Minneapolis, Augsburg, 1943), pp. 205-07.

CAPÍTULO DOS: DOS PASCUAS

1. *The Interpretation of St. John's Gospel* (Columbus, OH: Wartburg, 1943), p. 207.
2. A lo largo de su Evangelio, Juan usa la expresión «los judíos» como referencia al sanedrín y a sus representantes. No es una referencia a la raza judía en general. (Algunos han sugerido que el Evangelio de Juan tiene una connotación antisemita porque cuando él menciona a «los judíos» normalmente es de modo despreciativo. Pero recordemos que Juan mismo era judío. Sin duda, no estaba lanzando una mancha contra su propia herencia étnica.) Una cuidadosa comparación de todos los lugares donde Juan habla de «los judíos» confirma que él nunca utiliza esa expresión en un sentido negativo para hablar del pueblo judío en general. De hecho, Juan hace una clara distinción entre «los judíos» (hablando de los ancianos gobernantes) y «el pueblo» (hablando de la gente común y corriente de Israel) en Juan 7.11-13. En raras ocasiones emplea la expresión «los judíos» en contraste con los samaritanos o los romanos; pero en cada caso en que él hace ese tipo de distinción étnica, su punto es claramente positivo (Juan 4.22) o neutral (Juan 18.33). Siempre que Juan habla de «los judíos» en un sentido negativo, es una referencia taquigráfica a los gobernantes judíos o sus representantes. Es la versión abreviada de Juan de la expresión que se encuentra en Lucas 7.3: «ancianos de los judíos».
3. George Swinnock, "Do You Worship God", un sermón de la época puritana sobre 1 Timoteo 4.7, reimpreso en *Free Grace Broadcaster*, ejemplar 177, (verano 2001), pp. 21–22.

CAPÍTULO TRES: UNA ENTREVISTA A MEDIANOCHE

1. *El brillo del rostro de Moisés*, 1890.

CAPÍTULO CUATRO: ESTE HOMBRE HABLA BLASFEMIAS

1. Robert L. Thomas y Stanley N. Gundry, *A Harmony of the Gospels* (Chicago: Moody, 1978), p. 348.
2. Nazaret está situada en una depresión entre colinas. A unos dos kilómetros de la ciudad hay una prominente colina conocida como el monte Precipicio, con una escarpada caída en su lado sur. Este es el punto tradicional por donde la multitud intentó empujar a Jesús para que muriese. Si Jesús fue llevado tan lejos por aquella multitud enojada, su determinación de matar a Jesús quizá fuese más feroz y menos impulsiva de lo que podría parecer a primera vista. También hay un saliente rocoso más moderado con una caída de cuarenta pies en el borde de una colina sólo a un poco de distancia *por encima* de donde se cree que habría estado situada la sinagoga. También ese lugar encaja en la descripción de Lucas.
3. "Sweet Savour", 1866.

CAPÍTULO CINCO: QUEBRANTAR EL DÍA DE REPOSO

1. Para más información sobre la conversión de Mateo, véase John MacArthur, *The Gospel According to Jesus* (Grand Rapids: Zondervan, 2008), pp. 73–79.
2. Lucas puede parecer sugerir que los fariseos contrarrestaron con una pregunta sobre el porqué los discípulos de Juan el Bautista y sus propios discípulos ayunaban, mientras que los discípulos de Jesús no lo hacían. Pero una comparación de los Evangelios muestra que el uso que hace Lucas del «ellos» es genérico; Mateo expresamente dice que eran algunos de los discípulos de Juan el Bautista, y no los fariseos, quienes posteriormente plantearon una pregunta sobre el ayuno.

3. «Estando en Jerusalén en la fiesta de la pascua…», Juan (2.23); «Y estaba cerca la pascua, la fiesta de los judíos» (6.4); «Estaba cerca la fiesta de los judíos, la de los tabernáculos» (7.2); «Celebrábase en Jerusalén la fiesta de la dedicación. Era invierno» (10.22); «Y estaba cerca la pascua de los judíos; y muchos subieron de aquella región a Jerusalén» (11.55).

4. La Pascua del año siguiente se menciona en Juan 6.4, y la Fiesta de los tabernáculos de ese año sigue en 7.2. Si la fiesta que se menciona en 5.1 es también la Fiesta de los tabernáculos, entonces los capítulos 5 y 6 marcarían el paso de un año completo en el Evangelio de Juan, y eso parece encajar mejor con todo lo podemos deducir legítimamente de la Escritura sobre la cronología de la vida de Jesús.

   También, no sería característico del apóstol Juan hablar de la Pascua meramente como «la fiesta». Él de modo coherente se refiere a ella como «la Pascua» (2.13, 23; 6.4; 11.55; 12.1; 18.28, 39; 19.14), o «la fiesta de la Pascua» (Juan 13.1). En Juan 7.2, sin embargo, Juan describe eventos de la Fiesta de los tabernáculos del año siguiente, y después repetidamente se refiere a ella como «la fiesta» (vv. 8, 10, 11, 14, 37). Con toda probabilidad, entonces, Juan 5.1 es una referencia a la Fiesta de los tabernáculos, la cual caía a finales del verano, en el segundo año del ministerio público de Jesús.

5. He omitido una parte de este pasaje porque no aparece en los manuscritos más antiguos y mejores del Evangelio de Juan. Tiene las marcas de una nota al margen insertada por un escriba que se abrió paso a copias posteriores del texto. La parte omitida intenta explicar el movimiento del agua que se menciona en el versículo 7 sugiriendo que era obra de un ángel y que resultaba en una sanidad milagrosa para la primera persona que se metía en el estanque después de que el agua comenzase a moverse. Pero ninguna otra cosa en el texto menciona a un ángel o sugiere que el poder sanador del agua fuese sobrenatural. Lo más probable es que el estanque fuese alimentado por una corriente intermitente de agua mineral con cualidades medicinales, y el movimiento de las aguas se producía cuando discurría la corriente, significando un fresco aporte de suavizante calidez y minerales. El comentario del hombre en el versículo 7 puede indicar una creencia popular o supersticiosa en que, cuando el agua comenzaba a fluir, la primera persona que se metía en el estanque se beneficiaba más.

   A propósito, esta es también la única mención de Betesda en la Escritura. La existencia del estanque, descrito aquí como una gran cisterna rodeada por cinco galerías cubiertas, fue cuestionada por los escépticos hasta que los arqueólogos lo descubrieron en el siglo XIX, completo junto con las ruinas de los cinco pórticos.

6. D. A. Carson, *The Gospel According to John*, en *The Pillar New Testament Commentary* (Grand Rapids: Eerdmans, 1991), p. 243.

7. La frase «el Padre… ha dado al Hijo el tener vida en sí mismo» no es posible que signifique que la *existencia* del Hijo se deriva del Padre, porque eso sería una flagrante contradicción a la afirmación de que Él tiene vida en sí mismo. La expresión simplemente reconoce la distinción personal que existe entre Padre e Hijo, a la vez que sigue afirmando la absoluta igualdad de esencia que los dos comparten. Este, desde luego, es uno de los grandes misterios de la Trinidad. Es idéntica a las dificultades planteadas por la expresión «unigénito» en Juan 1.14; 3.16, 18; 1 Juan 4.19. ¿Cómo puede Cristo ser «unigénito» y a la vez eterno y existente en sí mismo? La respuesta, desde luego, es que la palabra *unigénito* con respecto a Dios Padre y a Cristo Hijo describe la *relación eterna* entre el primero y el segundo miembro de la Trinidad, y no el *origen ontológico* del Hijo, porque Él no tuvo principio ni en el tiempo ni en la eternidad, sino que siempre ha sido (Apocalipsis 1.8, 11).

   Aquí, en Juan 5, Jesús no sólo da un discurso sobre los puntos delicados de la Trinidad; está simplemente declarando su propia y absoluta igualdad con Dios. Todo el contexto deja claro ese punto, y los líderes religiosos de Israel ciertamente lo captaron, aunque los posteriores arrianos y otros que niegan la deidad de Cristo a veces intenten torcer el versículo 26 para hacerlo parecer una negación de lo que precisamente afirma.

8. Igualmente, en Juan 14.28, cuando Jesús dice a los discípulos: «Si me amarais, os habríais regocijado, porque he dicho que voy al Padre; *porque el Padre mayor es que yo*», esa afirmación (énfasis

añadido) tiene que interpretarse en su contexto más amplio. Sólo momentos antes, Jesús había dicho a Felipe: «quien me ha visto a mí ha visto al Padre» (v. 9), afirmando claramente una vez más su absoluta igualdad y unidad de esencia con Dios. El versículo 28, sin embargo, habla claramente sobre la gloria divina. Cristo había descendido de esa gloria durante su encarnación, y en ese sentido, *y sólo en ese sentido*, el Padre era «mayor que» el Hijo. Jesús estaba a punto de regresar al cielo y a la plenitud de la gloria divina, así que les dice a los discípulos: «Si me amarais, os habríais regocijado». En contexto, entonces, Juan 14.28 no plantea ningún conflicto con las muchas afirmaciones claras de la deidad de Jesús en el Evangelio de Juan; más bien ese versículo simplemente afirma que cuando Cristo resucitara y fuera glorificado, regresaría a la plena gloria de la Trinidad. Leído correctamente, es otra afirmación de la deidad de Jesús.

9. Para una exposición completa de todo el capítulo, véase John MacArthur, *The MacArthur New Testament Commentary: John 1–11* (Chicago: Moody, 2006), pp. 169–216.

10. Suponiendo que Juan 5 describa lo que sucedió durante la Fiesta de los tabernáculos (véase la nota 4 de este capítulo), eso habría sido alrededor de la tercera semana de octubre en nuestro calendario. También habría sido la época de espigar el grano. Por tanto, los acontecimientos de Juan 5 y la controversia en los campos (descritos en Mateo 21.1-8; Marcos 2.23-28; y Lucas 6.1-5) posiblemente podrían haber sucedido en días de reposo sucesivos.

11. Los herodianos eran un partido político, y no una secta religiosa. Como su nombre sugiere, apoyaban a la dinastía herodiana, lo cual los enemistaba con los fariseos en la mayoría de los asuntos religiosos. Pero creían que Herodes era el verdadero rey de los judíos; por tanto, todo lo que Jesús hablaba sobre el reino de Dios debió de haber sido profundamente inquietante para ellos. Que los fariseos conspirasen con ellos contra Jesús revela lo desesperada que estaba la élite religiosa en Israel por librarse de Él. Cerca del final del ministerio terrenal de Jesús, los herodianos aparecerán una vez más trabajando en concierto con los fariseos contra Jesús (Mateo 22.15-16).

12. *Your God Is Too Small* (Nueva York: Macmillan, 1953), p. 27.

CAPÍTULO SEIS: DURA PREDICACIÓN

1. Para una exposición versículo por versículo del Sermón del Monte, véase *The MacArthur New Testament Commentary: Matthew 1–7* (Chicago: Moody, 1985), pp. 130–489. Para el discurso del Pan de vida, (Juan 6), véase *The MacArthur New Testament Commentary: John 1–11* (Chicago: Moody, 2006), pp. 217–74.

2. El Evangelio de Mateo no es un relato estrictamente cronológico. Él a veces organiza los incidentes por tema. El relato ordenado de las controversias del día de reposo, por ejemplo, incluyendo el incidente en el sembrado y el hombre de la mano seca, se encuentran en Mateo 12. Aunque el Sermón del Monte llega *después* de las primeras controversias por el día de reposo en cualquier examen cronológico del ministerio de Jesús, el sermón fue de tal importancia en el modo en que resumía la enseñanza de Jesús que Mateo lo sitúa tan cerca como sea posible del comienzo de su Evangelio; así, antes de su relato de los conflictos del día de reposo, Mateo también registra los detalles del Sermón de forma mucho más detallada que Lucas (el único otro evangelista que incluye un relato de ese mensaje). Una vez pasado el Sermón (Mateo 8.2), Mateo comienza a hablar de acontecimientos de la vida de Jesús de forma mucho más cronológica. Aun así, él ocasionalmente agrupó incidentes de distintos períodos del ministerio galileo de Jesús por orden de tema mejor que en secuencia estrictamente cronológica. Hace eso deliberadamente, pero los lectores tienen que tener en mente su enfoque, o la cronología puede volverse confusa.

   La intención declarada de Lucas, como contraste, es «poner en orden la narrativa». Incluso esa expresión no excluye necesariamente un orden lógico y temático opuesto a una estricta línea de tiempo, pero Lucas sí parece seguir la cronología real más fielmente que cualquier otro de los Evangelios (Lucas y Marcos ordenan sus narrativas esencialmente de igual forma).

3. Recordemos que el espacio no nos permite examinar cada versículo en el sermón; estamos limitados aquí a un examen a vista de pájaro de sus temas principales. Quienes me conocen entenderán

que mi forma preferida de enseñanza es versículo por versículo, pero en este caso, el cuadro general es lo que tiene mayor importancia.

Sin entrar en muchos detalles sobre los versículos 13 al 16, sin embargo, vale la pena añadir como nota al margen que esos versículos son una transición perfecta de las Bienaventuranzas a la sección donde Jesús explica sistemáticamente todo el sentido de la ley. Las Bienaventuranzas mismas son un buen resumen de los principios morales de la ley de Moisés. Además, esas cualidades que se enumeran en las Bienaventuranzas *son* el sabor salado del cual habla Jesús en el versículo 13 y el brillo que menciona en el versículo 14. Él les dice a sus discípulos que aunque el mundo devalúe la virtud y persiga a los justos, si los verdaderos creyentes practican su fe con valentía y abiertamente, su carácter y conducta santos tendrán un efecto como la sal para preservar y dar sabor, y como la luz para iluminar y mostrar el camino en un mundo de otro modo oscuro y sin sabor. Algunos intentan interpretar este pasaje como un mandato para el activismo político o cultural. No es eso; es simplemente un llamado a un modo de vivir valiente y santo, aun ante la persecución.

4. Lucas registra una versión ligeramente diferente, hasta más breve, de la oración en un contexto distinto en un punto posterior en el ministerio de Jesús (Lucas 11.1-3).

5. En el capítulo que sigue, veremos más de cerca los motivos que hicieron que el sanedrín estuviera tan decidido a rechazar y destruir a Jesús.

6. Jonathan L. Reed, *Archaeology and the Galilean Jesus* (Harrisburg, PA: Trinity, 2000), p. 83.

7. Juan 6 no habla de transustanciación (la creencia católico romana en que los elementos de la comunión se convierten literalmente en carne y sangre). Ni siquiera es una referencia a la ordenanza de la comunión, la cual aún había de ser establecida. El lenguaje simbólico que Jesús utiliza emplea la misma figura que la comunión cristiana, la cual retrata nuestra participación por la fe en la obra expiatoria de Jesús (la cual, desde luego, conllevó la entrega de su cuerpo y de su sangre). Pero cuando Jesús habló de «comer… carne» y «beber… sangre» estaba describiendo lo que la ordenanza significa, y no la ordenanza en sí misma. De otro modo, los elementos de la comunión serían los instrumentos de nuestra justificación, y la Escritura es clara al enseñar que solamente la fe es el instrumento de la justificación (Romanos 4.4-5).

8. *Letters to a Diminished Church* (Nashville: Thomas Nelson, 2004).

CAPÍTULO SIETE: EL PECADO IMPERDONABLE

1. Lucas 12.10 llega en un punto diferente en el ministerio de Jesús pero bajo circunstancias casi idénticas a lo que sucede en Mateo 12. El pecado que Jesús denomina imperdonable en Lucas 12.10 debe, por tanto, entenderse a la luz de este pasaje. Ambos pasajes advierten claramente contra un pecado concreto, y no establecen una amplia categoría de pecados que sean considerados imperdonables. Y es el mismo pecado en cada uno de los dos incidentes.

2. De hecho, Lucas 11.14-36 es tan parecido a Mateo 12.22-45 que algunos comentaristas creen que describen el mismo incidente. Jesús sana a un hombre y algunos fariseos le acusan de utilizar poder satánico para hacerlo. Pero el escenario y algunos de los detalles son distintos. Lucas, que sigue el orden cronológico más de cerca, describe un evento que tuvo lugar casi un año después, en Judea. Por tanto, parece un grupo distinto de fariseos, en una situación casi idéntica, que igualmente pronunció la misma blasfemia contra el Espíritu de Dios.

3. *The Everlasting Man* (Nueva York: Dodd, Mead, 1925), p. 187.

CAPÍTULO OCHO: AYES

1. Los cristianos tradicionalmente han celebrado la entrada triunfal de Cristo el Domingo de Ramos. El Nuevo Testamento no especifica el día, sin embargo, y la cronología de la Semana de la Pasión

Notas

parece ir mejor si tomamos el lunes como el día de la entrada triunfal. Véase Harold Hoehner, *Chronological Aspects of the Life of Christ* (Grand Rapids: Zondervan, 1977), p. 91.

2. Los eruditos de la Biblia a veces debaten si hubo realmente dos limpiezas del templo. Quienes creen que Jesús limpió el templo solamente una vez, normalmente sugieren que Juan simplemente dio este relato fuera de orden. Hay varias razones para rechazar ese punto de vista. En primer lugar, si tomamos el relato de Juan tal como está, no hay nada que indicase que él estaba dando un salto cronológico en esa parte de su narrativa. Si estuviera describiendo el mismo evento que Marcos 11.15-18, Juan no sólo lo habría sacado de orden; también habría movido un importante evento desde el final del ministerio público de Jesús hasta el comienzo. En segundo lugar, los detalles de los dos relatos son significativamente distintos. En el primer incidente, por ejemplo, Jesús hizo un látigo y lo usó para sacar a los animales. En este último incidente, Él volcó las mesas y expulsó a los mercaderes malvados, pero no se hace mención de que hubiera un látigo ni de una estampida de animales.

Las palabras de Jesús también son distintas. Los tres Evangelios sinópticos dicen que Él citó Isaías 56.7 y Jeremías 7.11; pero en el evento que Juan describe, Él habla sus propias palabras, sin citar la Escritura. Además, *sólo* Juan registra que Él dijo: «Destruid este templo, y en tres días lo levantaré» (Juan 2.19). Mateo y Marcos dicen que los fariseos citaron esa frase contra Él en sus juicios (Mateo 26.61; Marcos 14.58), y que la multitud hostil le reprochó a la cara esa frase mientras Él colgaba de la cruz (Mateo 27.40; Marcos 15.29). Pero el único Evangelio que registra cuándo y dónde dijo Jesús realmente esas palabras es Juan.

3. Un comentario extenso sobre el pasaje está disponible en *The MacArthur New Testament Commentary: Matthew 16–23* (Chicago: Moody, 1988), pp. 353–404.

4. Aquí había una oportunidad perfecta para que Jesús mantuviera una conversación amigable con sus adversarios, si Él hubiera creído que esa era una forma eficaz de ministrarles. No era un escenario formal. No era en una sinagoga u otro escenario público donde Jesús podría haberse preocupado por la impresión que podría causar tal obertura amigable en los inocentes oyentes. Era un almuerzo casual en la casa privada de un fariseo. Y, sin embargo, la conducta de Jesús y su diálogo no fueron distintos, ni más amables ni más amigables, de ninguna otra vez en que Él tuvo una oportunidad de desafiar la hipocresía farisaica.

5. Citado en Mark Cumming, *The Carlyle Encyclopedia* (Madison, NJ: Fairleigh Dickenson University, 2004), p. 251.

EPÍLOGO

1. Véase John MacArthur, *The Murder of Jesus* (Nashville: Word, 2000) para una exposición detallada de la narrativa bíblica que trata del arresto y la crucifixión de Jesús.

Acerca del autor

*J*ohn MacArthur, autor de muchos éxitos de librería que han cambiado millones de vidas, es pastor y maestro de Grace Community Church; presidente de The Master's College and Seminary; y presidente de Grace to You, el ministerio que produce el programa de radio de difusión internacional *Gracia a Vosotros*. Si desea más detalles acerca de John MacArthur y de todos sus materiales de enseñanza bíblica comuníquese a Gracia a Vosotros al 1-866-5-GRACIA o www.gracia.org.

Printed in the USA
CPSIA information can be obtained
at www.ICGtesting.com
LVHW030711050824
787165LV00011B/98

9 781602 552777